श्रेष्ठ भारतीय साहित्य

भारतीय ज्ञानपीठ

तत्त्वार्थसूत्र प्रदीपिका

(व्याख्या)

तत्त्वार्थसूत्र प्रदीपिका

(आचार्य उमास्वामी कृत 'तत्त्वार्थसूत्र' की सरल-सुबोध व्याख्या)

व्याख्याकार

प्रो. वीरसागर जैन

भारतीय ज्ञानपीठ

मूर्तिदेवी ग्रन्थमाला : हिन्दी ग्रन्थांक 64

ISBN 978-93-263-5493-6

तत्त्वार्थसूत्र प्रदीपिका
(व्याख्या)
प्रो. वीरसागर जैन

तीसरा संस्करण : 2019
मूल्य : 230 रुपये

प्रकाशक : **भारतीय ज्ञानपीठ**
18, इन्स्टीट्यूशनल एरिया, लोदी रोड, नयी दिल्ली-110 003

मुद्रक : विकास कम्प्यूटर ऐंड प्रिंटर्स, दिल्ली-32

आवरण : चन्द्रकान्त शर्मा

TATVARTHSUTRA PRADEEPIKA
(Commentry)
by Prof. Veersagar Jain

Published by
Bharatiya Jnanpith
18, Institutional Area, Lodi Road, New Delhi-110 003
Ph. : 011-24698417, 24626467; 23241619 (Daryaganj)
Mob. : 9350536020; e-mail : bjnanpith@gmail.com
sales@jnanpith.net; website : www.jnanpith.net

Third Edition : 2019
Price : Rs. 230

प्राक्कथन

"दशाध्यायपरिच्छिन्ने तत्त्वार्थे पठिते सति।
फलं स्यादुपवासस्य भाषितं मुनिपुंगवैः॥"

अर्थ–दश अध्यायों वाले 'तत्त्वार्थसूत्र' को पढ़ने पर उपवास का फल प्राप्त होता है—ऐसा श्रेष्ठ मुनियों ने कहा है।

सन् 2008 ई. में, दशलक्षण महापर्व के शुभ अवसर पर, ऋषभ विहार नयी दिल्ली में मेरे 'तत्त्वार्थसूत्र' पर ग्यारह व्याख्यान हुए थे। मेरे इन व्याख्यानों को मुम्बई की धर्मनिष्ठ श्राविका श्रीमती सरयू दफ्तरी ने भी रिकार्डिंग मँगाकर सुना। उन्हें वे बहुत अच्छे लगे। वे इन्हें बारबार सुनने लगीं। आखिरकार उन्होंने सर्वजनहिताय इन व्याख्यानों को लिपिबद्ध कराया और अपने अहिंसा प्रसारक ट्रस्ट मुम्बई से 'तत्त्वार्थसूत्र-प्रदीपिका' के नाम से प्रकाशित भी करा दिया। पुस्तक का सर्वत्र स्वागत हुआ। वह मराठी भाषा में भी अनूदित होकर प्रकाशित हुई।

किन्तु अब बहुत दिनों से यह पुस्तक अनुपलब्ध थी और पाठकों की माँग बहुत अधिक थी, अतः इसे पुनः प्रकाशित किया जा रहा है। पुस्तक के इस नये संस्करण में कुछ संशोधन-परिवर्धन किये गये हैं, जिनसे बहुत परिष्कार हुआ है, पर पुस्तक के मूल रूप में कोई अन्तर नहीं आया है। आशा है पाठकों को यह नया संस्करण और भी अच्छा लगेगा। वे इस संस्करण को भी समुचित आदर

प्रदान करेंगे।

'तत्त्वार्थसूत्र' जैसे महान ग्रन्थराज को समझने में मेरी यह कृति उपयोगी बन रही है—यह देखकर बड़ा हर्ष होता है। मेरी दृष्टि में 'तत्त्वार्थसूत्र' सम्पूर्ण शास्त्रों का सार है, ज्ञान-विज्ञान का भंडार है, आगम और अध्यात्म—दोनों का ही मूलाधार है। इसकी महिमा को कोई नहीं कह सकता। यदि व्यक्ति एक इसी ग्रन्थ को ठीक से पढ़-समझ ले तो उसे अन्य कुछ भी पढ़ने-समझने की जरूरत नहीं है। इसके एक-एक सूत्र में बड़े गम्भीर भाव भरे हैं; गागर में सागर क्या, सरसों-दाने में सागर समाया है यहाँ। मेरे व्याख्यान तो एक घंटे की सीमा में होते थे, अतः सूत्रों की गहराई में जाना नहीं हो सका है। अनेक सूत्रों को तो केवल सामान्य अर्थ बताकर ही छोड़ दिया है, अतः जो लोग तत्त्वार्थसूत्र को गहराई से जानना-समझना चाहते हैं उन्हें बड़ी टीकाओं को ही पढ़ना होगा। मेरी यह टीका तो प्राथमिक जीवों को तत्त्वार्थसूत्र का सामान्य परिचय देने के लिए है।

सभी लोग 'तत्त्वार्थसूत्र' को समझ कर अपना जीवन सँवारें/सुधारें/सुखमय बनाएँ—यही मेरी पवित्र भावना है।

—वीरसागर जैन

अनुक्रम

"पढमचउक्के पढमं, पंचमए जाण पोग्गलं तच्चं।
छट्ठे सत्तम आसव, अट्ठमए बंध णादव्वो॥
णवमे संवर-णिज्जर, दहमे मोक्खं वियाणाहि।
इह सत्ततच्च भणिदं, जिणवरपणीदं दहसुत्तं॥"

अर्थ–शुरू के चार अध्यायों में जीव तत्त्व का वर्णन है, पाँचवें में अजीव तत्त्व का वर्णन है, छठे-सातवें में आस्रव तत्त्व का वर्णन है, आठवें में बन्ध तत्त्व का वर्णन है, नौवें में संवर-निर्जरा तत्त्वों का वर्णन है और दसवें अध्याय में मोक्ष तत्त्व का वर्णन है। इस प्रकार दश अध्याय के सूत्रों में जिनवर-प्रणीत सप्ततत्त्व समझाये गये हैं।

प्रस्तावना

'तत्त्वार्थसूत्र' जैनदर्शन का सर्वाधिक महत्त्वपूर्ण ग्रन्थ है। इसे हम एक प्रकार से जैनदर्शन के प्रायः सभी विषयों और ग्रन्थों का आधारभूत ग्रन्थ भी कह सकते हैं, क्योंकि इसमें उन सभी के बीज या संकेत उपलब्ध हो जाते हैं। जैन धर्म में आदिकाल से आज तक अनेक उपसम्प्रदाय भी बन चुके हैं, परन्तु यह अत्यधिक हर्ष व आश्चर्य का विषय है कि 'तत्त्वार्थसूत्र' उन सभी को श्रद्धापूर्वक मान्य है। इसकी प्रामाणिकता के प्रति किसी भी सम्प्रदाय को कोई सन्देह नहीं है। जिस प्रकार 'णमोकार मन्त्र' सभी जैनों को एकमत से श्रद्धासहित स्वीकार है, 'तत्त्वार्थसूत्र' भी सभी जैनों को एक जैसी श्रद्धा-सहित स्वीकार है। 'तत्त्वार्थसूत्र' के समान सर्वमान्य ग्रन्थ जैनों में भी सम्भवतः दूसरा कोई नहीं।

संस्कृत भाषा और सूत्रात्मक शैली में जैनदर्शन के सभी विषयों का शास्त्रीय ढंग से प्रतिपादन करने के कारण 'तत्त्वार्थसूत्र' का स्थान सम्पूर्ण भारतीय वाङ्मय में अनूठा माना जाता है। अन्य दर्शनों के छात्र-अध्यापक भी प्रायः इसके अध्ययन से ही जैनदर्शन का ज्ञान प्राप्त करते हैं।

1. नामकरण

तत्त्वार्थसूत्र के दो नाम प्रचलित हैं—1. तत्त्वार्थसूत्र, और 2. मोक्षशास्त्र।

यद्यपि इसका मूल नाम 'तत्त्वार्थसूत्र' ही प्रतीत होता है, परन्तु कहीं-कहीं इसे 'मोक्षशास्त्र' भी कहा गया है।

'मोक्षशास्त्र' नाम का कारण यह प्रतीत होता है कि इस शास्त्र में मोक्ष एवं मोक्षमार्ग का वर्णन किया गया है। अथवा इस शास्त्र का प्रारम्भ 'मोक्ष' शब्द से होता है। ऐसे प्रयोग अन्यत्र भी बहुतायत से प्राप्त होते हैं। जैसे—

1. भक्तामर-स्तोत्र (ऋषभदेव-स्तोत्र) को 'भक्तामर-स्तोत्र' इसीलिए कहते हैं, क्योंकि उसका प्रारम्भ 'भक्तामर' शब्द से होता है।

2. देवागम-स्तोत्र (आप्तमीमांसा) को 'देवागम-स्तोत्र' इसीलिए कहते हैं, क्योंकि उसका प्रारम्भ 'देवागम' शब्द से होता है।

3. कल्याणमन्दिर-स्तोत्र को 'कल्याणमन्दिर-स्तोत्र' इसीलिए कहते हैं क्योंकि उसका प्रारम्भ 'कल्याणमन्दिर' शब्द से होता है।

इसी प्रकार के और भी अनेक उदाहरण दिये जा सकते हैं।

इसके 'तत्त्वार्थसूत्र' नाम का कारण यह है कि इसमें तत्त्वार्थ का सूत्र शैली में वर्णन किया गया है। तत्त्वार्थ सात हैं—जीव, अजीव, आस्रव, बन्ध, संवर, निर्जरा और मोक्ष। जीव के मोक्ष एवं मोक्षमार्ग-हेतुक इन सात तत्त्वों को जानना अत्यन्त आवश्यक है, अतः इन्हें प्रयोजनभूत तत्त्व भी कहते हैं। 'तत्त्वार्थसूत्र' में इन्हीं 7 तत्त्वार्थों का कुल मिलाकर 10 अध्यायों में वर्णन किया गया है। यथा—

प्रथम से चतुर्थ अध्याय तक : जीव तत्त्व का वर्णन है।

पञ्चमाध्याय में : अजीव तत्त्व का वर्णन है।

षष्ठ-सप्तमाध्यायों में : आस्रव तत्त्व का वर्णन है।

अष्टमाध्याय में : बन्ध तत्त्व का वर्णन है।

नवमाध्याय में : संवर-निर्जरा तत्त्वों का वर्णन है।

दशमाध्याय में : मोक्ष तत्त्व का वर्णन है।

तत्त्वार्थसूत्र में इन 7 तत्त्वों का वर्णन सूत्र शैली में किया गया है—यह बड़ी महत्त्वपूर्ण बात है। सूत्रों के विषय में पूर्वाचार्यों ने बड़ी गम्भीरता से विस्तारपूर्वक विचार किया है। सूत्र अत्यधिक सारग्राही और निर्दोष रचनाशैली को कहते हैं। सूत्र का लक्षण इस प्रकार बताया गया है—

अल्पाक्षरमसन्दिग्धं सारवद् गूढनिर्णयम्।
निर्दोषं हेतुमत्तथ्यं सूत्रमित्युच्यते बुधैः॥

अर्थात् सूत्र अल्प अक्षर वाला, असन्दिग्ध, सारवद्, गूढ़, निर्दोष, सहेतुक और तथ्यपूर्ण होता है। अभिप्राय यह है कि सूत्र उसे कहते हैं जिसमें कम से कम शब्दों में अधिक से अधिक बात निर्दोष रीति से कही जाती है।

सूत्रों का लिखना और समझना—दोनों ही बहुत आसान नहीं होता। उसमें अत्यधिक सावधानी की अपेक्षा होती है। जरा-सी भी लापरवाही अर्थ का अनर्थ कर देती है।

सूत्र के सम्बन्ध में यहाँ और अधिक विस्तार से लिखने का अवकाश नहीं है। जिज्ञासुओं को मेरा अन्य आलेख 'सूत्र के बत्तीस दोषों का संक्षिप्त विवेचन' देखना चाहिए।

2. तत्त्वार्थसूत्र के रचयिता

खेद के साथ लिखना पड़ रहा है कि तत्त्वार्थसूत्र के रचयिता का आज हमारे पास कोई प्रामाणिक या निर्विवाद परिचय उपलब्ध नहीं है। वे कौन थे, कहाँ के रहनेवाले थे, उनके माता-पिता अथवा गुरु आदि कौन थे, इत्यादि किसी भी विषय में हम सप्रमाण कुछ भी नहीं कह सकते हैं। हमें उनके नाम मात्र का ज्ञान है, पर विडम्बना है कि उसमें भी थोड़ा विवाद चलता है। दिगम्बर कहते हैं कि उनका नाम उमास्वामी था और श्वेताम्बर कहते हैं कि उमास्वाति। कौन सच है और कौन गलत—यह कोई किसी को इदमित्थं रूप से नहीं समझा सकता।

3. तत्त्वार्थसूत्र की प्रमुख टीकाएँ

कहा जा चुका है कि सूत्र बहुत गूढ़-गम्भीर होते हैं और उनका अर्थ समझना बहुत आसान नहीं होता, उसमें बड़ी सावधानी की अपेक्षा होती है। यही कारण है कि 'तत्त्वार्थसूत्र' पर अनेक धुरन्धर विद्वान आचार्यों द्वारा टीकाएँ लिखी गयी हैं। इनकी संख्या वैसे तो कुल मिलाकर 1000 से भी अधिक होंगी, पर यहाँ उन सबके परिचय हेतु समय नहीं है, अतः तीन अत्यन्त महत्त्वपूर्ण टीकाओं का, जो कि सभी बाद की टीकाओं की मूलाधार-सी हैं, संक्षिप्त परिचय दिया जाता है। यथा—

(क) सर्वार्थसिद्धि : इसकी रचना विक्रम की पाँचवीं शताब्दी में आचार्य पूज्यपाद ने की है। यह बहुत सन्तुलित टीका है। सभी आचार्य इसे आज तक प्रमाण रूप में प्रस्तुत करते चले आ रहे हैं। एक सुप्रसिद्ध श्लोक में तो आचार्य पूज्यपाद की लक्षण-कला को अनुपम ही कह दिया गया है—

> **"प्रमाणमकलंकस्य पूज्यपादस्य लक्षणम्।**
> **धनञ्जयकवेः काव्यं रत्नत्रयमपश्चिमम्॥ "**

(ख) तत्त्वार्थवार्तिक : इसकी रचना विक्रम की सातवीं शताब्दी में आचार्य अकलंक ने की है। इस टीका में हर एक सूत्र का पहले कुछ वार्तिकों (ग्रन्थ के अनुक्त और अस्पष्ट अर्थों को स्पष्ट करनेवाले वाक्य) द्वारा और बाद में फिर उन्हीं का किञ्चिद् विस्तृत भाष्य करके व्याख्यान किया गया है। स्थान-स्थान पर रोचक दृष्टान्त भी दिये गये हैं।

(ग) तत्त्वार्थश्लोकवार्तिक : इसकी रचना आठवीं शताब्दी में आचार्य विद्यानन्दि ने की है। यह अत्यधिक विस्तृत टीका (भाष्य) है।

तत्त्वार्थसूत्र के गूढ़-गम्भीर अर्थों को समझने के लिए इनमें से एक टीका का अध्ययन तो हम सबको अवश्य करना चाहिए।

4. तत्त्वार्थसूत्र की विषयवस्तु

अब तक हमने 'तत्त्वार्थसूत्र' का कुछ बाहरी परिचय प्रस्तुत किया, परन्तु अब उसका आन्तरिक परिचय प्रस्तुत करते हैं, जो जैनदर्शनाभिमत तत्त्वज्ञान के लिए वास्तव में उपयोगी है। बाहरी परिचय का महत्त्व मात्र ऐतिहासिक या सामाजिक दृष्टि से ही अधिक है, परन्तु तात्त्विक, दार्शनिक या आध्यात्मिक दृष्टि से उसमें अधिक उलझना ठीक नहीं है। सामान्य जानकारी तक तो बात ठीक है, पर उसी में उलझे रहना हमारी दृष्टि से लाभदायक नहीं है, अपितु विसंवाद-कषायोत्पादक होने से हानिकारक ही है। कुछ लोग हमने ऐसे देखे हैं जो जीवनभर इन बाहरी परिचय की विसंवादकारी बातों में उलझे रहते हैं और ग्रन्थ के अन्तरंग परिचय अर्थात्, उसकी विषयवस्तु को समझने में मन नहीं लगाते। हम समझते हैं कि इस प्रकार वे अपना बड़ा नुकसान करते हैं। दार्शनिक या जिज्ञासु का ध्यान असल में तत्त्वज्ञान पर ही होना चाहिए, शेष

बाहरी बातें उसके लिए विशेष उपयोगी नहीं होती। जरा सोचिए कि ग्रन्थकार का नाम चाहे उमास्वामी हो या उमास्वाति, इससे हमें क्या विशेष लाभ होने वाला है? कुछ भी नहीं होगा। और फिर करें क्या, जब उसका कोई अकाट्य आधार हमारे पास नहीं है तो? अत: इस प्रकार के बाहरी विवादों में पड़ना विशेष उपयोगी नहीं है। तत्त्वज्ञानाभिलाषी को ग्रन्थ के अन्तरंग परिचय अर्थात् उसकी प्रतिपाद्य विषयवस्तु पर ही अपना पूर्ण ध्यान देना चाहिए। जिस बात को स्वयं तत्त्वार्थसूत्रकार ने महत्त्व नहीं दिया, उनके परवर्ती महान आचार्यों ने भी नहीं दिया, हम क्यों उसे ही अधिक महत्त्व देना चाहते हैं—यह सोचने की बात है। अतएव अब यहाँ तत्त्वार्थसूत्र की विषयवस्तु का परिचय प्रस्तुत किया जाता है।

मंगलाचरण : किसी भी शुभ कार्य के प्रारम्भ में अनेक प्रयोजनों से मंगलाचरण करने की परम्परा प्रचलित है, इसीलिए प्राय: सभी ग्रन्थों के प्रारम्भ में अपने इष्ट देवता को नमस्कार रूप मंगलाचरण अवश्य पाया जाता है। तत्त्वार्थसूत्र में भी मंगलाचरण किया गया है, जो इस प्रकार है—

''मोक्षमार्गस्य नेतारं, भेत्तारं कर्मभूभृताम्।
ज्ञातारं विश्वतत्त्वानां, वन्दे तद्गुणलब्धये॥ ''

जैन परम्परा में इस मंगलाचरण को अत्यधिक महत्त्वपूर्ण माना जाता है, क्योंकि इसमें किसी व्यक्ति विशेष को नहीं, अपितु वीतराग-सर्वज्ञ-हितोपदेशक आप्त को प्रणाम किया गया है; वह भी बिना किसी लौकिक आकांक्षा के, मात्र उसके उत्तम गुणों की प्राप्ति हेतु।

जैन-परम्परा में इस एक ही श्लोक पर अनेक आचार्यों ने अत्यधिक विस्तारपूर्वक लिखा है। यहाँ तक कि अनेक स्वतन्त्र ग्रन्थ भी इसके आधार पर लिखे गये हैं। जैसे आचार्य विद्यानन्द स्वामी (सातवीं शताब्दी) की आप्तपरीक्षा, आदि। इसके अतिरिक्त आचार्य समन्तभद्र (द्वितीय शताब्दी) कृत आप्तमीमांसा आदि भी इसी मंगलाचरण-श्लोक पर आधारित कहे जाते हैं। आचार्य विद्यानन्द स्वामी ने तो इस श्लोक की प्रशंसा में यहाँ तक कह दिया है कि यह तीर्थ-समान है। अर्थात् इसके पठन से तीर्थवन्दना का लाभ प्राप्त होता है। अत: इस श्लोक को भलीभाँति समझना बहुत उपयोगी है।

अब तत्त्वार्थसूत्र के दसों अध्यायों की विषयवस्तु संक्षेप में लिखते हैं—

प्रथमाध्याय : सम्यग्दर्शन, सम्यग्ज्ञान और सम्यक्चारित्र—इनकी एकता ही मोक्षमार्ग है। जीव, अजीव, आस्रव, बन्ध, संवर, निर्जरा और मोक्ष—इन सात तत्त्वों का समीचीन श्रद्धान सम्यग्दर्शन है, जो दोनों प्रकार से उत्पन्न हो सकता है—1. पूर्वसंस्कारवशात् स्वयमेव और 2. परोपदेश से। समीचीन श्रद्धान सम्यग्ज्ञानपूर्वक ही होता है, अतः सर्वप्रथम उक्त जीवादि तत्त्वों का समीचीन ज्ञान अवश्य करना चाहिए। यह समीचीन ज्ञान प्रमाण-नय-निक्षेप से होता है। निर्देश, स्वामित्व, साधन आदि और सत्, संख्या, क्षेत्र, स्पर्शन आदि भी तत्त्वज्ञान के उपाय हैं। प्रमाण सम्यग्ज्ञान ही है, जिसके 5 भेद हैं—मतिज्ञान, श्रुतज्ञान, अवधिज्ञान, मनःपर्ययज्ञान और केवलज्ञान। इनमें से मति और श्रुत परोक्ष प्रमाण हैं और अवधि, मनःपर्यय और केवल—ये 3 प्रत्यक्ष प्रमाण हैं। नय प्रमाण का ही एक अंश होता है। प्रमाण और नय में यह अन्तर है कि प्रमाण सम्पूर्ण वस्तु को जानता है और नय उसके एक-एक अंश को मुख्य-गौण करते हुए जानता है। प्रमाण और नयों के अनेक भेद-प्रभेद हैं, जिन्हें निम्नलिखित चार्ट के द्वारा संक्षेप में जाना जा सकता है—

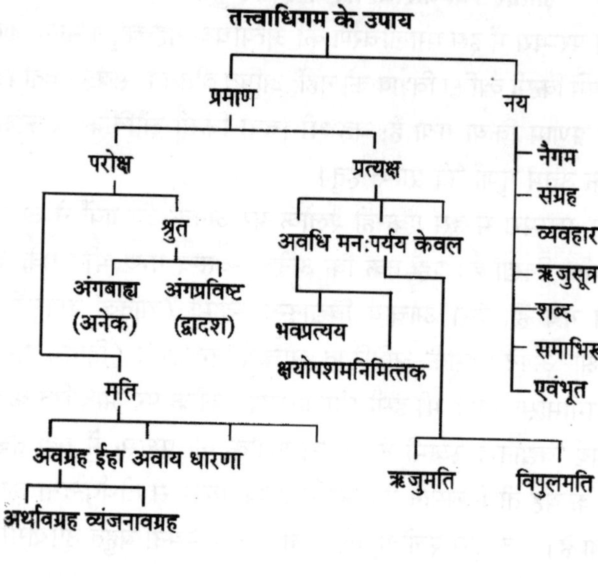

द्वितीयाध्याय : जीव के पाँच असाधारण भाव (स्वतत्त्व) हैं— औपशमिक, क्षायिक, मिश्र (क्षयोपशमिक), औदयिक और पारिणामिक। जो कर्म के उपशम से होते हैं वे औपशमिक हैं, क्षय से होते हैं वे क्षायिक हैं, क्षय और उपशम दोनों से होते हैं वे मिश्र या क्षायोपशमिक हैं, जो उदय से होते हैं वे औदयिक हैं और जो कर्म-निरपेक्ष हैं वे पारिणामिक हैं। इनके अनेक प्रभेद हैं। यथा—

जीव के स्वतत्त्व

औपशमिक (2)	क्षायिक (9)	मिश्र/ क्षायोपशमिक (18)	औदयिक (21)	पारिणामिक (3)
सम्यक्त्व	ज्ञान	मतिज्ञान	नरकगति	जीवत्व
चारित्र	दर्शन	श्रुतज्ञान	तिर्यंचगति	भव्यत्व
	दान	अवधिज्ञान	देवगति	अभव्यत्व
	लाभ	मन:पर्ययज्ञान	मनुष्यगति	
	भोग	चक्षुदर्शन	क्रोध	
	उपभोग	अचक्षुदर्शन	मान	
	वीर्य	अवधिदर्शन	माया	
	सम्यक्त्व	मत्यज्ञान	लोभ	
	चारित्र	श्रुताज्ञान	पुंलिंग	
		अवध्यज्ञान	स्त्रीलिंग	
		दान	नपुंसकलिंग	
		लाभ	मिथ्यादर्शन	
		भोग	अज्ञान	
		उपभोग	असंयम	
		वीर्य	असिद्धत्व	
		सम्यक्त्व	कृष्ण लेश्या	
		चारित्र	नील लेश्या	
		संयमासंयम	कापोत लेश्या	
			पीत लेश्या	
			पद्म लेश्या	
			शुक्ल लेश्या	

जीव का लक्षण उपयोग है जो दो प्रकार का होता है—दर्शनोपयोग और ज्ञानोपयोग। दर्शनोपयोग चार प्रकार का है—चक्षु, अचक्षु, अवधि और केवल। ज्ञानोपयोग आठ प्रकार का है—कुमति, कुश्रुत, कुअवधि, मति, श्रुत, अवधि, मनःपर्यय और केवल।

जीव भी दो प्रकार के हैं—संसारी और मुक्त। संसारी दो प्रकार के हैं—स्थावर और त्रस। स्थावर 5 प्रकार के हैं—पृथ्वीकायिक, जलकायिक, अग्निकायिक, वायुकायिक और वनस्पतिकायिक। त्रस द्वीन्द्रियादि से पंचेन्द्रिय तक के जीवों को कहते हैं; जिनके उदाहरण क्रमशः लट, चींटी, भौंरा और मनुष्यादि हैं।

इन्द्रियाँ 5 हैं—स्पर्शन, रसना, घ्राण, चक्षु और कर्ण। ये सभी दो प्रकार की हैं—द्रव्येन्द्रिय और भावेन्द्रिय। द्रव्येन्द्रिय दो प्रकार की हैं—निर्वृत्ति और उपकरण। भावेन्द्रिय दो प्रकार की है—लब्धि और उपयोग।

विग्रहगति दो प्रकार की है—संसारियों की और मुक्त जीवों की। मुक्त जीवों की विग्रहगति बिना मोड़े की होती है और संसारियों की दोनों प्रकार की मोड़ा वाली भी और बिना मोड़े वाली भी। एक समय वाली बिना मोड़े की होती है और एकाधिक समय वाली मोड़े की। विग्रहगति में जीव अधिक से अधिक तीन समय तक ही अनाहारक रहता है।

जन्म तीन प्रकार के हैं—सम्मूर्च्छन, गर्भ और उपपाद। जरायुज, अण्डज और पोतज जीवों का जन्म गर्भजन्म है, देव नारकियों का जन्म उपपाद है और शेष सभी जीवों का जन्म सम्मूर्च्छन है।

शरीर पाँच प्रकार के हैं—औदारिक, वैक्रियिक, आहारक, तैजस और कार्मण। ये सभी उत्तरोत्तर सूक्ष्म हैं। एक जीव के एक साथ अधिक से अधिक चार शरीर हो सकते हैं।

तृतीयाध्याय : इस अध्याय में अधोलोक और मध्यलोक का वर्णन है। अधोलोक में 7 नरक हैं, जिनमें नारकी जीव बहुत लम्बी आयु तक नित्य अशुभ शरीर और परिणामों से सहित रहते हुए घोर दुःख सहन करते हैं।

मध्यलोक में अनेक द्वीप-समुद्र हैं जो सभी वलयाकार हैं। इन्हीं में भरत, ऐरावत, विदेह आदि अनेक क्षेत्र हैं और गंगा, सिन्धु आदि नदियाँ भी हैं।

चतुर्थाध्याय : देव चार प्रकार के हैं—भवनवासी, व्यन्तर, ज्योतिषी और वैमानिक। पुनश्च इनके और भी अनेक प्रभेद हैं, यथा—

भवनवासी (10)	व्यन्तर (8)	ज्योतिषी (5)	वैमानिक (16)
असुरकुमार	किन्नर	सूर्य	सौधर्म
नागकुमार	किंपुरुष	चन्द्र	ईशान
विद्युतकुमार	महोरग	ग्रह	सानतकुमार
सुपर्णकुमार	गन्धर्व	नक्षत्र	माहेन्द्र
वातकुमार	यक्ष	प्रकीर्णक (तारे)	ब्रह्म
स्तनितकुमार	राक्षस		ब्रह्मोत्तर
उदधिकुमार	भूत		लान्तव
द्वीपकुमार	पिशाच		कापिष्ठ
दिक्कुमार			शुक्र
अग्निकुमार			महाशुक्र
			शतार
			सहस्रार
			आनत
			प्राणत
			आरण
			अच्युत

पुनश्च, इनमें भी इन्द्र, सामानिक, आत्मरक्ष आदि दस भेदों की कल्पना और भी की जाती है। इन सबका विस्तृत वर्णन तत्त्वार्थसूत्र की टीकाओं और अन्य त्रिलोकसार आदि ग्रन्थों से जानना चाहिए।

पञ्चमाध्याय : (*अजीव तत्त्व का वर्णन*) आरंभिक चार अध्यायों में जीव का वर्णन सम्पन्न हुआ, अब इस अध्याय में अजीव तत्त्व का वर्णन

करते हैं। अजीव 5 प्रकार का है—पुद्गल, धर्म, अधर्म, आकाश और काल। पुद्गल रूपी है और शेष सभी अरूपी। संख्यापेक्षा धर्म, अधर्म और आकाश एक-एक हैं। पुद्गल अनन्त हैं और काल असंख्य हैं। जीव परस्पर एक-दूसरे का उपकार करते हैं। शरीर, वाणी, मन, प्राणापान पुद्गलों का उपग्रह है। गति, स्थिति, अवगाहन और परिणमन—ये क्रमशः धर्म, अधर्म, आकाश और कालद्रव्य के उपग्रह हैं। सभी द्रव्य अनादि-अनन्त सत् हैं और गुण-पर्याय-सहित हैं।

षष्ठाध्याय : (*आस्रव तत्त्व का वर्णन*): अब आस्रव तत्त्व का वर्णन करते हैं। आस्रव दो प्रकार का है—अशुभ और शुभ। मन-वचन-काय की क्रिया योग है और वही आस्रव का कारण है। वह यदि शुभ हो तो पुण्यास्रव होता है और अशुभ हो तो पापास्रव होता है। आस्रव दो अन्य प्रकार का भी है—साम्परायिक और ईर्यापथिक। कषायसहित जीवों के साम्परायिक आस्रव होता है और कषायरहित जीवों के ईर्यापथिक आस्रव होता है। भावों की तीव्रता-मन्दता, ज्ञात-अज्ञातता आदि से आस्रवों में तीव्रता-मन्दता आदि का अन्तर पड़ता रहता है। संक्षेप में आठों कर्मों के आस्रव के कारण इस प्रकार हैं—

1. **ज्ञानावरण**—ज्ञान और ज्ञान के साधनों में दोष लगाना, उन्हें छुपाना, ईर्ष्या, विघ्न, विराधना, हानि पहुँचाना।
2. **दर्शनावरण**—दर्शन और उसके साधनों में दोष लगाना, उन्हें छुपाना, ईर्ष्या, विघ्न, विराधना, हानि।
3. **वेदनीय : असाता**—स्व-पर को दु:ख, शोक, ताप आदि देना।
   साता—जीवदया, दान, सराग संयम, धैर्य, क्षमा।
4. **मोहनीय : दर्शन**—देव, शास्त्र, गुरु, धर्म का अवर्णवाद।
   चारित्र—कषाय के उदय से होनेवाला तीव्र परिणाम।
5. **आयु : नारक**—बहुत आरम्भ-परिग्रह।
   तिर्यंच—मायाचार।
   मनुष्य—अल्पारम्भ-परिग्रह, स्वभाव की कोमलता।
   देव—सराग संयम, अकाम निर्जरा, बालतप।

6. नाम : अशुभ–योगवक्रता।

शुभ–योग की सरलता।

तीर्थंकर : षोडशकारण भावना।

7. गोत्र : उच्च–परप्रशंसा, आत्मनिन्दा।

नीच–आत्मप्रशंसा, परनिन्दा।

8. अन्तराय : विघ्न करना।

सप्तमाध्याय (*शुभास्रव का वर्णन*) : हिंसा, झूठ, चोरी, अब्रह्म और परिग्रह से विरति ही व्रत है। इसे एकदेश भी पाला जाता है और सर्वदेश भी। गृहस्थ एकदेश पालते हैं और मुनि सर्वदेश। प्रमत्तयोग से प्राणनाश करना हिंसा है, असत्य बोलना झूठ है, बिना दी हुई वस्तु लेना चोरी है, मैथुन अब्रह्म है और पर-पदार्थों में ममत्व जोड़ना परिग्रह है। इन व्रतों में प्रमादवश दोष लगें वे अतिचार कहलाते हैं। उनसे बचने के लिए इन व्रतों की शुभ भावनाएँ करते रहना चाहिए और जीवन के अन्त में सल्लेखना भी धारण करना चाहिए।

अष्टमाध्याय (*बन्ध तत्त्व का वर्णन*) : कषायसहित जीव कर्मयोग्य पुद्गल-परमाणुओं को ग्रहण कर लेता है, यह बन्ध है। इसके 5 कारण हैं—मिथ्यादर्शन, अविरति, प्रमाद, कषाय और योग। बन्ध चार प्रकार का होता है—प्रकृति, प्रदेश, स्थिति और अनुभाग। प्रकृति तो ज्ञानावरण, दर्शनावरण, वेदनीय, मोहनीय, आयु, नाम, गोत्र और अन्तराय—ये आठ हैं। प्रदेश इनकी संख्या को कहते हैं। स्थिति अलग-अलग समय की होती है। विपाक या उदय को अनुभव कहते हैं।

नवमाध्याय (*संवर-निर्जरा तत्त्व का वर्णन*) : आस्रव का निरोध संवर है। वह 3 गुप्ति, 5 समिति, 10 धर्म, 12 अनुप्रेक्षा, 22 परिषहजय और 5 चारित्र से होता है। मन, वचन, काय का सम्यक् निग्रह 3 गुप्ति है। उत्तम क्षमा, मार्दव, आर्जव, शौच, सत्य, संयम, तप, त्याग, आकिंचन्य और ब्रह्मचर्य—ये 10 धर्म हैं। अनित्य, अशरण, संसार, एकत्व, अन्यत्व, आस्रव, संवर, निर्जरा, लोक, बोधिदुर्लभ और धर्म—ये 12 अनुप्रेक्षा हैं। क्षुधा, तृषा, शीत, उष्ण, दंशमशक, नाग्न्य, अरति, स्त्री, चर्या, निषद्या, शय्या, आक्रोश, वध,

याचना, अलाभ, रोग, तृणस्पर्श, मल, सत्कार-पुरस्कार, प्रज्ञा, अज्ञान और अदर्शन—ये 22 परिषह हैं, जिनको जीतना परिषहजय कहलाता है। सामायिक, छेदोपस्थापना, परिहारविशुद्धि, सूक्ष्मसाम्पराय और यथाख्यात—ये 5 चारित्र हैं।

निर्जरा तप से होती है। तप दो प्रकार का है—बहिरंग, अन्तरंग। अनशन, अवमौदर्य, वृत्तिपरिसंख्यान, रसपरित्याग, विविक्तशय्यासन, कायक्लेश—ये 6 बहिरंग तप हैं। और प्रायश्चित्त, विनय, वैय्यावृत्य, स्वाध्याय, व्युत्सर्ग एवं ध्यान—ये 6 अन्तरंग तप हैं। इनके और भी अनेक भेद-प्रभेद हैं जिनकी चर्चा विस्तारभय से यहाँ नहीं की जाती है।

दशमाध्याय (*मोक्षतत्त्व का वर्णन*) : मोहनीय, अन्तराय, ज्ञानावरण एवं दर्शनावरण—इन चार कर्मों के क्षय से केवलज्ञान उत्पन्न होता है, अरिहन्त अवस्था की प्राप्ति होती है। इसके बाद शेष चार अघातिया कर्मों के भी नाश से जीव पूर्ण मुक्त हो जाता है, सिद्ध हो जाता है। वह लोक के अग्रभाग तक ऊर्ध्वगमन करता हुआ स्थित हो जाता है।

5. उपसंहार

इस प्रकार हम देखते हैं कि तत्त्वार्थसूत्र में सप्त तत्त्व के प्रयोजन से जैनदर्शन के अधिकांश विषय समाहित हो गये हैं और उनके अध्ययन से पाठक को जैनदर्शन की पर्याप्त जानकारी उपलब्ध हो जाती है। यदि कोई व्यक्ति इस एक ग्रन्थ को ही अच्छी तरह पढ़-समझ ले तो उसे सम्पूर्ण तत्त्वज्ञान प्राप्त हो सकता है।

पहला अध्याय

"मोक्षमार्गस्य नेतारं, भेत्तारं कर्मभूभृताम्।
ज्ञातारं विश्वतत्त्वानां, वन्दे तद्गुणलब्धये॥"

अर्थ—जो मोक्षमार्ग के नेता हैं, कर्मपर्वतों के भेत्ता हैं और विश्वतत्त्व के ज्ञाता हैं, मैं उन्हें उनके गुणों की प्राप्ति के लिए प्रणाम करता हूँ।

हमारे यहाँ एक कहावत चलती है—सात वार नौ त्योहार। इसका मतलब यह है कि एक हफ्ते में दिन तो सात ही होते हैं, लेकिन त्योहार कभी-कभी नौ भी हो जाते हैं। हम देखते हैं कि अक्सर एक ही दिन में दो-दो, तीन-तीन त्योहार आ जाते हैं।

कहने का अभिप्राय यह है कि वैसे तो हमारे देश में त्योहारों की, पर्वों की कोई कमी नहीं है, हमारा देश उत्सव-प्रधान देश है, लेकिन यह दशलक्षण पर्व सभी पर्वों में मानों चक्रवर्ती के समान है। संसार में यदि गोल्डमेडल किसी पर्व को दिया जाएगा तो इस दशलक्षण महापर्व को ही मिल सकता है, अन्य किसी पर्व को नहीं। उसके पीछे एक कारण यह है कि प्राय: सभी पर्व किसी-न-किसी घटना-विशेष से सम्बन्धित हैं अथवा किसी-न-किसी व्यक्ति-विशेष से सम्बन्धित हैं, लेकिन यह दशलक्षण पर्व न किसी घटना-विशेष से सम्बन्धित है और ना ही किसी व्यक्ति-विशेष से सम्बन्धित है, बल्कि सीधे वस्तु के स्वभाव से ही सम्बन्धित है, इसमें कहीं कोई साम्प्रदायिकता नहीं है, इसमें कहीं कोई पक्षपात नहीं है। जैसे सूर्य, चन्द्रमा,

गंगा, हिमालय आदि ना हिन्दू हैं, ना ही मुसलमान हैं, वे किसी से कोई पक्षपात नहीं करते। सूरज यह नहीं कहता कि ये मकान हिन्दू का है, इसके घर पर मैं रोशनी ज्यादा डालूँगा; ये मुसलमान का है, इस पर कम डालूँगा। गंगा नदी ना हिन्दू है, ना मुसलमान। अगर उसके पास शेर आता है तो उसे भी पानी पिलाती है और गाय आती है तो उसे भी समताभाव से पानी पिलाती है। एक को 'मोस्ट वेलकम' और दूसरे को 'गो आऊट' कहने की आदत गंगा नदी में नहीं है। अरे, एक पचास पैसे की डिस्प्रन गोली भी हिन्दू-मुसलमान का कोई पक्षपात नहीं करती है अथवा न ही हिन्दुस्तान और पाकिस्तान का भी कोई पक्षपात करती है। वह हिन्दू खाये तो उसका भी सिरदर्द ठीक करती है और मुसलमान खाये तो उसका भी सिरदर्द ठीक करती है। जब पचास पैसे की टॅबलेट भी पक्षपात नहीं करती है, तो यदि हम और आप पक्षपात करते हैं तो हमारी और आपकी कीमत उस पचास पैसे की टॅबलेट से भी गयी बीती हो गयी; क्योंकि वस्तु के स्वरूप में कोई पक्षपात नहीं है।

यह दशलक्षण महापर्व हमको यही बात समझाने आया है कि क्रोध बुरा था, बुरा है और बुरा ही रहेगा। क्षमा अच्छी थी, अच्छी है और अच्छी ही रहेगी। क्रोध सदा सबके लिए सर्वत्र बुरा ही है, हानिकारक ही है और क्षमा सदा सर्वत्र सबके लिए अमृत-समान हितकारी ही है। ऐसा अद्‌भुत सन्देश देने के लिए यह दशलक्षण महापर्व आया है। इस महापर्व का कोई जवाब नहीं है, कोई मुकाबला नहीं है। यह हमको समझाता है कि जैसा वस्तु-स्वरूप है, वैसी यदि तुम प्रवृत्ति करोगे तो सुखी रहोगे और यदि जैसा वस्तु-स्वरूप है वैसी प्रवृत्ति नहीं करोगे तो वस्तु-स्वरूप तो बदलेगा नहीं, उलटे तुम ही दुखी रहोगे। इसलिए मुमुक्ष जीव को, आत्मकल्याण के अभिलाषी जीव को संसार में सबसे ज्यादा प्रिय वस्तु कोई हो सकती है तो यह दशलक्षण पर्व ही हो सकता है। जैसे सावन की घटायें देखकर मोर नाचता है, वैसे ही 'ओ हो...! दशलक्षण पर्व आ गया!' इस प्रकार हमारा मन-मयूर नृत्य करना चाहिए। हमारा मन बाँसों उछलना चाहिए। खुशियाँ हमारे हृदय में अपरम्पार छानी चाहिए, इत्यादि। हमें आत्मनिरीक्षण करना चाहिए कि कहीं ऐसा तो नहीं कि हमारे मन में दूसरे तरह के विचार हों कि अरे अब तो हमें संयम से रहना

पड़ेगा या रोज मन्दिर जाना पड़ेगा, ऐसे विचार तो हमारे अन्दर नहीं आ रहे हैं। अत: हमें बड़े ही अपूर्व आनन्द और उल्लास के साथ दशलक्षण पर्व मनाना चाहिए।

हमारे यहाँ प्रतिक्रमण पाठ में और अन्य ग्रन्थों में भी एक बड़ा अच्छा शब्द आता है—इच्छामि भंते। 'इच्छामि' का अर्थ है कि मैं स्वेच्छापूर्वक यह व्रत, नियम, धर्म स्वीकार करता हूँ। दुनिया के बहुत भौतिक काम किसी के कराये हो सकते हैं, लेकिन धर्म का काम कभी भी जबरदस्ती नहीं हो सकता। धर्म का काम जब भी होगा, स्वेच्छा से ही होगा।

एक बड़ी अच्छी कहावत है—'समझे तो अपने आप से, नहीं तो किसी के बाप से।' व्यक्ति अगर समझना चाहे, सुधरना चाहे तो स्वयं ही सुधर सकता है, समझ सकता है और अगर न चाहे तो उसे दुनिया की कोई भी ताकत सुधार नहीं सकती। तीर्थंकर भी अपने बेटे-पोते को समझाने में असमर्थ हैं। कोई किसी को नहीं समझा सकता। जब जीव अपनी इच्छा से समझने के लिए तैयार होता है तब समझाने वाले निमित्त मात्र कहलाते हैं। यह वस्तु की स्थिति है। इसीलिए एक बड़ी अच्छी बात कही गयी है कि—

'अरे सुधारक जगत के, चिन्ता मत कर यार।
तेरा मन ही जगत है, पहले इसे सुधार॥'

हम किस-किस को सुधारने के पीछे पड़े हुए हैं! देखिये, दशलक्षण पर्व आया है। कम से कम इन दस दिन में तो हमको यह संकल्प ले लेना है कि अब हम दूसरों की नहीं, अपनी ही चिन्ता करेंगे। अब हम दूसरों को नहीं, अपने को बदलेंगे। बहुत ही कम, कभी कभार एक परसेंट दूसरे पर पुरुषार्थ चलता है, वह भी उपचार से। एक घटना आचार्यश्री (विद्यानन्दजी) सुनाते हैं, जो मुझे बहुत पसन्द आती है—

श्रीकृष्ण बहुत चाहते थे कि महाभारत न हो। उन्होंने कितनी बार चक्कर काटे कौरवों-पांडवों में सन्धि कराने के लिए। दोनों को समझाने में कोई कसर नहीं रखी। कौरवों के यहाँ जाते तो दुर्योधन बड़े आदरपूर्वक, सम्मान के साथ उनके पैर छूता, नमस्कार करता, तो श्रीकृष्ण दुर्योधन को समझाते कि 'तुम पैर तो छूते हो, मगर मेरी बात नहीं मानते। तुम मेरी बात मान लो। वे

पांडव भी तो तुम्हारे ही भाई हैं। जरा सोचो कि सारी पृथ्वी तुम्हारी है, उसमें से पाँच गाँव उन्हें दे देओगे तो तुम्हारा क्या घट जाएगा ? अरे, तू अपनी इच्छा से मत दे, मगर मेरे कहने से दे दे, कोई पूछे तो कह देना कि मैं श्रीकृष्ण की इज्जत करता हूँ इसलिए उनके कहने से दी है, अपनी इच्छा से नहीं दी है। तुम मेरे ऊपर डाल देना।' मगर जब पाँच गाँव देने की बात आती तो सब कुछ अच्छे माहौल को भी दुर्योधन एक मिनट में खराब कर देता था। कहता- 'देखो, आप और सारी बात करो, पर जमीन देने की बात मत करो। मैं सूई की नोंक बराबर भी जमीन नहीं दे सकता—सूच्यग्रं न दास्यामि...।' इस प्रकार वह श्रीकृष्ण की बात नहीं मानता।

आखिर श्रीकृष्ण पांडवों के पास जाते और युधिष्ठिर से कहते कि 'हे युधिष्ठिर! तुम तो धर्मराज हो, धर्मात्मा हो, सज्जन हो, अरे! मूर्ख को थोड़े ही समझ में आएगा, समझदार ही तो समझेगा। वह तो पागल है, वह नहीं समझेगा। तुम तो सज्जन हो, ये समझो कि क्या पाँच गाँव अपनी छाती पर लेकर जाओगे ? जब तुमने सब कुछ ही छोड़ दिया, तो यह पाँच गाँव की जिद भी छोड़ दो, जाने दो।' मगर फिर युधिष्ठिर बिफर उठते—'बिलकुल नहीं, उसने समझ क्या रखा है ? हमने क्या चूड़ियाँ पहन रखी हैं! पाँच गाँव तो वह क्या उसकी छाया को भी देना ही पड़ेगा।' आखिर महाभारत युद्ध हुआ। कितनी अक्षौहिणी सेना मारी गयी! क्या-क्या नहीं हुआ!

कहने का मतलब है कि श्रीकृष्ण जितने बुद्धिमान, चतुर, राजनीतिज्ञ भी जब कौरव-पांडवों को नहीं समझा सके तो हम और आप किस पेड़ के पत्ते हैं ? अब यह दशलक्षण आ गया, अब दूसरों की तरफ से आँखें बन्द करो और अपनी ओर देखना शुरु करो, कि इन दस दिनों में तो हम अपने को ही सुधारेंगे। एक बात हमको खास ध्यान रखनी है कि दशलक्षण पर्व, पर्व नहीं पर्वराज है और वस्तु के स्वरूप से सीधा जुड़ा हुआ है, मोक्षमार्ग से सीधा जुड़ा हुआ है। आत्मकल्याण से इसका सीधा सम्बन्ध है। ये किसी व्यक्ति विशेष की जयन्ती नहीं है। इसको हम खुशी-खुशी, बड़े उल्लास से मनायें। इसमें तो बस हमें यह पर्व कैसे मनाना है, उसे ही देखें। हम अपने को ही देखें, अपने ही अन्दर सुधार करने की कोशिश करें।

सही पूछा जाये तो हमको आपको इस पर्व में क्या करना चाहिए? वास्तव में हमें इस पर्व में अधिक से अधिक मौन ही रहना चाहिए, क्योंकि बोलने से हमारा उपयोग बहिर्मुखी होता है। बोलते ही हमें दूसरे से जुड़ना पड़ता है और धर्म दूसरे से जुड़ने का नाम नहीं है, दूसरे से विरक्त होने का नाम है। धर्म में हमको अणुमात्र से भी विरक्त होना है और जब बोलते हैं तो सैकड़ों चीजों से जुड़ते हैं। इसलिए सब कुछ छोड़कर मन संयम, वचन संयम और काय संयम से रहकर यह पर्व मनाना है। संयम भी पालना है तो सभी तरह का पालना है। अकेले रोटी छोड़ देने से संयम नहीं पलेगा, हमें कुछ वाणी पर भी संयम लगाना है दस दिन में, हमें मन पर भी कुछ संयम लगाना है दस दिन। हमारा मन कहाँ-कहाँ भागता रहता है! उस मन को भी अब हमें थोड़ा-सा ब्रेक लगाना है। हमें अब सब काम भूल जाना है। अब सोच लो कि दस दिन तक हमारी नो वर्कशीट। हमारी वर्कशीट पर कोई काम नहीं है। जितना ज्यादा हम अपने आपको निर्भार बनाएँगे, अपने मन को और कहीं भागने से रोकेंगे, अपने वचनों को और कहीं भागने से रोकेंगे, उतना ही अच्छा दशलक्षण हम मना पाएँगे। और जो जितना अच्छा मनाएगा उसका फायदा उसको ही मिलने वाला है, दूसरे को मिलने वाला नहीं है।

हम सब इस शाम की सभा में तत्त्वार्थसूत्र की चर्चा करेंगे, इसका स्वाध्याय करेंगे। इसमें भी दो-तीन बातें आपको बड़े काम की बताना चाहता हूँ। यदि कुछ लोग यह सोच रहे हों कि अब यह तत्त्वार्थसूत्र चलेगा, यह तो बहुत कठिन लगेगा, हमारी समझ में नहीं आएगा, तो वे ऐसी धारणा अपने मन से निकाल दें। क्योंकि दस दिनों में दस अध्यायों का स्वाध्याय करना है तो ऐसा तो होगा नहीं कि एक ही सूत्र की गहराई में हम जायें। बहुत सूक्ष्म विवेचन तो होने वाला है नहीं, लेकिन आऊटलाईन्स जरूर स्पष्ट होने वाली हैं, जो बहुत सरल रहेगी। तथा वह बहुत जरूरी भी है। सबके लिए जरूरी है। ऐसे कहा जाता है कि जो महत्त्व ईसाईयों में बाइबल का है, मुसलमानों में कुरान का है, हिन्दुओं में गीता का है, वैसा ही महत्त्व जैनधर्म में तत्त्वार्थसूत्र का है। हम युनिवर्सिटी में दुनिया भर के धर्म और दर्शन के प्रोफेसरों के बीच पढ़ते-पढ़ाते हैं। वहाँ भी और ग्रन्थों को कोई जाने या न जाने, लेकिन

तत्त्वार्थसूत्र को सब जानते हैं। केवल भारत में ही नहीं, बाहर भी अमेरिका, लन्दन, जर्मनी आदि सब जगहों पर विश्वविद्यालयों में तत्त्वार्थसूत्र जरूर कोर्स में लगा हुआ है।

यह तत्त्वार्थसूत्र हमारा कसौटी पत्थर है। जैनों की पहचान है यह। और इसलिए प्रत्येक जैन श्रावक को, श्राविका को, नामधारी जैन को भी तत्त्वार्थसूत्र से परिचित होना जरूरी है। यही कारण है कि हमारे बड़े बुजुर्गों ने एक परिपाटी ही डाल दी कि हरेक दशलक्षण में तत्त्वार्थसूत्र का पाठ जरूर होगा। हम भी छोटे थे तो मन्दिर में तत्त्वार्थसूत्र का पाठ जरूर होता था। हर पाठ के बाद अर्घ्य भी चढ़ाते थे। कितनी माता-बहनें आज भी ऐसी हैं कि जो रोज तत्त्वार्थसूत्र का, भक्तामर स्तोत्र का पाठ करती हैं। पूरा पाठ करती हैं। अनपढ़ महिलायें भी करती हैं। इसलिए मेरा कहने का तात्पर्य यह है कि आप तत्त्वार्थसूत्र को बड़े ही प्रेम से सुनें। समझ में आ गया तो निहाल हो जाएँगे और यदि समझ में नहीं आया तो भी सुनने मात्र से असंख्यात कर्मों की निर्जरा होने वाली है। जब हम शास्त्रसभा में बैठते हैं उस काल असंख्य कर्मों की निर्जरा होती है। कैसे? हमारे पूर्व कर्म प्रतिसमय हमारे उदय में आते हैं, और जब वे उदय में आते हैं, उस समय यदि हम किसी और काम में बाहर होते तो हमारे भाव भी वैसे ही विकृत हो जाते। लेकिन हम मन्दिर में बैठे होते हैं, शास्त्र सुन रहे होते हैं, हमारा उसमें बहुत ही अच्छा मन लग रहा होता है, इसलिए वह कर्म उदय में आकर भी हमारा बाल बाँका नहीं कर पाता, पीछे की पीछे ही ढलक जाता है, खिर जाता है। असंख्य कर्मों की निर्जरा जिनवाणी के श्रवण मात्र से होती है। चिन्तन और अनुकरण का तो कहना ही क्या!

इसलिए तत्त्वार्थसूत्र बहुत ही प्यारा ग्रन्थ है। ये सारे ग्रन्थों की कुंजी है, बीज है। इसमें सभी ग्रन्थों के बीज भरे हुए हैं। उन्हीं को विस्तार करते हुए हमारे परवर्ती आचार्यों ने अनेक ग्रन्थों की रचना की है। इस तत्त्वार्थसूत्र पर कम से कम 500 टीकाएँ आज भी मौजूद हैं, जबकि छह-छह महीने तक हमारे शास्त्र-भंडारों की होली जलती रही। कितने नष्ट हो गये, लेकिन फिर भी विविध भाषाओं में आज इस ग्रन्थ की कम से कम पाँच सौ टीकाएँ मौजूद हैं। एक अकेले 'मोक्षमार्गस्य नेतारं...' इस एक श्लोक पर ही इतने

शास्त्र लिखे गये हैं कि आप ताज्जुब करेंगे।

'मोक्षमार्गस्य नेतारं, भेत्तारं कर्मभूभृताम्।
ज्ञातारं विश्वतत्त्वानां, वन्दे तद्गुणलब्धये॥'

अर्थात् जो मोक्षमार्ग के नेता हैं, कर्मपर्वतों के भेत्ता हैं और विश्वतत्त्व के ज्ञाता हैं, मैं उन्हें उनके गुणों की प्राप्ति के लिए प्रणाम करता हूँ।

वाह, क्या मंगलाचरण है! आज से 1300 साल पहले एक विद्यानन्दी आचार्य हुए हैं। उनका एक आप्तपरीक्षा ग्रन्थ है। उसमें उन्होंने ऐसे लिखा है कि यह श्लोक तो तीर्थ के समान है। एक बार जो इस श्लोक को पढ़ता है, समझो उसने सम्मेदशिखरजी की यात्रा कर ली। इस श्लोक का फल देखो! णमोकार मन्त्र जैसा यह महामन्त्र है। इसमें कोई याचना नहीं, लौकिक कामना नहीं है, किसी व्यक्ति-विशेष को नमस्कार नहीं है। गुणों को नमस्कार है, वीतरागता को नमस्कार है, सर्वज्ञता को नमस्कार है और हितोपदेशिता को नमस्कार है। इस एक ही श्लोक पर आचार्य विद्यानन्दी ने छह सौ पृष्ठ का एक ग्रन्थ लिखा है जिसका नाम आप्तपरीक्षा है। यह भी हमारी युनिवर्सिटी के कोर्स में पढ़ाया जाता है। इस श्लोक में सारे जैनदर्शन का सार भरा पड़ा है। निकालने वाला चाहिए। तत्त्वार्थसूत्र, दस दिन में दस अध्याय! समय हो तो आप और हम दस दिन तक सिर्फ 'मोक्षमार्गस्य नेतारं भेत्तारं कर्मभूभृताम्...' इस श्लोक के भाव पर प्रकरणांतर हुए बिना चर्चा कर सकते हैं, इतना भाव इस एक श्लोक में ही भरा हुआ है! कहने का तात्पर्य है कि बहुत ही श्रद्धापूर्वक, बहुत विनयपूर्वक इस ग्रन्थ को सुनना-समझना है। ग्रन्थराज तत्त्वार्थसूत्र हमारे सामने विराजमान है। धन्य हूँ मैं जो इस ग्रन्थ के सामने बैठा हुआ हूँ, धन्य हूँ मैं कि इस ग्रन्थ के शब्द मेरे कानों में पड़ रहे हैं, ऐसी बड़ी खुशी के साथ बड़े चाव के साथ श्रद्धापूर्वक, विनयपूर्वक हम इस ग्रन्थ को सुनेंगे तो जरूर महान लाभ प्राप्त होगा। जो जीव विनयपूर्वक स्वाध्याय करते हैं, वे कुछ न समझ सकें, याद न रख सकें तो भी उनका वह श्रुतज्ञान व्यर्थ नहीं जाएगा, उन्हें इस भव में नहीं तो भी अगले जन्म में अवश्य श्रुतकेवली बनाकर रहेगा—ऐसा भगवती आराधना में कहा गया है। यह बहुत अद्भुत ग्रन्थ है। बहुत मन लगाकर हमें सुनना है। इसमें बड़े अच्छे-अच्छे भाव भरे हैं।

इस प्रकार यह पहला मंगलाचरण का श्लोक है।

इसके बाद प्रथम अध्याय का प्रथम सूत्र इस प्रकार है—

सम्यग्दर्शनज्ञानचारित्राणि मोक्षमार्गः ॥ 1 ॥

सम्यग्दर्शन, सम्यग्ज्ञान और सम्यक्चारित्र जब मिल जायें, तीनों की जब एकता हो जाये तो समझ लो कि जीव मोक्ष के मार्ग पर सरपट (बड़ी तेजी से) दौड़ने लग गया है। यही मोक्षमार्ग है और कोई मोक्षमार्ग नहीं है। सम्यग्दर्शन, सम्यग्ज्ञान और सम्यक्चारित्र की एकता ही मोक्षमार्ग है।

क्या है सम्यग्दर्शन—

तत्त्वार्थश्रद्धानं सम्यग्दर्शनम् ॥ 2 ॥

जीवादि सात तत्त्वों का यथार्थ स्वरूपसहित श्रद्धान करना ही सम्यग्दर्शन है। सात तत्त्व का श्रद्धान ही सम्यग्दर्शन है। सम्यग्दृष्टि कैसे होते हैं? सम्यग्दृष्टि होते हैं तत्त्वों पर यथार्थस्वरूप सहित श्रद्धान करने से। सब कुछ अपने ऊपर है। करोगे तो हो जाओगे और ना करोगे तो नहीं होओगे। कल करोगे तो कल हो जाओगे। आप करोगे तो आप होओगे, मैं करूँगा तो मैं हो जाऊँगा, जब करोगे तब हो जाओगे। यहाँ कोई पक्षपात, भेदभाव अथवा कोई पार्टी, पॉलिटिक्स नहीं चलती। जो जीवादि सात तत्त्वों का श्रद्धान करेगा, वही सम्यग्दृष्टि है।

तन्निसर्गादधिगमाद्वा ॥ 3 ॥

कैसे होता है सम्यग्दर्शन? अगर पूर्व जन्म में विनयपूर्वक सुना हो तो अपने आप भी हो जाता है। और अगर नहीं सुना हो तो नया सुन लो, मन लगाओ, चिन्तन करो, तत्त्वार्थ का श्रद्धान हो जाएगा। सम्यग्दृष्टि बन जाओगे। इस प्रकार सम्यग्दर्शन दो प्रकार से होता है—निसर्गज और अधिगमज।

अच्छा! क्या हैं वे तत्त्व—

जीवाजीवास्रवबन्धसंवरनिर्जरामोक्षास्तत्त्वम् ॥ 4 ॥

जीव, अजीव, आस्रव, बन्ध, संवर, निर्जरा और मोक्ष—ये सात तत्त्व हैं। परम करुणा से, बड़े प्यार से आचार्य समझा रहे हैं कि हे भव्य जीव! ये सात तत्त्व हैं। सात तत्त्वों का स्वरूप क्या है? उदाहरण के लिए ऐसा समझ लो कि एक आदमी को नदी पार करनी थी। इस पार से उस पार जाना था।

वह अपना सामान लेकर नाव में बैठ गया। तो समझ लो कि वह आदमी तो जीव तत्त्व हो गया और उसका जो सामान है वह अजीव तत्त्व है। नाव चलने लगी, मल्लाह उसे खेने लगा। थोड़ी देर के बाद देखा कि नाव में छेद है और पानी उसमें अन्दर तेजी से आ रहा है। तो जो छेद से पानी आ रहा है वह तो आस्रव हो गया और आकर जो दूसरी तरफ इकट्ठा हो रहा है, वह बन्ध हो गया। मल्लाह (नाविक) चिन्तित हो गया। उसने फटाफट उस छेद को पहले बन्द किया। यह संवर हो गया। बन्द तो कर दिया, नया पानी आना तो रुक गया, मगर इसके पहले का पानी तो बहुत भर गया था, इसलिए नाव हिचकोले खा रही थी। अभी खतरे में थी नाव, इसलिए एक खाली डिब्बा लेकर उससे उस नाव में भरे हुए पानी को खाली करने लगा। यानी पानी बाहर फेंकने लगा। यह हो गयी निर्जरा। और पूरा पानी निकल गया, नाव उस पार सुरक्षित पहुँच गयी, यह हो गया मोक्ष। इस तरह से ये सात तत्त्वों का स्वरूप है। जो आत्मा है वह जीव है और शरीर अजीव है। आत्मा में कर्मों का आना आस्रव है, आकर चिपक जाना बन्ध है, और नये कर्मों को न आने देना वह संवर है तथा पुराने कर्मों को हटा देना वह निर्जरा है और पूरे कर्मों को हटाकर सिद्ध परमात्मा बन जाना, वह मोक्ष है।

नामस्थापनाद्रव्यभावतस्तन्न्यासः ॥ 5 ॥

नाम, स्थापना, द्रव्य और भाव—ये चार निक्षेप हैं। इनके द्वारा हर पदार्थ को समझा जाता है।

प्रमाणनयैरधिगमः ॥ 6 ॥

पूरी वस्तु को बोलना प्रमाण है और उसके एक अंश को बोलना नय है। जैसे आपने बोला- नींबू, तो यह हो गया प्रमाण। पीला, खट्टा...ऐसे उसका एक-एक अंश बोला तो वह हो गया नय। इसी प्रकार बोले—दूध, यह हो गया प्रमाण। सफेद, मीठा, ठंडा, गरम—यह हो गया नय। पूरी वस्तु को कहना प्रमाण है और उसके एक-एक अंश को कहना नय है।

निर्देशस्वामित्वसाधनाधिकरणस्थितिविधानतः ॥ 7 ॥

किसी एक पदार्थ को जानना हो तो उसका भी एक पैटर्न है। हर काम की एक विधि होती है, एक तरीका होता है और उस काम को उसी तरीके से

करोगे तो सफलता मिलती है और उल्टा तरीका अपनाओगे तो असफल होओगे। हलवा बनाना है तो उसका भी एक सिस्टम है। कड़ाही में पहले क्या डाला जाएगा? घी डाला जाएगा कि पानी डाला जाएगा? घी डाला जाएगा। और यदि पहले पानी डाल देंगे तो हलवा नहीं बनेगा, कुछ और बन जाएगा। कहने का मतलब कि हरेक काम का क्रम होता है। किसी भी चीज को जानने का एक क्रम होता है। उस क्रम से ही हम चीज को जानेंगे तो हमारा ज्ञान सही होगा, और यदि क्रम तोड़कर जानेंगे तो ज्ञान नहीं हो पाएगा। निर्देश, स्वामित्व, साधन, अधिकरण, स्थिति, विधान—ये क्रम है। इन सबकी बहुत बारीक चर्चा कभी समय मिले तब करेंगे।

सत्संख्याक्षेत्रस्पर्शनकालांतरभावाल्पबहुत्वैश्च॥ 8॥

ये भी पदार्थों को जानने के तरीके हैं। जैसे कोई पूछता है कि 'आप कहाँ रहते हैं?' तो कहता है कि 'मैं दिल्ली में रहता हूँ।' तो क्या वह पूरी दिल्ली भर में पसरकर रहता है? नहीं, दिल्ली की एक कॉलोनी में रहता है। इसी प्रकार कहते हैं—पेड़ पर बन्दर बैठा है। तो क्या पूरे पेड़ पर फैलकर बन्दर बैठा है। नहीं, बन्दर तो उस पेड़ की एक शाखा पर बैठा है। यानी बात कहने का यह एक तरीका है। किस अपेक्षा से कही गयी है—यह समझना बहुत जरूरी है।

राजा चार प्रकार के होते हैं—नाम राजा, स्थापना राजा, द्रव्य राजा और भाव राजा। किसी का नाम है—राजा तो वह है नाम राजा। और किसी राजा की मूर्ति रखकर उसकी स्थापना कर दी तो वह स्थापना राजा हो गया। और एक जो भविष्य में राजा होने वाला है, अभी वह छोटा राजकुमार है उसे भी लोग आकर कहते हैं कि राजा साहब! कैसे हैं? सेठ का बेटा दुकान पर बैठा हो तो ग्राहक आकर कहते हैं कि और सेठजी! कैसे हो? वह सेठजी थोड़े ही है, दुकान वह थोड़े ही चला रहा है? मगर सेठजी का बेटा है इसलिए कल को यह दुकान सम्भालेगा, व्यापारी बनेगा, इसलिए अभी से उसको सेठजी कह देते हैं। मेडिकल कॉलेज से एडमीशन लेकर किसी का बेटा आया तो आते ही मोहल्ले वाले कहना शुरू कर देते हैं कि और डॉक्टर साहब! अभी डॉक्टर की डिग्री मिली नहीं फिर भी उसे डॉक्टर कहना शुरू कर देते हैं। इसके

पश्चात् भाव राजा। जो सचमुच अभी गद्दी पर बैठा है, राज्य कर रहा है, उसका नाम है—भाव राजा। ऐसे चार निक्षेप हैं। हर चीज को समझना हो तो चार तरीके हैं—नाम, स्थापना, द्रव्य और भाव। ऐसे ही ये सारे भी हैं—निर्देश, स्वामित्व, साधन, अधिकरण, स्थिति, विधान।

अभी समय पूरा हो रहा है। हमारे पास दिन ग्यारह हैं। इसका पहला अध्याय बहुत ही मार्मिक है। इसमें जैन दर्शन की बहुत आधारभूत बातें आई हैं। बहुत काम की बातें आई हैं। इसलिए मैं कल भी इसी अध्याय की बातें करूँगा, पर इस अध्याय को अधूरा नहीं छोड़ना है इसलिए पाठ पूरा कर लेते हैं।

मतिश्रुतावधिमनःपर्ययकेवलानि ज्ञानम् ॥ 9 ॥

तत्प्रमाणे ॥ 10 ॥ आद्ये परोक्षम् ॥ 11 ॥ प्रत्यक्षमन्यत् ॥ 12 ॥

मतिः स्मृतिः संज्ञा चिन्ताऽभिनिबोध इत्यनर्थान्तरम् ॥ 13 ॥

तदिन्द्रियानिंद्रियनिमित्तम् ॥ 14 ॥ अवग्रहेहावायधारणाः ॥ 15 ॥

बहुबहुविधक्षिप्रानिःसृताऽनुक्तध्रुवाणां सेतराणाम् ॥ 16 ॥

ध्यान रखना कि सूत्रों का शुद्ध उच्चारण होना बहुत जरूरी है। चरक-संहिता आयुर्वेद का एक बहुत ही पुराना ग्रन्थ है। उसमें एक बात लिखी है कि जो अशुद्ध उच्चारण करते हैं वे रोगी होते हैं, और जो शुद्ध उच्चारण करते हैं वे निरोगी हैं। अशुद्ध उच्चारण नहीं करना चाहिए कभी भी। हमारे मुँह से मजबूरी से निकल जाये वह अलग बात है, लेकिन हमारी शत-प्रतिशत कोशिश होनी चाहिए कि हम शुद्ध बोलें। पूजा में भी हम रोज बोलते हैं—

"अक्षर पद मात्रा से दूषित जो कुछ कहा गया मुख से।
क्षमा करो प्रभु सो सब...।"

हमारे आचार्यों ने कितने अच्छे-अच्छे ग्रन्थ संस्कृत, प्राकृत आदि भाषाओं में लिखे हैं। अगर हमें इन्हें पढ़ना नहीं आएगा तो यह शोभा की बात नहीं है। इनको पढ़ना सीखो। मौका मिला है, फायदा उठाओ।

अर्थस्य ॥ 17 ॥ व्यंजनस्यावग्रहः ॥ 18 ॥

न चक्षुरनिंद्रियाभ्याम् ॥ 19 ॥

श्रुतं मतिपूर्वं द्व्यनेकद्वादशभेदम् ॥ 20 ॥

भवप्रत्ययोऽवधिर्देवनारकाणाम् ॥ 21 ॥

क्षयोपशमनिमित्तः षड्विकल्पः शेषाणाम् ॥ 22 ॥

ऋजुविपुलमती मनःपर्ययः ॥ 23 ॥

विशुद्ध्यप्रतिपाताभ्यां तद्विशेषः ॥ 24 ॥

विशुद्धिक्षेत्रस्वामिविषयेभ्योऽवधिमनःपर्ययोः ॥ 25 ॥

मतिश्रुतयोर्निबन्धो द्रव्येष्वसर्वपर्यायेषु ॥ 26 ॥

रूपिष्ववधेः ॥ 27 ॥ तदनन्तभागे मनःपर्ययस्य ॥ 28 ॥

सर्वद्रव्यपर्यायेषु केवलस्य ॥ 29 ॥

एकादीनि भाज्यानि युगपदेकस्मिन् आचतुर्भ्यः ॥ 30 ॥

मतिश्रुतावधयो विपर्ययश्च ॥ 31 ॥

सदसतोरविशेषाद्यदृच्छोपलब्धेरुन्मत्तवत् ॥ 32 ॥

नैगमसंग्रहव्यवहारर्जुसूत्रशब्दसमभिरूढैवंभूता नयाः ॥ 33 ॥

इति तत्त्वार्थाधिगमे मोक्षशास्त्रे प्रथमोऽध्यायः ।

इस प्रकार हमने पहले अध्याय का पाठ किया। पहले अध्याय में और भी बहुत सी बुनियादी बातें हैं जिनको जानना बहुत जरूरी है, जिनकी चर्चा हम कल करेंगे।

दूसरा दिन

मोक्षमार्गस्य नेतारं, भेत्तारं कर्मभूभृताम्।
ज्ञातारं विश्वतत्त्वानां, वंदे तद्गुणलब्धये ॥

अर्थ—जो मोक्षमार्ग के नेता हैं, कर्मरूपी पर्वतों के भेत्ता हैं—भेदनकर्ता हैं और विश्वतत्त्वों के ज्ञाता हैं, उनको मैं उनके गुणों की प्राप्ति के लिए सादर प्रणाम करता हूँ।

कौन से गुण हैं? वीतरागता, सर्वज्ञता और हितोपदेशिता। मोक्षमार्गस्य नेतारं, अर्थात् जो हितोपदेशी हैं, यानी मोक्षमार्ग पर ले जाते हैं। भेत्तारं कर्मभूभृताम् यानी जिन्होंने अपने समस्त रागादिक भावकर्म और ज्ञानावरणादि द्रव्यकर्मों का भेदन कर दिया है, अर्थात् जो पूर्ण वीतरागी हो गये हैं। और ज्ञातारं विश्वतत्त्वानां, अर्थात् जो सर्वज्ञ हैं।

पहला पद हितोपदेशिता को बताता है, दूसरा पद वीतरागता को बताता है, तीसरा पद सर्वज्ञता को बताता है और चौथा पद हमारी सारी भक्तिपूजा के सिद्धान्त को, हमारी जो भी भक्ति की कंसेप्ट है उसको क्लीअर करता है। बहुत से लोग पूछते हैं कि जब भगवान वीतरागी हैं, कुछ देते-लेते नहीं हैं, निन्दा से नाराज और प्रशंसा से प्रसन्न नहीं होते हैं तो उनकी भक्ति, पूजा करने से क्या लाभ है? उन सबका बड़ा सुन्दर जवाब है—वन्दे तद्गुणलब्धये।

गुणों का क्रम भी वीतरागता, सर्वज्ञता और हितोपदेशिता ऐसा है, क्योंकि वीतरागता सर्वाधिक महत्त्वपूर्ण है। फिर सर्वज्ञता का क्रम होता है और फिर हितोपदेशिता का होता है। प्रगट होने में भी सबसे पहले वीतरागता प्रगट होती है, उसके बाद सर्वज्ञता का नम्बर आता है और सर्वज्ञता के बाद ही जीव हितोपदेशी बनता है। यह क्रम है। फिर भी यह विचार करने की बात है कि यहाँ पर हितोपदेशिता पहले नम्बर पर क्यों कही? उसके बाद वीतरागता और सर्वज्ञता कहा। तीसरे रैंक पर जो चीज थी उसे यहाँ फर्स्ट कैसे मिल गयी? वह इसलिए मिल गयी कि हम बनिया हैं। हम ही क्यों, सारी सृष्टि ही स्वार्थी है। बिना प्रयोजन के एक चींटी भी कदम नहीं चलती है तो हम कैसे चलें? तो हे भगवन्! आपमें होंगे वीतरागता, सर्वज्ञता आदि गुण; हमारा हित तो आपके हितोपदेशिता नामक गुण से होता है ना! इसलिए हम आपके हितोपदेशिता गुण को ही सबसे पहले याद कर रहे हैं। देखो कितनी बड़ी बात है। हमको प्रयोजन समझना पड़ेगा। यहाँ यह बराबर ध्यान देना पड़ेगा कि वीतरागता सेकंड नम्बर का नहीं है, हितोपदेशिता गुण फर्स्ट नम्बर का नहीं है। फर्स्ट नम्बर पर वीतरागता ही है, सेकंड नम्बर पर सर्वज्ञता ही है और हितोपदेशिता थर्ड नम्बर पर ही है, लेकिन यहाँ प्रयोजनवश थर्ड नम्बर वाले को फर्स्ट नम्बर पर बिठा दिया गया है। सबसे महान तो वीतरागता ही है, उसका कोई मुकाबला नहीं है, तथापि जैसे णमोकार मन्त्र में णमो सिद्धाणं को सेकंड नम्बर पर कर दिया और णमो अरिहंताणं को फर्स्ट नम्बर पर ले आये, ऐसे ही यहाँ पर मोक्षमार्गस्य नेतारं को पहले कह दिया है।

आचार्य विद्यानन्दी ने आप्तपरीक्षा नामक ग्रन्थ में आज से 1300 वर्ष पहले इस श्लोक को 'तीर्थोपमानं' कहा, यानी यह श्लोक तीर्थ के समान है।

जैसे कोई तीर्थयात्रा करता है, ऐसे ही इस श्लोक का पाठ करना तीर्थयात्रा के समान फलदायक है। और यह श्लोक कोई छोटा-मोटा श्लोक नहीं है, बल्कि हमारा पूरा जैन-दर्शन, हमारी पूरी विचारधारा इस एक श्लोक में सिमटकर आ गयी है। णमोकार मन्त्र के बाद यदि उसी महामन्त्र के समान कोई दूसरा काव्य ढूँढ़ना हो तो यह 'मोक्षमार्गस्य नेतारं'....ही है।

इस ग्रन्थ का नाम तत्त्वार्थसूत्र इसलिए है क्योंकि इसमें तत्त्वार्थों का वर्णन सूत्रशैली में किया गया है। वैसे इस ग्रन्थ के दो नाम हैं—1. तत्त्वार्थसूत्र, और 2. मोक्षशास्त्र, क्योंकि इसका पहला शब्द मोक्ष है।

कोई पूछे कि, अरे, पहला शब्द मोक्ष है इसलिए इसका नाम मोक्षशास्त्र रख दिया? हाँ, यह हमारी परम्परा है। पहले भी बड़े लोगों का, आदरणीय लोगों का श्रद्धेय व्यक्ति का, पूज्य व्यक्ति का नाम नहीं लेते थे, पूज्य व्यक्ति का नाम लेते हुए एक शिष्ट व्यक्ति संकोच का अनुभव करता है। इसलिए कोई न कोई उपाधि आदि से, दूसरे उपनाम से काम चलाता है, इसीलिए हमने एक नहीं, सैकड़ों स्तुतियों के नाम इसी तरह रखे हुए हैं। उनका जो पहला शब्द है हमने उसी के आधार पर उनका नामकरण कर रखा है। 'देवागम स्तोत्र' इसीलिए देवागम स्तोत्र कहलाता है क्योंकि उसका पहला शब्द 'देवागम' है। 'कल्याणमन्दिर स्तोत्र' इसीलिए कल्याणमन्दिर स्तोत्र कहलाता है, क्योंकि उसका पहला शब्द 'कल्याणमन्दिर' है। ऐसे और भी अनेक ग्रन्थ हैं। इसी तरह इस ग्रन्थ का पहला शब्द 'मोक्ष' है इसीलिए हमारे बड़ों ने इसका नाम रख दिया कि यह मोक्षशास्त्र है। यह मोक्ष का शास्त्र है। यह जीव को मुक्ति का उपदेश देने वाला शास्त्र है।

आचार्य अकलंक देव ने भी इस तत्त्वार्थसूत्र पर टीका लिखी है। वैसे इस ग्रन्थ की कम से कम 500 टीकाएँ आज भी मौजूद हैं। उनमें से जो सबसे ज्यादा प्रचलित टीकाएँ अपने जमाने की रही हैं, उनमें से एक टीका है आचार्य पूज्यपाद की सर्वार्थसिद्धि, दूसरी क्रांतिकारी अद्‌भुत टीका है अकलंक आचार्य की तत्त्वार्थराजवार्तिक और एक तीसरी बहुत ही ख्यातिप्राप्त टीका है आचार्य विद्यानंदि की तत्त्वार्थश्लोकवार्तिक। ये तीन टीकाएँ अपने जमाने की बहुत ही प्रसिद्ध टीकाएँ हुई हैं।

आचार्य अकलंक देव ने यहाँ एक बड़ी अच्छी शंका अपने मन से उठाकर समाधान किया है। उन्होंने कहा कि, आप पहले मोक्षमार्ग का और मोक्ष का वर्णन क्यों कर रहे हो? आप सबसे पहले 'सम्यग्दर्शनज्ञानचारित्राणि मोक्षमार्गः'—ऐसे मोक्ष का वर्णन क्यों कर रहे हो? पहले बन्ध की बात तो बताओ। अरे, बन्धपूर्वक मोक्ष होता है। महाराज, आप बन्ध का वर्णन छठे, सातवें अध्याय में जाकर करोगे, इतनी दूर! और पहले मोक्ष का वर्णन! यह उल्टा मामला क्यों? इसका कितना सुन्दर जवाब उन्होंने दिया, देखो। यह जीव अनादिकाल से बँधा ही हुआ है और अत्यन्त दुःखी है, इसलिए अगर इसको बन्ध की ही बातें फिर से सुनाई जाएगी तो यह और भी दुखी और निराश हो जाएगा। इसका मनोबल डाउन हो जाएगा। इसलिए हम बन्ध की चर्चा नहीं करते हैं। इसका उत्साह बढ़े, इसमें आशा का संचार हो, इसलिए हम मोक्ष की बात पहले करेंगे। आचार्यश्री तो हमारा भला चाहते हैं। करुणा उनके अन्दर भरी हुई है। और वे बड़े ही करुण हृदय से हमको मोक्षमार्ग पर उठाकर रख देना चाहते हैं। यदि वस्तुस्वरूप ऐसा नहीं होता कि सब जीव स्वतन्त्र हैं और स्वयं ही अपनी इच्छा से आगे बढ़ सकते हैं, तो आचार्यदेव को इतनी करुणा आ रही है कि जबरदस्ती उठाकर सबको मोक्षमार्ग पर रख देते। परन्तु, बात ऐसी है कि वे वैसा कर नहीं सकते, क्योंकि हर जीव अपना-अपना मालिक स्वयं ही है। जब इसके मन में आएगी तभी वह मोक्षमार्ग की ओर कदम बढ़ाएगा। वरना आचार्यश्री तो बहुत चाहते हैं कि सभी मोक्षमार्ग पर चले। उनके हृदय की बात वही जाने या सर्वज्ञ जाने। करुणा उनके हृदय में है, इसलिए वे पहले मोक्ष की बात करते हैं।

अब तक हम आठ सूत्रों की चर्चा कर चुके हैं कि सम्यग्दर्शन-ज्ञान-चारित्र की एकता ही मोक्षमार्ग है। और यह मोक्षमार्ग दो प्रकार से प्रगट होता है। यदि पूर्व जन्म में विनयपूर्वक शास्त्र सुना हो तो उसे भी इस जन्म में उसका स्मरण होकर सम्यग्दर्शन की प्राप्ति हो सकती है। अथवा इस जन्म में बहुत ही रुचिपूर्वक तत्त्वों को सुनकर चिन्तन करें तो सम्यग्दर्शन की प्राप्ति हो सकती है। और यह सम्यग्दर्शन कभी भी किसी को गिफ्ट में नहीं दिया जा सकता है, सात तत्त्वों का जो यथार्थ श्रद्धान करेगा वही सम्यग्दृष्टि होगा।

जीव, अजीव, आस्रव, बन्ध, संवर, निर्जरा और मोक्ष—ये सात प्रयोजनभूत तत्त्व हैं। इन सात तत्त्वों को हमारी जिनवाणी एक और विशेषण लगाकर बोलती है। सात तत्त्व के बजाय सात प्रयोजनभूत तत्त्व। यानी बहुत ही इम्पार्टेंट। जैसे हम अपनी डायरी में आठ-दस काम लिखते हैं कि ये आज करने हैं और जब ऑफिस जाते हैं तो सोचते हैं कि कम से कम ये दो काम तो आज जरूर करने हैं, ये तो करके ही जाना है, बाकी के छूट जाएँगे तो कल देखेंगे। ऐसे ही इस जगत में अनन्त पदार्थ हैं, तत्त्व अनन्त हैं, वस्तुएँ अनन्त हैं। मगर उनमें से ये सात अत्यन्त प्रयोजनभूत हैं। इनका श्रद्धान करना कम्पल्सरी है। जरूरी है। कैसे होगा इनका श्रद्धान ? अन्धश्रद्धान नहीं हो सकता, ज्ञानपूर्वक श्रद्धा होती है। बिना जाने श्रद्धा नहीं होती, जानकर श्रद्धा करने के लिए जिनशासन ने कहा है। मगर इन सात तत्त्वों को जानें कैसे? इन्हें जानने के लिए अनेक तरीके हैं, अनेक विधियाँ हैं। सबसे पहला तरीका है—प्रमाण और नय। पूरी वस्तु का कथन करना प्रमाण है और उसके एक अंश का कथन करना नय है। प्रमाण और नय से ही कोई चीज जानी जाती है। बिना प्रमाण और नय के कोई भी चीज जानी नहीं जा सकती। आप एक कार शोरूम से खरीदकर ले जाते हैं तो उसके साथ एक बुकलेट आती है। उस बुकलेट के सबसे पहले पृष्ठ पर पूरी कार बनी होगी। अन्दर के पन्नों को खोलें तो उसके एक-एक पुर्जे बने होंगे और उनके नाम लिखे होंगे और उनके काम लिखे होंगे। क्यों ऐसा बुकलेट बनाया जाता है? क्योंकि उस पूरी कार को भी जानना जरूरी है और उसके एक-एक पुर्जे को भी जानना जरूरी है तभी वस्तु का पूरा ज्ञान होता है।

इस प्रकार प्रमाण और नय वस्तु को जानने के प्रमुख साधन हैं। इनकी बहुत विस्तार से चर्चा हो सकती है, पर समय कम है।

और उसके अलावा भी वस्तु को जानने के लिए निर्देश, स्वामित्व, साधन, अधिकरण, स्थिति, विधान, सत्, संख्या, क्षेत्र, स्पर्शन, काल, अन्तर, भाव, अल्पबहुत्व—ये सब तरीके हैं। इन सब तरीकों से वस्तु को जाना जाता है। ये सब वस्तु को जानने के विविध उपाय हैं। अगर आप जानना चाहते हो तो इन उपायों से वस्तु को जानो। अब आगे बढ़ते हैं—

मतिश्रुतावधिमनःपर्ययकेवलानि ज्ञानम् ॥ 9 ॥

ज्ञान वास्तव में एक है, परन्तु निमित्त भेद से उसके पाँच प्रकार हैं—1. मतिज्ञान, 2. श्रुतज्ञान, 3. अवधिज्ञान, 4. मनःपर्ययज्ञान और 5. केवलज्ञान। ये ज्ञान ही प्रमाण हैं। ये पाँच ज्ञान हैं, इनको बहुत संक्षिप्त में बताना चाहता हूँ। जो इन्द्रियों और मन की सहायता से ज्ञान होता है, उसे मतिज्ञान कहते हैं। फिर उस मतिज्ञान के द्वारा जानी हुई वस्तु को कुछ और विशेषरूप से जानना, इसका नाम श्रुतज्ञान है। द्रव्य, क्षेत्र, काल, भाव की मर्यादापूर्वक रूपी पदार्थ का ज्ञान अवधिज्ञान है। दूसरे के मन में स्थित पदार्थ का ऐसा ही मर्यादित ज्ञान मनःपर्ययज्ञान है। और सर्व प्रकार की मर्यादाओं से पार सम्पूर्ण लोकालोक को, उसकी त्रिकालवर्ती पर्यायों को एकसाथ प्रत्यक्ष जाननेवाला ज्ञान केवलज्ञान है।

मति-श्रुतज्ञान : अब जैसे सामने जो दिखायी दे रहा है, ये मतिज्ञान है। सामने मान लो एक सेब रखा है। तो यह लाल रंग का है, ये गोल है—ऐसा जो ज्ञान हो रहा है, इसका नाम मतिज्ञान है। तथा ओ हो..., ये तो सेब फल है। ये कश्मीर में पैदा होता है। इसमें बहुत आयरन होता है। एक सेब रोज सुबह खाओ तो बीमार नहीं होते हैं। इस तरह हम जो उसके बारे में ये सारी बातें जानते हैं, वह श्रुतज्ञान है। इसी प्रकार हमें सामने आग दिखाई दे रही है। तो जो सामने दिखाई दे रही है कि ये पीली है, जो सिर्फ देखने से ज्ञान हो रहा है, वह मतिज्ञान है। किन्तु ये आग है, अगर मैंने हाथ डाला तो जल जाऊँगा—ये जो ज्ञान है वह श्रुतज्ञान है।

अवधिज्ञान : जैसे एक आदमी की गाय खो गयी। वह अवधिज्ञानी के पास गाय के बारे में पूछने गया। अवधिज्ञानी ने पूछा कि तुम्हारी गाय कब खोई है? वह बोला, एक महीना पहले खोई है। तो उन्होंने कहा कि अरे, तुम कुछ देर से आये। मैं एक महीने तक की बातें जान सकता हूँ। ये काल की मर्यादा है। दूसरा आया, वह बोला—'साहब, मेरी एक महीने के अन्दर सोने की अँगूठी खो गयी है, अब तो बता दो, मैं तो एक महीने के अन्दर ही आ गया हूँ।' तो बोले—मैं अचेतन वस्तुओं को नहीं जान पाता हूँ; तुम्हारी कोई गाय, भैंस, बच्चा-बच्ची खोया हो तो बताओ। ये द्रव्य की मर्यादा है। फिर

एक आदमी आया, बोला—'मेरा एक महीने के अन्दर ही कुत्ता खो गया है। महीने के अन्दर है और चेतन है, अब तो बता दो।' वे बोले—'देखो, ऐसे है कि वह सौ किलोमीटर के दायरे में नहीं है, उसके बाहर निकल गया है। मैं बता तो देता, अगर वह सौ कि.मी. के दायरे में होता तो वह मेरी पकड़ में आ जाता। मगर वह तो उसके बाहर चला गया।' यह क्षेत्र की मर्यादा है। इस तरह अवधिज्ञान में कोई न कोई सीमा होती है, इसीलिए अवधिज्ञान का दूसरा नाम सीमाज्ञान भी कहा गया है।

मनःपर्ययज्ञान : जो इन्द्रिय और मन की सहायता के बिना ही अन्य पुरुष के मन में स्थित रूपी पदार्थों को स्पष्ट जाने, उसे मनःपर्यय ज्ञान कहते हैं। मनःपर्ययज्ञानी कोई चीज मन में स्थित हो तो उसे जान लेता है। इसके बारे में एक बड़ा अच्छा उदाहरण आता है। एक मुनि महाराज मनःपर्यय ज्ञानी थे। वे जब नगर में आये तो उनकी बड़ी ख्याति हुई। मगर उसी नगर में एक विवाद-प्रेमी आदमी था। उसने सोचा कि महाराज की बड़ी जय-जयकार हो रही है, मैं आज उनको भरी सभा में नीचा दिखाऊँगा, उनकी बात गलत सिद्ध करूँगा। वह अपनी मुट्ठी में एक जीवित चिड़िया पकड़कर ले गया और मन ही मन में सोचा कि आज महाराज को झूठा सिद्ध करूँगा। भरी सभा में पूछूँगा कि महाराजजी, बताओ, मेरी मुट्ठी में कौन सी वस्तु है? अगर वे ढोंग-ढाँग कर रहे होंगे तो यहीं हार जाएँगे। मगर शायद वे इतना तो बता ही देंगे। मगर मैं फिर दूसरा सवाल पूछूँगा कि पूरी बात बताओ, यह मरी है या जिन्दी?' अगर वे मरी बताएँगे तो मैं मुट्ठी खोल दूँगा कि ये तो जिन्दा है। और यदि जिन्दा बताएँगे तो मैं अपनी मुट्ठी दबा दूँगा। महाराज को तो आज कैसे-न-कैसे झूठा सिद्ध कर ही दूँगा। और वह पहुँच गया सभा में। अब महाराजजी यदि अकेले अवधिज्ञानी होते तो शायद आज गड़बड़ हो जाती। क्योंकि जो बात जैसी थी वैसी कह देना था उन्हें। अवधिज्ञान तो इतना ही काम करता। मगर महाराज अवधिज्ञानी ही नहीं, मनःपर्ययज्ञानी भी थे, इसलिए वे यह तो जान ही गये कि इसकी मुट्ठी में क्या मामला है, वे यह भी जान गये कि इसके मन में क्या मामला है। और उन्होंने कोई युक्ति निकालकर, दो व्यक्तियों को निर्णायक (पंच) बनाकर, पर्ची में अपनी बात लिखकर पंचों

से कहा कि देखो ऐसी बात है। अगर मैंने कह दिया कि चिड़िया जिन्दी है तो वह उसे मुट्ठी में ही दबाकर मार डालेगा। इसलिए ऐसा करके किसी तरह उसके हाथ से चिड़िया को मुक्त कराओ। इस प्रकार महाराज ने उसे जैसे-तैसे अपनी युक्ति से बता दिया कि तुम्हारे मन में ये बात है और बाह्य वस्तुस्थिति ये है। तब जाकर उसके मन में समाधान हुआ। मुनिराजों का ऐसा प्रभाव होता था कि कैसे भी विरोधी आये, वह भी उनके साहचर्य में आकर बदल जाते थे। उनका हृदय-परिवर्तन हो जाता था। वह भी कोई आसन्नभव्य था सो वह भी बदल गया। समझ गया कि सच्चाई क्या है। ये मनःपर्यय ज्ञान है।

केवलज्ञान : सम्पूर्ण लोकालोक को एक साथ जो प्रत्यक्ष जानता है वह ज्ञान केवलज्ञान है।

तत्प्रमाणे ॥ 10 ॥

वह ज्ञान प्रमाण है। ज्ञान ही प्रमाण है, और कोई चीज दुनिया में प्रमाण नहीं है। कोई कहता है कि लाईट प्रमाण है, कोई कहता है इन्द्रियाँ प्रमाण है, गुरु प्रमाण है, ग्रन्थ प्रमाण है, आदि। किन्तु आचार्य कहते हैं कि हर चीज धोखा दे सकती है, मगर सम्यग्ज्ञान धोखा नहीं दे सकता। तराजू को भी प्रमाण ऐसे ही कहते हैं, पर तराजू भी धोखा दे सकता है। इसलिए सही प्रमाण तो सम्यग्ज्ञान ही है। ये दो प्रकार का है—प्रत्यक्ष और परोक्ष।

आद्ये परोक्षम् ॥ 11 ॥

'आद्ये' मतलब शुरू के दो ज्ञान—मतिज्ञान और श्रुतज्ञान परोक्ष प्रमाण कहलाते हैं।

प्रत्यक्षमन्यत् ॥ 12 ॥

और जो बाकी के तीन ज्ञान बच गये—अवधिज्ञान, मनःपर्ययज्ञान और केवलज्ञान, ये इन्द्रियों की सहायता से नहीं होते हैं। वस्तु को निर्मलतया जानते हैं इसलिए ये प्रत्यक्ष प्रमाण कहलाते हैं।

मतिः स्मृतिः संज्ञा चिन्ताभिनिबोध इत्यनर्थान्तरम् ॥ 13 ॥

मति, स्मृति, संज्ञा, चिन्ता, अभिनिबोध—ये सब मतिज्ञान के ही पर्यायवाची हैं।

तदिन्द्रियानिन्द्रियनिमित्तम् ॥ 14 ॥

यह मतिज्ञान इन्द्रिय और अनिंद्रिय की सहायता से होता है। अनिन्द्रिय यानी मन। याद रखना—एक होता है अतीन्द्रिय और एक होता है अनिन्द्रिय। दोनों में बड़ा फर्क है। जो ज्ञान मन से होता है वह अनिन्द्रिय ज्ञान है, और जो ज्ञान इन्द्रिय-मन से पार, बिना इन्द्रिय-मन की सहायता से होता है वह अतीन्द्रिय होता है। इसलिए बड़ी सावधानी से बोलना चाहिए। बिना सावधानी के बोलने से बड़ी हानि होने की सम्भावना होती है।

अवग्रहेहाऽवायधारणाः ॥ 15 ॥

मतिज्ञान के चार भेद हैं—अवग्रह, ईहा, अवाय और धारणा। सबसे पहले जो हल्का-सा आभास होता है वह अवग्रह है और उसके बारे में थोड़ी ज्यादा जानकारी हो गयी तो वह ईहा है और यदि पूरी जानकारी हो गयी तो वह अवाय है और यदि टिक भी गयी तो वह है धारणा। जैसे सामने एक किताब रखी है—यह ज्ञान हो गया तो उसे कहेंगे अवग्रह। फिर यदि यह ज्ञान हो गया कि यह तत्त्वार्थसूत्र की किताब है तो यह हो गया ईहा, और अच्छे से तय हो गया कि यह तत्त्वार्थसूत्र ही है तो यह हो गया अवाय। और फिर यह ज्ञात हो गया कि यह वही किताब है जो कल यहाँ विराजमान थी तो वह हो गयी धारणा। इस तरह से चार प्रकार का मतिज्ञान होता है।

बहुबहुविधक्षिप्रानिःसृतानुक्तध्रुवाणां सेतराणाम् ॥ 16 ॥

उसके 12 भेद होते हैं—बहु, बहुविध, क्षिप्र, अनिःसृत, अनुक्त, ध्रुव और इनके उल्टे, यानी बहु का उल्टा एक, बहुविध का उल्टा एकविध, क्षिप्र का उल्टा अक्षिप्र, अनिःसृत का उल्टा निःसृत, अनुक्त का उल्टा उक्त और ध्रुव का उल्टा अध्रुव। ये पदार्थ के भेद हैं, पर इनको जानने से ज्ञान पर भी वैसा आरोप हो जाता है। बहु और बहुविध में क्या फर्क है? 'बहु' माने बहुत और 'बहुविध' का मतलब बहुत प्रकार का। मान लीजिए मेरी मुट्ठी में एक दाना जौ, एक दाना गेहूँ, एक दाना चना, एक दाना मक्का, एक दाना मटर, एक दाना बाजरा, ऐसे अनाज के पचास दाने हैं तो मैं ये नहीं कह सकता कि मेरी मुट्ठी में 'बहु' अनाज है, यह कह सकता हूँ कि मेरी मुट्ठी में 'बहुविध' अनाज है। और यदि मेरे पास में पूरा का पूरा गोदाम गेहूँ से भरा हुआ है तो मैं यह तो कह सकता हूँ कि मेरे पास 'बहु' अनाज है लेकिन यह नहीं बोल

सकता कि मेरे पास 'बहुविध' अनाज है। ऐसे हरेक बात में बहुत बड़ा अन्तर है। ऐसे ही क्षिप्र अक्षिप्र आदि का ज्ञान है। चलते हुए पंखे को शीघ्र जान लेना कि यह तीन ब्लेडवाला है कि चार ब्लेडवाला है, यह क्षिप्र ज्ञान है। ऐसे ही दो मित्र समुद्र के किनारे घूमने गये। उनमें से एक ने कहा कि अरे वह देख हाथी डूब रहा है। दूसरे ने कहा कि कहाँ है, मुझे तो दिखाई नहीं दे रहा है। हाथी पूरा डूब गया था, सिर्फ उसकी सूंड ऊपर दिखाई दे रही थी, इसलिए पहले वाला मित्र फिर बोला कि 'अरे देखता नहीं, उसकी सिर्फ सूँड दिखाई दे रही है।' इस प्रकार जिसे निकली हुई सूँड से ही पूरा हाथी दिखाई दे रहा था, वह नि:सृत ज्ञान है। इसी प्रकार अन्य भी समझ लेना।

अर्थस्य ॥ 17 ॥

ये बहु आदि सब पदार्थ के भेद हैं, यानी मतिज्ञान के भेद हैं।

व्यंजनस्यावग्रहः ॥ 18 ॥

व्यंजन का अवग्रह ही होता है।

न चक्षुरनिन्द्रियाभ्याम् ॥ 19 ॥

चक्षु और मन के द्वारा व्यंजन अवग्रह नहीं होता है।

श्रुतं मतिपूर्वं द्व्यनेकाद्वादशभेदम् ॥ 20 ॥

श्रुतज्ञान मतिज्ञानपूर्वक होता है और उसके दो भेद होते हैं—द्रव्यश्रुत और भावश्रुत। अथवा अंगप्रविष्ट और अंगबाह्य। अंगबाह्य अनेक प्रकार का होता है और अंगप्रविष्ट द्वादशांग यानी बारह प्रकार का होता है। द्वादशांग जिनवाणी को कहते हैं ना! वही बारह प्रकार का होता है।

भवप्रत्ययोऽवधिर्देवनारकाणाम् ॥ 21 ॥

भवप्रत्यय अवधिज्ञान देवों और नारकियों को होता है। भव माने जन्म। बस उनको जन्म लेते ही वह ज्ञान हो जाता है, अलग से कोई प्रयत्न नहीं करना पड़ता। देवगति के हर जीव को और नरक गति के हर जीव को अवधिज्ञान नियम से होता है और उस अवधिज्ञान को भवप्रत्यय अवधिज्ञान कहते हैं।

क्षयोपशमनिमित्तः षड्विकल्पः शेषाणाम् ॥ 22 ॥

क्षयोपशम वाला अवधिज्ञान छह प्रकार का होता है और यह बाकी

जीवों को होता है। बाकी जीवों का मतलब मनुष्यों और तिर्यंचों को होता है। इसके 6 प्रकार हैं—जो हर दिन बढ़ता रहता हो तो वर्धमान। घटता रहता हो तो हीयमान, अगर बार-बार घटता है और बार-बार बढ़ता है तो अनवस्थित, और न घटता है न बढ़ता है, हमेशा एक-सा रहता है तो अवस्थित, अगले जन्म में भी साथ चला जाये तो अनुगामी और यदि अगले जन्म में साथ न जाए तो अननुगामी। देखो जहाँ भी जाओ वहीं चला जाये—अवधिज्ञान ऐसा भी होता है। जैसे दिल्ली में बैठे हैं तो होता है और कलकत्ता चले गये तो भी होता है। जैसे फोन दो तरह का होता है, एक लैंडलाईन और एक मोबाईल। लैंडलाईन को आप कहीं ले जा नहीं सकते और मोबाईल को आप अपने साथ कहीं भी ले जा सकते हैं। ऐसे ही अवधिज्ञान भी होता है—एक अनुगामी और एक अननुगामी। अनुगामी अवधिज्ञान आपके साथ जाता है, अननुगामी एक ही जगह स्थिर रहता है, वह साथ नहीं जाता।

ऋजुविपुलमती मनःपर्ययः ॥ 23 ॥

मनःपर्यय ज्ञान दो प्रकार का होता है—ऋजुमति और विपुलमति।

विशुद्ध्यप्रतिपाताभ्यां तद्विशेषः ॥ 24 ॥

इन दोनों में विशुद्धि और पतन का अन्तर होता है। ऋजुमति और विपुलमति में और कोई फर्क नहीं है। दो ही फर्क हैं। एक तो ऋजुमति से विपुलमति अधिक विशुद्ध होता है। दूसरा—ऋजुमति छूट भी सकता है परन्तु विपुलमति केवलज्ञान दिलाकर ही जाएगा।

विशुद्धिक्षेत्रस्वामिविषयेभ्योऽवधिमनःपर्यययोः ॥ 25 ॥

अवधिज्ञान और मनःपर्ययज्ञान में क्या फर्क है? विशुद्धि और क्षेत्र का बड़ा भारी अन्तर है। और स्वामी का तो कहना ही क्या। अवधिज्ञान के स्वामी तो मिथ्यादृष्टि भी हो सकते हैं, लेकिन मनःपर्ययज्ञान के स्वामी तो कोई-कोई ऋद्धिधारी महा मुनिराज ही होते हैं। इसके अलावा विषय का भी अन्तर होता है।

मतिश्रुतयोर्निबन्धो द्रव्येष्वसर्वपर्यायेषु ॥ 26 ॥

मतिज्ञान और श्रुतज्ञान सभी द्रव्यों को जान सकते हैं, मगर उनकी सभी पर्यायों को नहीं जान सकते। देखो कमाल की बात, श्रुतज्ञान भी सब द्रव्यों

को जान सकता है, अरूपी द्रव्यों को भी जान सकता है, बस उनकी सर्व पर्यायों को नहीं जान सकता।

रूपिष्ववधेः ॥ 27 ॥

अवधिज्ञान रूपी पदार्थ को ही जानता है। अरूपी पदार्थ को अवधिज्ञान नहीं जानता। आपने अवधिज्ञान की बात सुनी तो आपको लगा होगा कि हमें अवधिज्ञान हो जाये, मगर देखो अवधिज्ञान बड़ा है या श्रुतज्ञान? अवधिज्ञान तो सिर्फ रूपी पदार्थों को ही जानता है, अरूपी पदार्थों को नहीं जानता, किन्तु श्रुतज्ञान सब द्रव्यों को जानता है।

तदनन्तभागे मनःपर्ययस्य॥ 28॥

मनःपर्ययज्ञान उसके (अवधिज्ञान के) भी अनन्तवाँ भाग ही जानता है। यानी और कम चीजों को जानता है। हमारे सबके मन में होता होगा कि हमें भी मनःपर्यय ज्ञान हो जाये। मैं तुम्हारे मन की बात जान लूँ। हमें पता लग जाये कि लोग हमारे बारे में क्या सोच रहे हैं। ये जो हमारे मन में चलते रहता है कि हम दूसरे के मन की जान लें, तो इसके बारे में कहते हैं कि ये कम खतरनाक नहीं है। तुम जानना तो चाहते हो, लेकिन ये समझ लो कि यह बहुत अच्छा सौदा नहीं है। ये बहुत महंगा भी पड़ सकता है। जो रिश्ते बने हुए हैं जैसे-तैसे चल रहे हैं वे भी टूट सकते हैं। कहने का मतलब इस अवधिज्ञान और मनःपर्ययज्ञान को प्राप्त करने की अभिलाषा मत करो, अगर करना है तो केवलज्ञान प्राप्त करने की अभिलाषा करो।

सर्वद्रव्यपर्यायेषु केवलस्य॥ 29॥

और देखो, केवलज्ञान प्राप्त करने से पहले वीतरागता बड़ी जरूरी है। क्यों? अगर पहले वीतरागता न हो और केवलज्ञान हो जाये तो मन तो बड़ा खराब रहेगा? क्योंकि केवलज्ञान होने के पश्चात् यह भी तो पता चलेगा कि अमुक हमें गाली दे रहा है। हमें जिन चीजों से घृणा है, वे सब भी दिखेंगी ना! अगर वीतरागता हो जाये तब तो कोई समस्या नहीं है, और यदि वीतरागता न हो तो समस्या खड़ी हो जाएगी, इसलिए अवधिज्ञान, मनःपर्ययज्ञान और केवलज्ञान की भी इच्छा छोड़ो। वीतरागता प्राप्त करो। तथा वीतरागता का कारण श्रुतज्ञान है, अतः सम्यक् श्रुतज्ञान प्राप्त करो। इस विषय का वर्णन

प्रवचनसार में बहुत आया है।

एकादीनि भाज्यानि युगपदेकस्मिन्नाचतुर्भ्यः ॥ 30॥

एक जीव में एक साथ कम से कम एक ज्ञान भी हो सकता है, दो भी हो सकते हैं, तीन भी हो सकते हैं और ज्यादा से ज्यादा चार हो सकते हैं, किन्तु पाँचों ज्ञान किसी के पास एक साथ नहीं हो सकते हैं। एक होगा तो केवलज्ञान ही होगा। एक ही चुनना है तो हम स्वतन्त्र नहीं हैं कि कोई-सा भी चुन लें। एक मिलेगा तो केवलज्ञान ही मिलेगा। सबके पैकेज हैं। उनके अनुसार ही चलना होगा। एक चाहिए तो केवलज्ञान मिलेगा। दो चाहिए तो मति और श्रुत ही मिलेंगे। कोई भी दो नहीं मिलेंगे। तीन में एक च्वाईस है। मति, श्रुत और अवधि ले लो अथवा मति, श्रुत और मनःपर्यय ले लो। और चार मिलेंगे तो मति, श्रुत, अवधि और मनःपर्यय ज्ञान मिलेंगे। और पाँचों ज्ञान चाहिए तो एक साथ नहीं मिल सकते। क्योंकि पाँचवाँ ज्ञान यानी केवलज्ञान कहता है कि मैं रहूँगा तो अन्य नहीं रहेंगे, और यदि अन्य रहेंगे तो मैं नहीं रहूँगा।

मतिश्रुतावधयो विपर्ययश्च॥ 31॥

मतिज्ञान, श्रुतज्ञान और अवधिज्ञान विपरीत भी होते हैं, क्योंकि ये दो प्रकार के हैं—मिथ्या और सम्यक्।

सदसतोरविशेषाद्यदृच्छोपलब्धेरुन्मत्तवत्॥ 32॥

मतिज्ञान और श्रुतज्ञान विपरीत क्यों होते हैं? जैसे कोई पागल व्यक्ति या नशा किया हुआ आदमी घर में आकर ऊटपटांग बोलता है। पत्नी को माँ बोलता है, माँ को पत्नी बोलता है, बहन को माँ बोलता है...ऐसे ऊटपटांग बोलता है। ऐसे बोलते-बोलते कभी कदाचित् उसके मुँह से सही भी निकल जाये, माँ को माँ बोल बैठे, पत्नी को पत्नी बोल दे, तो क्या वह सही मान लिया जाय? अरे, यह तो इत्तफाक से उसके मुँह से निकल गया है। ऐसे ही मिथ्यादृष्टि के कथन कभी सही दिखें तो भी सही नहीं हैं, मिथ्या ही हैं, क्योंकि उसको वस्तुस्वरूप का सही ज्ञान नहीं है।

नैगमसंग्रहव्यवहारर्जुसूत्रशब्दसमभिरूढैवंभूताः नयाः ॥ 33॥

सात नय हैं—नैगमनय, संग्रहनय, व्यवहारनय, ऋजुसूत्रनय, शब्दनय,

समभिरूढनय और एवं भूतनय। नय माने अपेक्षा, नय माने विवक्षा। नय माने कहने का आशय, कहने का अभिप्राय। और वह सात तरह का होता है, जो चीज भूत/भविष्य की है, उसको वर्तमान में कह देना नैगमनय है। अभी राजा नहीं है, बाद में बनेगा, उसे अभी राजा कह दिया, वह नैगमनय है। पहले कलेक्टर था, अब नहीं है, फिर भी मोहल्लेवाले कलेक्टर साहब कहते हैं, यह नैगमनय है। संग्रहनय—सब एक हैं। हम सब एक ही तो हैं—यह संग्रहनय है। और व्यवहारनय—अजी आप अलग हैं, हम अलग हैं, सब अलग-अलग हैं—इस प्रकार से अलग-अलग करना व्यवहारनय है। जो घटना जैसी है वैसी कहना यह ऋजुसूत्रनय है। शब्द माने जो शब्द कहते हैं वैसा ही मान लेना वह शब्दनय है। समभिरूढनय—दुनिया में जो रूढि चली आ रही है, उसे ही सही मानना जैसे कमल, पंकज। 'पंकज' माने होता है कि जो कीचड़ में पैदा होता हो। अब कीचड़ में तो जाने क्या-क्या पैदा होता है, मगर नहीं, 'पंकज' माने कमल। यानी कमल को ही 'पंकज' कहना, और किसी को नहीं कहना—यह समभिरूढनय है। और एवंभूतनय—जैसे कोई सेठ पूजा कर रहा है, उस समय वह पुजारी है, सेठजी नहीं है। यात्रा कर रहा है तो यात्री है, डॉक्टर के पास गया है तो मरीज है, उस समय सेठ नहीं है। जब दुकान पर बैठकर सेठगिरी कर रहा है तभी सेठजी है। इस तरह से ये सात नय हैं।

इति तत्त्वार्थाधिगमे मोक्षशास्त्रे प्रथमोऽध्यायः।

दूसरा अध्याय

"तत्त्वार्थसूत्रकर्त्तारं गृद्धपिच्छोपलक्षितम्।
वन्दे गणीन्द्रसंजातमुमास्वामिमुनीश्वरम्॥"

अर्थ–तत्त्वार्थसूत्र के कर्त्ता, गृद्धपिच्छ से उपलक्षित, गणीन्द्र-संजात, उमास्वामी मुनीश्वर को मैं भक्तिपूर्वक प्रणाम करता हूँ।

हम सब तत्त्वार्थसूत्र का स्वाध्याय कर रहे हैं। प्रथम अध्याय सम्पूर्ण हुआ, अब द्वितीय अध्याय का स्वाध्याय करेंगे।

तत्त्वार्थसूत्र पर सैंकड़ों टीकाएँ आज तक लिखी गयी हैं, जिनमें से आचार्य पूज्यपाद की सर्वार्थसिद्धि, आचार्य अकलंकदेव का राजवार्तिक और आचार्य विद्यानन्दी का श्लोकवार्तिक सबसे ज्यादा प्रसिद्ध है। यह सूत्रशैली में लिखा गया है, इसलिए इसमें थोड़े में बहुत कहा गया है। ऐसा कहते हैं कि सम्पूर्ण जिनवाणी के बीज इस ग्रन्थ में भरे हुए हैं, जिनको लेकर बाद में और आचार्यों ने बहुत ग्रन्थों की रचना की है।

इसमें दस अध्याय हैं, जिनमें शुरू के चार अध्यायों में जीव तत्त्व का वर्णन है, पाँचवें अध्याय में अजीव तत्त्व का वर्णन है, छठे और सातवें अध्याय में आस्रव तत्त्व का वर्णन है, आठवें अध्याय में बन्ध तत्त्व का वर्णन है, नौवें अध्याय में संवर और निर्जरा तत्त्व का वर्णन है और दसवें अध्याय में मोक्ष तत्त्व का वर्णन है।

अभी जो यह बातें भूमिका के तौर में कहीं हैं, वे मैं बार-बार इसलिए कह रहा हूँ कि कम से कम दस दिन तक तत्त्वार्थसूत्र सुनने के बाद ये बातें तो प्रत्येक श्रोता की समझ में आ ही जानी चाहिए। इतनी बातों में तो कहीं कोई अज्ञान नहीं रहना चाहिए, बाकी कोई बारीक बातें हैं तो वह सबको अपनी-अपनी योग्यतानुसार समझ में आ जायेंगी, लेकिन इतनी मूल बातें तो सबको जरूर ही समझ में आनी चाहिए।

औपशमिकक्षायिकौ भावौ मिश्रश्च जीवस्य
स्वतत्त्वमौदयिकपारिणामिकौ च॥ 1॥

यह सूत्र बहुत ही महत्त्वपूर्ण माना जाता है। जीव के भाव पाँच प्रकार के हैं। जितने भी जीव हैं, वे सब 24 घंटे तरह-तरह के भाव करते रहते हैं, वे भाव पाँच प्रकार के हैं—1. औपशमिक, 2. क्षायिक, 3. क्षायोपशमिक, 4. औदयिक और 5. पारिणामिक।

यह सूत्र-ग्रन्थ है इसलिए बहुत गूढ़ गम्भीर है। इसके एक-एक सूत्र पर ही एक-एक, दो-दो, चार-चार घंटे चर्चा करना मामूली बात है, तथापि उक्त भावों को मैं थोड़ा सरल करता हूँ।

1. **औपशमिक भाव :** औपशमिक का मतलब है जो भाव कर्म के उपशम से होते हैं। उपशम माने दब जाना, नीचे बैठ जाना, शान्त हो जाना। जब कर्म बैठ जाय तब जो भाव होते हैं, वे औपशमिक भाव कहलाते हैं।

2. **क्षायिक भाव :** जब कर्म क्षय हो जायें तब जो भाव होते हैं, वे क्षायिक भाव कहलाते हैं।

3. **औदयिक भाव :** जब कर्म का उदय हो उस समय जो भाव होते हैं, वे औदयिक भाव कहलाते हैं।

4. **क्षायोपशमिक भाव :** जब आधा कर्म क्षय हो जाता है और आधा उपशम हो जाता है, उस समय जो भाव होते हैं, वे क्षायोपशमिक भाव कहलाते हैं।

5. **पारिणामिक भाव :** और जिनको कर्मों से कोई मतलब ही नहीं है, उनका जिन पर कोई असर ही नहीं पड़ता वे भाव पारिणामिक हैं। जैसे जीव का अस्तित्व, जीवत्व। इसका कर्म से कोई लेना-देना नहीं है। कर्म कितना

भी उदय में आये, क्षय हो जाये, दब जाये, लेकिन जीव की सत्ता को न कर्म बना सकते हैं, ना बिगाड़ सकते हैं; वह कुछ नहीं कर सकते। इसलिए अस्तित्वादिक भाव पारिणामिक भाव हैं। जीवत्वादि भाव पारिणामिक भाव हैं। लेकिन क्रोध, मान, माया, लोभ, नरक गति, तिर्यंच गति के भाव कर्म के उदय से होते हैं, इसलिए इन भावों को औदयिक भाव कहते हैं। केवलज्ञान, अनन्त दर्शन, अनन्त सुख, अनन्त ज्ञान, अनन्त वीर्य, अनन्त सम्यग्दर्शन आदि कर्म के क्षय होने से होते हैं, इसलिए इन भावों को क्षायिक भाव कहते हैं। हमारे जो मतिज्ञान, श्रुतज्ञान, अवधिज्ञान, मन:पर्यय ज्ञान आदि हैं, वे जब आधा कर्म क्षय हो जाता है, आधा कर्म उपशमित हो जाता है, तब पैदा होते हैं; इसलिए क्षायोपशमिक भाव हैं। चारित्र और सम्यग्दर्शन—ये दो ही ऐसी चीजें हैं जो कर्म के दबने पर किसी जीव को होते हैं, वे औपशमिक भाव हैं।

पाँच भावों को समझने के लिए मैं यहाँ एक छोटा-सा उदाहरण देता हूँ, ताकि यह बात सरलता से समझ में आ जाये।

जैसे एक गिलास में मिट्टी मिला हुआ गन्दा पानी भरा हुआ है, यह औदयिक भाव है, ऐसा समझ लो, क्योंकि इसमें मिट्टी का उदय हो रहा है। अब इसमें हमने फिटकरी डाल दी तो थोड़ी देर बाद सारी मिट्टी नीचे बैठ गयी, ऊपर निर्मल पानी रह गया। मिट्टी नीचे दबी हुई है, इसलिए इस पानी को औपशमिक जल बोलेंगे। उपशम भाव जैसा है यह। पानी तो निर्मल हो गया है, साफ हो गया है, लेकिन मिट्टी अभी नीचे बैठी हुई है, अगर गलती से गिलास हिला दिया तो वह फिर पानी में मिल जाएगी। अगर इस गिलास को चुपचाप धीरे से दूसरे गिलास में निथार लिया जाय और जो मिट्टी नीचे रह गयी उसे फेंक दिया जाये तो जो साफ पानी बच जाएगा वह क्षायिक भाव होता है। अब उसे हिलाओगे तो भी वह गन्दा नहीं होगा, क्योंकि उसमें से मिट्टी अलग हो गयी है। क्षायिक भाव वे भाव हैं जो अनन्त काल बाद कभी भी मलिन नहीं होते। औपशमिक भाव वे हैं जो अभी तो शान्त हो जाते हैं, लेकिन जब कर्म का उदय आया तब फिर से उठ बैठते हैं। और जो बिलकुल साफ हो जायें वे क्षायिक हैं। जिसमें आधी मिट्टी निकल जाये और आधी बैठ जाये वह क्षायोपशमिक भाव है, मिश्र भाव है। मिश्र बोलो या क्षायोपशमिक

बोलो, दोनों एक ही बात है। और उदय में है तो औदयिक है। और ऐसा पानी जिसमें मिट्टी थी ही नहीं, पहले से शुद्ध जल है झरने का, उसे एक गिलास में भर लिया जाय तो उस पानी को पारिणामिक भाव के स्थान पर समझना चाहिए। इस तरह से हमारी आत्मा में 24 घंटे जो भाव चलते रहते हैं, वे पाँच तरह के भाव होते हैं। पारिणामिक भाव को किसी भी प्रकार के कर्म के उदय, उपशम की कोई अपेक्षा नहीं है।

द्वि-नव-अष्टादश-एकविंशति-त्रि-भेदाः यथाक्रमम्॥ 2॥

ये भाव यथाक्रम अर्थात् क्रमशः 2 प्रकार के, 9 प्रकार के, 18 प्रकार के, 21 प्रकार के और 3 प्रकार के होते हैं। यानी औपशमिक भाव 2 प्रकार के, क्षायिक भाव 9 प्रकार के, मिश्र भाव 18 प्रकार के, औदयिक भाव 21 प्रकार के और पारिणामिक भाव 3 प्रकार के होते हैं।

सम्यक्त्वचारित्रे॥ 3॥

औपशमिकभाव सम्यग्दर्शन और सम्यक्चारित्र—ये दो होते हैं। किसी जीव को मिथ्यादर्शन या मिथ्यात्व नामक कर्म का उपशम हो जाता है और सम्यग्दर्शन प्रकट हो जाता है। सम्यग्दर्शन तो हुआ है लेकिन मिथ्यात्व अभी गया नहीं है। क्षय नहीं हुआ है, सिर्फ उपशान्त हुआ है। यदि हिला दिया तो फिर गड़बड़ हो जाएगी। इसीलिए क्षायिक सम्यग्दर्शन बढ़िया है। एक बार क्षायिक सम्यग्दर्शन हो जाये तो फिर जीव शीघ्र सिद्धशिला पर जाता है। और उपशम सम्यग्दर्शन होने के बाद यह छूट भी सकता है और जीव सैकड़ों-हजारों जन्मों तक भी नरक-निगोदादि में भी जा सकता है। हालांकि उपशम सम्यग्दर्शन हो जाये तो भी मोक्ष की गारंटी हो जाती है। सम्यग्दर्शन उसी को होता है जो भव्य जीव हो। जो भव्य नहीं होगा उस जीव को कभी सम्यग्दर्शन की प्राप्ति नहीं होती है। लेकिन क्षायिक सम्यग्दर्शन अनन्त काल तक कभी छूटता नहीं है। एक बार हो जाये तो फिर वह जीव केवलज्ञान पाकर ही रहता है।

ज्ञानदर्शनदानलाभभोगोपभोगवीर्याणि च॥ 4॥

ज्ञान याने केवलज्ञान, क्षायिक ज्ञान। क्षायिक ज्ञान, क्षायिक दर्शन, क्षायिक दान, क्षायिक लाभ, क्षायिक भोग, क्षायिक उपभोग और क्षायिक वीर्य, और

च यानी क्षायिक सम्यक्त्व और चारित्र। देखो सूत्र के कमाल की बात। 'च' का क्या अर्थ है यहाँ पर! 'च' माने—सम्यग्दर्शन और सम्यक्चारित्र। इस तरह से यह बहुत गूढ़ और प्रामाणिक ग्रन्थ है। हमको यह समझ में ना आये तो थोड़ी शर्म मन में रहनी चाहिए। छोटे से छोटे नामधारी जैन को भी तत्त्वार्थसूत्र से कुछ परिचित होना बहुत जरूरी है। यही सोचकर हमारे पूर्वजों ने कहा कि दस दिन तक तत्त्वार्थसूत्र चलेगा ही। किसी की समझ में आधा या पूरा आये, कम या ज्यादा आये, पर तत्त्वार्थसूत्र कान में जरूर डालो।

ज्ञान-अज्ञान-दर्शन-लब्धयः चतुः-त्रि-त्रि-पंच-भेदाः सम्यक्त्व-चारित्रसंयमासंयमाश्च॥ 5॥

मिश्र भाव 18 प्रकार के होते हैं। ज्ञान—ज्ञान पाँच प्रकार के हैं। उनमें से केवलज्ञान तो क्षायिक भाव है और मतिज्ञान, श्रुतज्ञान, अवधिज्ञान, मनःपर्यय ज्ञान—ये चार क्षयोपशम ज्ञान हैं। मिश्र भाव हैं ये। कर्म के क्षयोपशम से होते हैं। मतिज्ञान, श्रुतज्ञान, अवधिज्ञान—जो मिथ्यादर्शन के साथ होते हैं, वे कुमति, कुश्रुत और कुअवधि—ये तीन अज्ञान। चक्षुदर्शन, अचक्षुदर्शन और अवधिदर्शन। केवलदर्शन नहीं गिनना है, क्योंकि वह क्षायिक भाव है। लब्धयः—दान, लाभ, भोग, उपभोग और वीर्य—ये पाँच प्रकार की लब्धियाँ। और सम्यक्त्व, चारित्र और संयमासंयम। सम्यग्दर्शन औपशमिक भी होता है, क्षायोपशमिक भी होता है और क्षायिक भी होता है, इसीलिए तीनों जगह गिना। चारित्र भी तीनों तरह का होता है।

गति-कषाय-लिंग-मिथ्यादर्शन-अज्ञान-असंयत-असिद्ध-लेश्याः चतुः-चतुः-त्रि-एक-एक-एक-एक-षड्-भेदाः॥ 6॥

यहाँ आचार्य औदयिक भाव के 21 भेद गिना रहे हैं। चार गतियाँ हैं—तिर्यंच गति, नरक गति, देव गति और मनुष्य गति। इस क्रम को ध्यान में रखना। और कोई गतियों के नाम पूछे तो उसे इसी क्रम में बताना।

शास्त्रों में आचार्यों ने लिखा है कि जहाँ पर सुधी श्रोता होंगे वहाँ पर वक्ता भी सावधान होंगे। श्रोता की भी जिनवाणी की रक्षा में बहुत बड़ी भूमिका होती है। डरने-झिझकने की कोई बात ही नहीं है। हमारे यहाँ तो भगवान से भी सवाल पूछने का अधिकार है। ऐसा नहीं है कि जो कह दिया

वह कह दिया, अब कुछ पूछो मत, यदि पूछोगे तो पाप लगेगा; जो कहा वह मान लो अन्धश्रद्धा से।

समन्तभद्राचार्य भगवान महावीर से कहते हैं कि 'ठहर जाओ, अभी मैं आपकी परीक्षा लूँगा, यदि आप सही हुए तो मस्तक झुकाऊँगा, अन्यथा नहीं।' कहने का तात्पर्य जैनधर्म परीक्षा-प्रधान है। चर्चा करने में कोई कोताही करने की जरूरत नहीं है। 'वादे वादे जायते तत्त्वबोधः।' चर्चा करने से ज्ञानवृद्धि होती है बशर्ते हमारा इरादा मलिन नहीं होना चाहिए। भाव पवित्र हों तो खूब चर्चा करो।

गति, कषाय, लिंग, मिथ्यादर्शन, अज्ञान, असंयत, असिद्ध और लेश्या। लेश्यायें छह प्रकार की होती हैं—1. कृष्ण लेश्या, 2. नील लेश्या, 3. कापोत लेश्या, 4. पीत लेश्या, 5. पद्म लेश्या और 6. शुक्ल लेश्या। देखो, सभी आचार्यों ने सब जगह छह लेश्याओं को इसी क्रम में रखा है। यही सच्चा क्रम है, और कोई क्रम नहीं है। इस क्रम के पीछे आप हमारे आचार्यों का अभिप्राय समझो, वह यही है कि नीचे से ऊपर की ओर बढ़ो, उन्नति करो, यह चाहते हैं आचार्य; अवनति करो—यह नहीं चाहते। षट्लेश्या के बारे में आप लोगों ने जामुन के पेड़ का उदाहरण मन्दिरों में देखा है, पढ़ा है। यह लेश्या हमें सिखाती है कि हमें अपने भावों का निरीक्षण करते रहना चाहिए। यह पत्थर की रेखा, धूल की रेखा और पानी की रेखा जैसी है, इस तरह के उदाहरण भी आचार्यों ने दिये हैं।

जीवभव्याभव्यत्वानि च॥ 7॥

पारिणामिक भाव के तीन भेद हैं—जीवत्व, भव्यत्व और अभव्यत्व। जीना, चैतन्य प्राणों को धारण करना—इसका नाम जीवत्व है, और सम्यग्दर्शन-ज्ञान-चारित्र को प्रकट करने की योग्यता होना—इसका नाम भव्यत्व है और ऐसी योग्यता न होना—इसका नाम अभव्यत्व है। जिस जीव में भव्यत्व होगा, उसमें अभव्यत्व नहीं होगा।

उपयोगो लक्षणम्॥ 8॥

छोटा-सा सूत्र है बड़ा प्यारा! जीव का लक्षण उपयोग है। उपयोग माने क्या? एक तो यह कि हम लोग रोजाना 'उपयोग' बोलते हैं जिसे अंग्रेजी में

(Use) कहते हैं। मगर यहाँ वह अर्थ नहीं है। आत्मा का जो चैतन्य-व्यापार है, ज्ञान-परिणमन है, जो जानन-क्रिया है, उसका नाम यहाँ पर उपयोग है, और कोई उपयोग यहाँ नहीं है। और वह उपयोग या जानना ही जीव का लक्षण है। लक्षण माने जो सब जीवों में पाया जाये, जीव के अलावा न पाया जाये। संसार में जितने भी जीव हैं, चाहे वह निगोदिया हों, चाहे सिद्ध हों, कोई भी हो, सभी के अन्दर उपयोग पाया जाता है।

सः द्विविधोऽष्टचतुर्भेदः ॥ 9 ॥

वह उपयोग दो प्रकार का है—ज्ञानोपयोग और दर्शनोपयोग। ज्ञानोपयोग आठ प्रकार का है—पाँच प्रकार का सम्यग्ज्ञान और तीन प्रकार का मिथ्याज्ञान—कुमति, कुश्रुत और कुअवधि। और चार प्रकार का दर्शनोपयोग है—चक्षुदर्शन, अचक्षुदर्शन, अवधिदर्शन और केवलदर्शन।

संसारिणो मुक्ताश्च ॥ 10 ॥

जीव दो प्रकार के हैं—संसारी और मुक्त। यहाँ आचार्य ने मुक्त और संसारी नहीं लिखा। वह इसलिए कि संसारी के बाद तो मुक्त होते हैं, मगर मुक्त होने के बाद संसार में आने का कोई सिस्टम नहीं है। क्योंकि इन्होंने अक्षय पद पा लिया। अब इनका जन्म-मरण का चक्र खत्म हो गया। हम मन्दिर में चावल चढ़ाते हैं। ये चावल चढ़ाना हमारी भावना का प्रतीक है। हम भगवान के आगे चावल चढ़ाते हुए यह भावना कर रहे हैं कि जैसे ये चावल जन्म-मरण के चक्कर से बाहर आ गया, वैसे ही मैं भी जन्म-मरण के चक्र से बाहर आ जाऊँ भगवन!

कई बार ऐसा होता है कि हम दूसरे साथियों को सन्तोषजनक जवाब नहीं दे पाते। जैनदर्शन एक समय में विश्व-दर्शन था। सब लोग इसकी उपासना/आराधना करते थे। आज इसकी संख्या क्यों घट गयी? क्योंकि हमको ही पूरा ज्ञान नहीं है। हमारे दूसरे साथी प्रश्न पूछते हैं तो हम उनको सन्तुष्ट नहीं कर पाते हैं। अगर हम उनको सन्तोषजनक सही तरीके से, प्यार से जवाब दे सकें तो उनको आनन्द होता है, उनकी समझ में आता है; सैकड़ों लोग इससे प्रभावित होते हैं। तात्पर्य इतना ही है कि आप प्रश्न पूछने में कोताही मत करो, प्रश्न पूछने में शर्म किये तो गये काम से। एक बार नहीं,

हजार बार पूछो, तर्क करो, बात को जल्दी से मानो नहीं। यदि बात समझ में नहीं आई तो फिर पूछो, खूब पूछो। एक से सन्तुष्ट नहीं हुए तो दूसरे से पूछो। शास्त्र टटोलो, मगर सच्चाई जानो। इसको अच्छी तरह से वैज्ञानिक बनकर समझो।

समनस्काऽमनस्काः ॥ 11 ॥

जीव दो तरह के हैं—मनसहित और मनरहित। जो जीव अपना भला-बुरा सोच सकते हैं, वे समनस्क हैं। और जो जीव अपना भला-बुरा नहीं सोच सकते वे अमनस्क हैं। इन्हें क्रमशः संज्ञी और असंज्ञी भी कहते हैं।

संसारिणः त्रसस्थावराः ॥ 12 ॥

पृथिव्यप्तेजो-वायु-वनस्पतयः स्थावराः ॥ 13 ॥

द्वीन्द्रियादयस्त्रसाः ॥ 14 ॥

संसारी जीव दो प्रकार के हैं—त्रस और स्थावर। जो दो-इन्द्रिय, तीन-इन्द्रिय, चार-इन्द्रिय और पंचेंद्रिय जीव हैं, वे सब त्रस जीव हैं। त्रस माने जिनमें हलन-चलन की क्षमता आ गयी वे त्रस जीव हैं। इसके अलावा पृथ्वी, जल, अग्नि, वायु और वनस्पति वाले एकेंद्रिय जीव स्थावर हैं। स्थावर माने जो जीव प्रायः एक जगह पर स्थित रहते हैं। ऐसा यहाँ स्थूल अपेक्षा से कहा है।

देखो, जैन शास्त्रों में पृथ्वी, जल, अग्नि, वायु और वनस्पति—इन सबको जीव माना गया है और सभी को इनके प्रति भी दयाभाव रखने का उपदेश दिया गया है। आज सारा विश्व पर्यावरण-प्रदूषण की समस्या से बहुत चिन्तित हैं। यदि सब लोग जैनाचार्यों की बात मानकर इन पृथ्वी, जल आदि की हिंसा से बचें तो यह समस्या आसानी से सुलझ सकती है।

पंचेंद्रियाणि ॥ 15 ॥ द्विविधानि ॥ 16 ॥

इन्द्रियाँ पाँच हैं और वे दो प्रकार की होती हैं—द्रव्येन्द्रिय और भावेन्द्रिय।

निर्वृत्त्युपकरणे द्रव्येन्द्रियम् ॥ 17 ॥

ये जो बाहर निर्वृत्ति उपकरण हैं, ये जो बाह्य संरचना है, ये द्रव्येन्द्रिय है। और अन्दर में आत्मा के प्रदेशों में जो क्षयोपशम सुनने-जानने का हुआ है वह भावेन्द्रिय है। एक विद्यार्थी हमारी युनिवर्सिटी से इन्द्रियों पर पीएच. डी. कर

रहा है—'जैनग्रन्थों में इन्द्रिय-मीमांसा'। आपको ताज्जुब होगा कि हमारे यहाँ इतना सूक्ष्म वर्णन इन इन्द्रियों का है। एक आँख के डॉक्टर को मैंने सर्वार्थसिद्धि पढ़ाई। सर्वार्थसिद्धि में आँखों का वर्णन है। उसे बड़ा ताज्जुब हुआ। उसने कहा कि 'हमें तो मेडिकल सायंस में भी आँख के बारे में इतनी सूक्ष्म बात पढ़ने को नहीं मिली जितनी सूक्ष्म 16 सौ साल पहले पूज्यपाद आचार्य ने लिख दी है! कहने का मतलब यही है कि हमारा जैनदर्शन आज भी जो कुछ जीवित है, वह इसीलिए कि हमारे यहाँ अध्ययन की, स्वाध्याय की कुछ परम्परा रही है और आज भी अध्ययन करने वाले, स्वाध्याय करने वाले स्वाध्याय प्रेमी श्रावक जीवित हैं। और जितना हम ज्ञान को बढ़ाएँगे उतना ही जैनधर्म का प्रचार-प्रसार होगा।

लब्ध्युपयोगौ भावेंद्रियम्॥ 18॥

लब्धि और उपयोग में क्या अन्तर है। देखो बारीक बात। अभी जैसे मैं 2 का पहाड़ा पढ़ रहा हूँ—दो एक्कम 2, दो दूनी 4, 2 तिये 6...। तो वह 2 का पहाड़ा तो उपयोग में है और जो मुझे तीन, चार, पाँच के पहाड़े आते हैं वे लब्धि में हैं। जैसे दुकानदार किसी कपड़े की कीमत बता रहा है, वह उसके उपयोग में है। और जो अन्य कपड़े दुकान में भरे हुए हैं, उनके दाम भी वह जानता है, मगर अभी दिमाग में नहीं चल रहे हैं, वे लब्धि में हैं। इसलिए जो अभी दिमाग में चल रहा है वह उपयोग है और जो अभी दिमाग में नहीं चल रहा है वह लब्धि है। बहुत बारीक बातें हैं। खूब चर्चा हो सकती है।

स्पर्शन-रसन-घ्राण-चक्षुः-श्रोत्राणि॥ 19॥

ये पाँच इन्द्रियाँ हैं। इनका यही क्रम याद रखना बहुत जरूरी है, नहीं तो बहुत घोटाला हो जाएगा।

स्पर्श-रस-गन्ध-वर्ण-शब्दास्तदर्थाः॥ 20॥

ये इनके विषय हैं। स्पर्शन इन्द्रिय का विषय स्पर्श है। रसना इन्द्रिय का विषय रस है। घ्राण इन्द्रिय का विषय गन्ध है। चक्षु इन्द्रिय का विषय वर्ण, रंग है और कर्ण इन्द्रिय का विषय शब्द है। सब इन्द्रियाँ अपने-अपने क्षेत्र की मालिक हैं, इन्द्र हैं, ये किसी दूसरे इन्द्रिय का काम नहीं करती। आँख में दुनियाँ भर का काजल डालो, चश्मा लगाओ, मगर ये आँखें सुनने का काम

नहीं करेंगी। कान में कोई भी उपकरण लगा दो और आप चाहो कि आपके कान देखने लग जायें तो यह असंभव है, वे देखने का काम नहीं कर सकते। पाँचों इन्द्रियाँ अपने-अपने फील्ड में माहिर हैं, इन्द्र हैं, इसलिए इनका नाम इन्द्रिय है।

इसके अलावा 'इन्द्र' शब्द का अर्थ 'आत्मा' भी होता है। 'इन्द्र' अर्थात् 'आत्मा' के चिह्न को 'इन्द्रिय' कहते हैं।

श्रुतम् अनिंद्रियस्य॥ 21॥

श्रुतज्ञान मन का विषय है।

वनस्पत्यन्तानामेकम्॥ 22॥

वनस्पति आदि स्थावर जीवों के एक ही इन्द्रिय है। एकेन्द्रिय जीवों की एक ही इन्द्रिय होती है। मगर कौन-सी? प्रथम इन्द्रिय। ऐसा नहीं है कि कोई भी इन्द्रिय चलेगी। प्रथम इन्द्रिय अर्थात् स्पर्शनेन्द्रिय ही एकेंद्रिय जीव को होती है। और द्वीन्द्रिय जीव को दो इन्द्रियाँ होती हैं। दो माने कोई भी दो नहीं। वह भी क्रम से ही है यानी स्पर्शन और रसना। त्रीन्द्रिय जीव को स्पर्शन, रसना और घ्राण ही होगी। चार इन्द्रिय जीव को स्पर्शन, रसना, घ्राण और चक्षु ही होगी। और पंचेन्द्रिय जीव को पाँचों इन्द्रियाँ होंगी। अब यों समझो कि कोई जीव आपको ऐसा मिला कि जिसके आपको कान दिखाई दे रहे हैं, और कुछ नहीं दिख रहा हो तो समझ लो कि कान तो बिना चार इन्द्रिय के हो नहीं सकता। जैसे मैं कहूँ कि मैंने एम. ए. किया है और कोई पूछे कि 'क्या बी. ए. भी किया है?' तो यह बचकानी बात होगी। इसी तरह से इन्द्रियों का बहुत विस्तार से वर्णन है।

कृमि-पिपीलिका-भ्रमर-मनुष्यादीनामेकैकवृद्धानि॥ 23॥

कृमि माने छोटा कीड़ा (लट), उसके दो इन्द्रियाँ होती हैं—स्पर्शन और रसना। पेड़-पौधों को एक इन्द्रिय होती है—स्पर्शन। और चींटी के तीन इन्द्रियाँ हैं—स्पर्शन, रसना और घ्राण। और भ्रमर यानी जितने भी उड़ने वाले मक्खी-मच्छर आदि हैं वे सब चार इन्द्रिय हैं और मनुष्य आदि हम और आप पाँच इन्द्रिय वाले हैं।

संज्ञिनः समनस्काः॥ 24॥

जिनके मन होता है वे संज्ञी हैं।

विग्रहगतौ कर्मयोगः ॥ 25 ॥

जब कोई जीव एक शरीर को छोड़कर दूसरा शरीर धारण करता है तो बीच के पीरिएड को विग्रहगति कहते हैं। कितना बढ़िया वर्णन किया है! आपको दूसरे किसी धर्म में इतना अच्छा वर्णन नहीं मिलेगा। ऐसा नहीं है कि आत्मा सालों साल भटकती रहती है। आत्मा तो ज्यादा से ज्यादा 3 समय में नया शरीर धारण कर लेता है। और—

अनुश्रेणि गतिः ॥ 26 ॥

गति अनुश्रेणी होती है अर्थात 90 डिग्री के कोण में सीधी होती है।

अविग्रहा जीवस्य ॥ 27 ॥

मुक्त जीवों की गति बिल्कुल सीधी, बिना मोड़े की होती है।

विग्रहवती च संसारिणः प्राक्चतुर्भ्यः ॥ 28 ॥

संसारी जीवों की विग्रह गति मोड़ वाली होती है और वह अधिक से अधिक तीन समय की होती है।

एकसमयाऽविग्रहा ॥ 29 ॥

अगर एक समय की हो तो बिना मोड़ वाली होती है।

एकं द्वौ त्रीन्वाऽनाहारकः ॥ 30 ॥

ये जीव एक समय, दो समय, ज्यादा से ज्यादा तीन समय तक बिना शरीर के रहता है, इससे ज्यादा नहीं रहता।

संमूर्च्छनगर्भोपपादा जन्म ॥ 31 ॥

जन्म तीन प्रकार के होते हैं—संमूर्छन, गर्भ और उपपाद जन्म। जो जीव माता-पिता के संयोग के बिना वातावरण में स्वयमेव उत्पन्न हो जाते हैं, रोशनी के कीड़े आदि वे सब संमूर्छन जीव हैं। चार इन्द्रिय तक के सब जीवों का जन्म संमूर्छन जन्म होता है। देव और नारकियों का जन्म उपपाद जन्म होता है और मनुष्यों तथा तिर्यंचों का जन्म गर्भ जन्म होता है।

सचित्तशीतसंवृता सेतरा मिश्राश्चैकशस्तद्योनयः ॥ 32 ॥

ये जन्म के स्थानों अर्थात् योनियों का वर्णन है। वे नौ हैं—सचित्त, शीत, संवृत, अचित्त, उष्ण, विवृत, सचित्ताचित्त, शीतोष्ण और संवृतविवृत।

जरायुजाण्डजपोतानां गर्भः ॥ 33 ॥

जो जरायुज, अंडज और पोतज होते हैं, उनका गर्भ जन्म होता है।

देवनारकाणाम् उपपादः ॥ 34 ॥

देव और नारकियों का जन्म उपपाद जन्म होता है।

शेषाणां संमूर्च्छनम् ॥ 35 ॥

बाकी सब जीवों का जन्म संमूर्च्छन होता है।

औदारिकवैक्रियिकाहारकतैजसकार्मणानि शरीराणि ॥ 36 ॥

शरीर पाँच प्रकार के हैं—औदारिक, वैक्रियिक, आहारक, तैजस और कार्मण।

परं परं सूक्ष्मम् ॥ 37 ॥

ये सभी शरीर उत्तरोत्तर सूक्ष्म हैं।

प्रदेशतोऽसंख्येयगुणं प्राक्-तैजसात् ॥ 38 ॥

लेकिन प्रदेश की अपेक्षा से वे ज्यादा-ज्यादा प्रदेशों वाले हैं। औदारिक में प्रदेश कम हैं, कार्माण में प्रदेश सबसे ज्यादा हैं।

अनन्तगुणे परे ॥ 39 ॥

तैजस और कार्मण तो बहुत अधिक प्रदेशों वाले हैं।

अप्रतिघाते ॥ 40 ॥

उनको कोई रोक भी नहीं सकता। जहाँ चाहे वहाँ पहुँच सकते हैं। वज्र की दीवार भी तोड़कर निकल जाते हैं।

अनादिसम्बन्धे च ॥ 41 ॥

तैजस और कार्मण आत्मा के साथ अनादि से सम्बन्ध बनाये हुए हैं।

सर्वस्य ॥ 42 ॥

औदारिक किसी के है, किसी के नहीं, वैक्रियिक किसी के है, किसी के नहीं है, लेकिन तैजस और कार्मण सब संसारी जीवों के पाये जाते हैं।

तदादीनि भाज्यानि युगपदेकस्मिन्नाचतुर्भ्यः ॥ 43 ॥

ये शरीर एक जीव के एक साथ ज्यादा से ज्यादा चार हो सकते हैं, पाँचों शरीर एक साथ कभी किसी जीव के नहीं हो सकते।

निरुपभोगमन्त्यम् ॥ 44 ॥

कार्मण शरीर निरुपभोग है। वह विषयों का ग्रहण नहीं करता।

गर्भसंमूर्छनजमाद्यम्॥ 45॥

आद्य माने पहला शरीर यानी औदारिक शरीर किनके होता है? गर्भज और संमूर्छन जीवों के होता है।

औपपादिकं वैक्रियिकम्॥ 46॥

और जो उपपाद जन्म वाले हैं अर्थात् देव और नारकी उनका शरीर वैक्रियिक शरीर है। हमारा आप सबका एवं संमूर्छन जीवों का औदारिक शरीर है।

लब्धिप्रत्ययं च॥ 47॥

वैक्रियक शरीर को लब्धि से भी प्राप्त किया जाता है। अनेक मुनिराज विक्रिया ऋद्धि प्राप्त कर लेते हैं।

तैजसमपि॥ 48॥

तैजस शरीर भी लब्धि से, तपस्या से प्राप्त हो जाता है।

शुभं विशुद्धमव्याघाति च आहारकं प्रमत्तसंयतस्य एव॥ 49॥

ये जो आहारक शरीर है, वह शुभ विशुद्ध और अव्याघाति है। अव्याघाति माने उसे कोई रोक नहीं सकता, और प्रमत्तसंयत अर्थात् छठे गुणस्थान वाले मुनिराज के ही होता है। शंका-समाधान करने के लिए समवशरण आदि में जाता है।

नारकसंमूर्छिनो नपुंसकानि॥ 50॥

जितने भी नारकी हैं, वे सब नपुंसक हैं। वहाँ स्त्री-पुरुष का भेद नहीं है और जितने भी संमूर्छन माने एकेन्द्रिय, द्वीन्द्रिय, त्रीन्द्रिय, चार-इन्द्रिय हैं, इनमें भी स्त्रीलिंग, पुल्लिंग नहीं होता। हम बोलते हैं—चींटी-चींटा, पर ऐसा नहीं है कि चींटी स्त्रीलिंग है और चींटा पुल्लिंग है। ऐसा कोई भेद नहीं है। चार इन्द्रिय तक सारे जीव स्त्री-पुरुष के भेद वाले नहीं होते। उनमें कोई मैथुनक्रिया नहीं होती। सबके सब नपुंसक होते हैं। लेकिन—

न देवाः॥ 51॥

देवगति के जीव नपुंसक नहीं होते। देवों में कोई नपुंसक नहीं होता। देवगति में जो गया है वह या तो स्त्री होगा या पुरुष होगा, मगर नपुंसक नहीं

होगा। नरक गति में गया है तो ना स्त्री होगा ना पुरुष होगा, वह गारंटी से नपुंसक होगा।

शेषास्त्रिवेदाः ॥ 52 ॥

तिर्यंच और मनुष्य योनि के जीवों में तीनों लिंग पाये जाते हैं। स्त्री भी होती है, पुरुष भी होते हैं और नपुंसक भी होते हैं।

औपपादिकचरमोत्तमदेहासंख्येयवर्षायुषोऽनपवर्त्यायुषः ॥ 53 ॥

जो औपपादिक हैं, माने देव और नारकी हैं, उनकी अकाल मृत्यु नहीं होती। जो आयु उनकी बँध गयी है उतनी आयु उन्हें भोगनी ही पड़ती है। नारकी के शरीर के तिल-तिल के बराबर टुकड़े कर देते हैं, मगर सब जुड़ जाते हैं, वह मर नहीं सकता। नारकी खुद ही आत्महत्या करना चाहता है, करता भी है, मगर मरता नहीं है। मनुष्य गति में तो कुएँ में गिरकर, रेलगाड़ी के नीचे आकर, फाँसी लगाकर आत्महत्या कर लेते हैं, मर जाते हैं, पर देव और नारकी की इस प्रकार मृत्यु नहीं हो सकती। इनके अलावा चरम शरीरी की भी अकाल मृत्यु नहीं होती। जो अंतिम शरीर वाले हैं, इसी शरीर से मोक्ष जाएँगे, उनकी भी कभी कोई अकाल मृत्यु नहीं हो सकती। उत्तम शरीर वालों की भी नहीं हो सकती। और जिनकी असंख्यात वर्षों की आयु होती है, ऐसे लवण समुद्र में तिर्यंच तक की अकाल मृत्यु नहीं होती।

इति तत्त्वार्थाधिगमे मोक्षशास्त्रे द्वितीयोऽध्यायः।

तीसरा अध्याय

"धम्मो मंगलमुक्किट्ठं, अहिंसा संजमो तवो।
देवा वि तस्स पणमंति, जस्स धम्मे सया मणो॥"

अर्थ—धर्म उत्कृष्ट मंगल है। अहिंसा, संयम और तप ही धर्म है। जिसका मन सदा धर्म में लीन रहता है, उसे देवता भी नमस्कार करते हैं।

तत्त्वार्थसूत्र के दो अध्यायों का स्वाध्याय हम पूरा कर चुके हैं। आज तीसरे अध्याय का स्वाध्याय करेंगे। तीसरे अध्याय में अधोलोक और मध्यलोक का वर्णन है। इस अध्याय में कुल 39 सूत्र हैं। शुरू के 6 सूत्रों में अधोलोक का वर्णन है और बाकी के 33 सूत्रों में मध्यलोक का वर्णन है।

सर्वज्ञ परमात्मा ने, हमारे आचार्यों ने इस विश्व का कैसा भूगोल-खगोल देखा है, इसका स्वरूप कैसा है—इसका इसमें वर्णन किया गया है। लोग कहते हैं कि कोई इसको बनाने वाला है, कोई इसको बिगाड़ने वाला है, कोई इसका पालन-पोषण करने वाला है; परन्तु अनादिकाल से इस जगत की व्यवस्था ऐसी ही स्वत: चली आई है, इसका कोई बनाने-बिगाड़ने वाला नहीं है। यह बहुत ही सत्य और वैज्ञानिक स्थिति है। थोड़ा-सा विचार करो तो सब समझ में आने वाली बात है। जैसे गेहूँ का बीज बोते हैं तो गेहूँ ही पैदा होता है, और बाजरे का बीज बोओ तो बाजरा ही पैदा होता है। ऐसा नहीं होता है कि गेहूँ का बीज बोओ और बाजरा पैदा हो जाये। जो भी जगत में परिणमन होता है वह वस्तुस्वभाव के अनुकूल होता है, प्रतिकूल नहीं होता है। अगर कोई निर्माण करता होता तो गेहूँ का बीज हम बोयें और वह उसमें मक्के का

भुट्टा लगा दे। मगर ऐसा तो होता नहीं है। इससे सिद्ध होता है कि जगत का परिणमन एक स्वत:सिद्ध व्यवस्था के तहत ही हो रहा है। लकड़ी पानी में डालो तो तैरती है और लोहे को डालो तो वह डूबता है। लकड़ी को तैरने के लिए भगवान आकर हाथ लगाता हो—ऐसी कोई बात नहीं है अथवा लोहे पर भगवान आकर बैठ जाता हो और उसे डुबा देता हो—ऐसी भी बात नहीं है। भगवान अगर इस जगत का कर्ता-धर्ता हो तो सारी कारण-कार्य की व्यवस्था ही खत्म हो जाये, सारा पाप-पुण्य ही खत्म हो जाये। हर कोई अपने-अपने पाप-पुण्य का, कर्म का भोक्ता है—यह बात ही खत्म हो जाये। इसलिए यह तो एक सुंदर स्वचालित वस्तु-व्यवस्था है। अगर भगवान इस जगत का कर्ता-धर्ता हो तो वह खुद भी अनन्त दुखी हो जाएगा, टेंशन में आ जायेगा।

वैसे यह बात थोड़ी बहुत व्यावहारिक रूप से कही जाती है। जैसे आप पढ़ते हैं और गुरु आपको पढ़ाता है तो आप कहते हैं कि 'गुरु महाराज ने ही हमें ज्ञान दिया।' व्यवहार में हम न जाने क्या-क्या बोलते हैं। हम अपने किसी परिचित के घर गये और पूछते हैं कि यह किसका मकान है तो व्यवहार में कह देते हैं कि 'आपका ही है।' व्यवहार में एक दूसरे को सम्मान देने के लिए जाने क्या-क्या कहा जाता है, लेकिन वस्तुस्थिति से कोई भी किसी का कर्ता-धर्ता नहीं है। भगवान को कर्ता-धर्ता मानना बड़ी भारी भूल है।

भगवान को कर्ता-धर्ता मानने से एक सबसे बड़ी परेशानी यह है कि हमारा पुरुषार्थ ही नहीं जागता, हम अकर्मण्य बन जाते हैं। जब भगवान ही हमको सुखी-दुखी करेगा तो हम क्या करें?

आप ताज्जुब करेंगे। हम तो सभी दर्शनों को पढ़ते और पढ़ाते हैं। मूलरूप से किसी भी दर्शन में नहीं कहा गया है कि भगवान इस जगत का कर्ता-धर्ता है। वैदिक धर्म के ग्रन्थों में भी मूल रूप से भगवान को कर्ता-धर्ता माना गया हो—ऐसा एक भी प्राचीन ग्रन्थ नहीं है, बल्कि इसका साफ-साफ निषेध है। गीता में साफ-साफ लिखा है कि 'न कर्तृत्वं न कर्माणि लोकस्य सृजते प्रभुः।' अर्थात् कोई भगवान या परमात्मा इस लोक का सर्जनहार नहीं है, इसका कर्ता नहीं है, यह जगत उसका कर्म नहीं है। यह तो स्वयं स्वचालित है। जीव अपने-अपने कर्मों के अनुसार फल भोगते हैं। एक व्यक्ति के मरने

के बाद भगवान उसे तिर्यञ्च नहीं बनाता, वह स्वयं अपने भावों के अनुसार बनता है। मरते वक्त लट के भाव करके जीव स्वयं ही लट बन जाता है। भगवान उसे लट बनाने नहीं आता है। जीव ही अपने भाव से स्वर्ग चला जाता है और अपने भाव से ही नरक चला जाता है। बहुत ही सुन्दर शानदार व्यवस्था अपने आप चल रही है। और इसके पीछे एक वैज्ञानिक कारण-कार्य व्यवस्था है। भगवान उसमें कहीं आकुलता पैदा करने के लिए उपस्थित नहीं होता है।

इस तरह से इस लोक का क्या स्वरूप है, इसको भी हमें यहाँ इन तीसरे-चौथे अध्यायों के माध्यम से बहुत मन लगाकर समझना चाहिए।

इस विश्व में अनन्तानन्त अलोकाकाश के मध्य में एक लोकाकाश है, लोक है। जिसका चित्र भी आप लोग देखते हैं। जैसे कोई मनुष्य कमर पर हाथ रखकर खड़ा हो—इस प्रकार की उसकी आकृति है। यह लोक का आकार है। इसके बीचोंबीच मध्यलोक है, नीचे सारा अधोलोक है और ऊपर सारा ऊर्ध्वलोक है और उसके ऊपर जो चन्द्रमा-सा बनाते हैं वह सिद्धशिला का प्रतीक है। जो जीव अपने राग-द्वेष को मिटा देते हैं, वे यहाँ सिद्धशिला पर विराजमान होते हैं। इसलिए यह सिद्धलोक का वर्णन है। इन तीनों लोकों का वर्णन तत्त्वार्थसूत्र के तीसरे और चौथे अध्याय में आचार्य समझाने वाले हैं ताकि हमारा मन इस तरफ से भी निःशल्य हो जाये कि क्या व्यवस्था चलती है जगत की ? यदि यह सही-सही पता चल जाये तो हमारा माथा हल्का हो जाये।

सबसे पहले आचार्य अधोलोक का वर्णन कर रहे हैं—

रत्नशर्कराबालुकापंकधूमतमोमहातमःप्रभाभूमयो
घनाम्बुवाताकाशप्रतिष्ठा सप्ताधोऽधः ॥ 1 ॥

अधोलोक में सात नरक हैं और उनके ये नाम हैं—रत्नप्रभा, शर्कराप्रभा, बालुकाप्रभा, पंकप्रभा, धूमप्रभा, तमप्रभा और महातमप्रभा। ये भी घन, अंबु और वातवलय से घिरे हुए हैं। नीचे तीन वातवलय भी हैं। कहीं-कहीं इन वलयों को अलग-अलग रंग से चित्रित कर देते हैं। वे तीन वातवलय के घेरे हैं। और नीचे सात नरक हैं। एक छोटा-सा दृष्टान्त देना चाहता हूँ। नीचे नरक

हैं और ऊपर स्वर्ग हैं। बहुत से लोग कहते हैं कि भला किसने देखे हैं स्वर्ग और नरक? देखो, जिनवाणी को पढ़ते हुए तर्कयुक्ति से यह बातें समझ में आती हैं, हमको समझना भी चाहिए, लेकिन जो प्राथमिक बुद्धि के हैं उनके लिए मेरा यह दृष्टान्त है कि इस बारे में सन्देह रखकर अपने जीवन को बिगाड़ना ठीक नहीं है। पंडित कैलाशचन्द्रजी सिद्धान्तशास्त्री यह उदाहरण दिया करते थे।

एक बार एक पंडितजी ट्रेन में सफर कर रहे थे। ट्रेन में कोई कुछ बेचने आ रहा है, कोई कुछ बेचने आ रहा है। हर स्टेशन पर गाड़ी रुक रही है। लेनेवाले लेते हैं, खाते हैं। पूड़ी, समोसा, कचोरी आदि लिया और खाया। वे पंडितजी शान्ति से बैठे थे। शाम को जब पाँच-छह बज गये, गाड़ी एक स्टेशन पर रुकी तो वे उतरे और अपने लोटे में पानी छानकर ले लिया, उसे लेकर बैठे, अपने बैग से टिफिन निकाला और खाना खाया। उनके सामने एक मौलवी साहब बैठे थे। उन मौलवी साहब ने कहा कि-'अच्छा! तो आप पंडितजी हैं! मैं यही सोच रहा था कि सुबह से सब लोग कुछ न कुछ ले लेकर खा रहे हैं, मजे कर रहे हैं, और आप कुछ नहीं लेकर खा रहे हैं। पंडितजी! आप अपनी आत्मा को इतना दु:ख क्यों दे रहे हो? मेरी समझ में नहीं आ रहा है। आप क्यों इतनी परेशानी झेल रहे हो? इसलिए ना कि नरक में न जायें, स्वर्ग में जायें? इसीलिए आप इतना दु:ख भोग रहे हो ना? पंडितजी! एक बात बताओ, अगर नरक-स्वर्ग नहीं हुये तो? नरक-स्वर्ग किसने देखे हैं?'

तब पंडितजी ने कहा कि 'मौलवी साहब, देखे तो हमने भी नहीं और देखे तो तुमने भी नहीं। और जो देखे हैं उसकी बात करूँ तो तुम मानोगे नहीं। रही फिलहाल की बात कि न हमने देखे हैं और न आपने। और नहीं देखे हैं इसलिए हो भी सकते हैं और नहीं भी हो सकते हैं। तुम्हारी बात भी दो मिनट के लिए मानकर देख लेते हैं। आप कह रहे हो कि अपनी आत्मा को क्यों तकलीफ दे रहे हो, दुख उठा रहे हो? मगर मैं तो कोई दुख नहीं उठा रहा हूँ। दुख तकलीफ में तो मुझे आप दिखाई दे रहे हो। जो भी बेचने आ रहा है— बासी तूसी, पुराना-धुराना, सड़ा-गला, किसके हाथ का बना हुआ! कभी ट्रेन

न रुके तो परेशानी, अरे ये नहीं ले पाये, वो नहीं ले पाये, भूख लगी है, क्या करें। इस तरह मुझे तो आप ही बहुत परेशान लग रहे हैं। आप चैन से बैठे नहीं दिखाई दे रहे हो। मैं तो बड़े चैन से बैठा हूँ, मुझे कोई तकलीफ नहीं है। और आप जरा मेरे टिफिन का खाना चखकर देखिये। देशी घी की पूरी बनवाकर लाया हूँ। ये सब्जी है। आपने स्टेशनों के तरह-तरह के खाने खाये हैं, मेरा भी खाना जरा चखकर देखो। हम तो अपने घर का शुद्ध सात्त्विक खाना लाये हैं, इसलिए हम बिलकुल आनन्द से निराकुल मस्त बैठे हुए हैं। हमें कोई टेंशन ही नहीं है। इस तरह से हम तो सुख-चैन से बैठे हुए हैं, मगर आप मुझे दुखी और परेशान दिखाई दे रहे हो। और रही बात स्वर्ग-नरक की तो मान लो एक मिनट के लिए नहीं भी हुए तो हमारे बाप का क्या बिगड़नेवाला है? हम तो सुखी जिन्दगी जी रहे हैं, नहीं होंगे तो नहीं होंगे। अरे, हमारा क्या जाता है? मगर मौलवी साहब! आप सोचिये कि यदि स्वर्ग-नरक हुए तो आपका क्या होगा? हमारे लिए तो हुए तो भी ठीक है और न हुए तो भी ठीक है। इस तरह से हमारे तो दोनों हाथों में लड्डू है। परन्तु आप अपनी सोच लो कि आपका क्या होगा यदि स्वर्ग-नरक हुए तो?'

कहने का मतलब यह है कि अनाचार, दुराचार, अभक्ष्य-भक्षण पाप आदि प्रवृत्ति तो नरक-स्वर्ग हों या ना हों, बुरी ही है और वह तत्काल आत्मा को दुख देनेवाली है। और धर्माचरण तत्काल आत्मा को सुख देनेवाला है। पर वस्तुस्वरूप में नरक-स्वर्ग की व्यवस्था भी है। यह लोक या प्रकृति अन्याय नहीं करती। देखो, यदि यहाँ पर कोई एक हत्या करे तो उसे फाँसी की सजा दी जाती है। किन्तु यदि दस हत्यायें कर दे तो? उसे भी अधिक से अधिक फाँसी ही दी जा सकती है। अत: सिद्ध होता है कि इस लोक में कोई न्याय नहीं है। चाहे कोई एक हत्या करे या दस, उसे फाँसी एक ही बार दी जाएगी। लेकिन प्रकृति अन्याय नहीं करती है। वहाँ पर दस बार हत्या करने पर दस बार फाँसी देने की व्यवस्था मौजूद है। इसलिए नरक-स्वर्ग की व्यवस्था को भी अच्छे से समझने के लिए आगमोक्त बातें हैं। उसी की चर्चा यहाँ पर आचार्यदेव कर रहे हैं कि इस अधोलोक में नीचे सात नरक हैं और उनके ये-ये (उपर्युक्त) नाम हैं।

तासु त्रिंशत्पञ्चविंशतिपञ्चदशदशत्रिपंचोनैकनरकशतसहस्त्राणि पञ्च चैव यथाक्रमम् ॥ 2॥

ये उनमें एक-एक नरक में जो उपविभाग हैं, उनकी संख्या है। एक युनिविर्सिटी में जैसे अलग-अलग डिपार्टमेंट होते हैं, ऐसे ही नरकों में भी एक-एक नरक में अनेक-अनेक विभाग होते हैं। यहाँ उन विभागों की संख्या का जिक्र है। प्रथम नरक से सातवें नरक तक में विभागों की संख्या क्रमशः 30 लाख, 25 लाख, 15 लाख, 10 लाख, 3 लाख, 5 कम एक लाख, और केवल 5 है।

नारका नित्याशुभतरलेश्यापरिणामदेहवेदनाविक्रियाः ॥ 3॥

ये नारकी कैसे होते हैं? जैसे जो अमेरिका नहीं गये हैं उनको जिज्ञासा होती है कि अमेरिका के लोग कैसे होते हैं, ऐसे ही यहाँ नरक की बात है कि नरक के लोग कैसे होते हैं? नित्य चौबीसों घंटे अशुभ लेश्या, अशुभ परिणाम, अशुभ देह वेदना और अशुभ ही विक्रिया। यही उनके चौबीसों घंटे चलते रहते हैं। हमेशा विकराल रूप है, विकराल भाव हैं। भावों से ही चेहरा बनता है। आपके भाव अच्छे हों तो चेहरा बोलता है और आपके भाव बुरे हों तो वह भी चेहरा बोलता है। चेहरे पर झलकते हैं भाव। कौन कैसे भावों में जीवन-यापन करता है वह उसके चेहरे पर जरूर झलकता है। नारकियों के भाव भी उनके चेहरे पर झलकते हैं।

परस्परोदीरितदुःखाः ॥ 4॥

वे नारकी जीव क्या करते रहते हैं? उन्हें तो किसी ऑफिस आदि में जाना नहीं है, दुकान चलाना नहीं है, रोटी बनाना नहीं है, मकान बनाना नहीं, अथवा कोई ट्रस्ट तो चलाते नहीं, कोई संगठन नहीं, मन्दिर नहीं। फिर क्या काम करते रहते हैं वे? नहाना-धोना भी तो है नहीं। फिर क्या करते रहते हैं वे हमेशा? वही कहते हैं—परस्परोदीरितदुःखाः अर्थात् तू मुझे दुख दे, मैं तुझे दुख दूँ—बस यही धँधा है उनका चौबीसों घंटे।

चौबीसों घंटे संक्लिष्ट परिणाम रहते हैं। बहुत विचित्र परिणाम होते हैं। ऐसा वर्णन आता है कि कदाचित् माँ और बेटा दोनों ही नरक चले गये हों तो वहाँ पर माँ और बेटे को भी परस्पर देखकर प्रेम नहीं उमड़ता। जरा सोचो कि

यहाँ पर सारी जिन्दगी माँ-बेटे प्रेम से रहे, मगर अगले जन्म में जब नरक में मिल गये और पता भी चल गया कि ये मेरी माँ थी और ये मेरा बेटा था क्योंकि वहाँ पर अवधिज्ञान होता है, फिर भी माँ के प्रति कृतज्ञता और पुत्र के प्रति ममता के भाव नहीं आते हैं, अपितु एक-दूसरे के प्रति बहुत ही मलिन परिणाम होते हैं। जैसे—बेटा सोचता है कि यह पूर्वजन्म में मुझे दवाई पिलाते समय इतने जोर से पकड़ती थी कि मार ही डाल देना चाहती थी, मैं ही बच निकलता था, इत्यादि।

संक्लिष्टासुरोदीरितदुःखाश्च प्राक्चतुर्थ्याः ॥ 5॥

और असुरकुमार जाति के देव भी वहाँ पर आते हैं। वे उन्हें और भिड़ाते हैं। तीसरे नरक तक असुरकुमार जाति के देव आकर उन्हें बढ़ा-चढ़ाकर और भी याद दिलाते हैं, उन्हें भड़काते हैं कि उसने तुम्हारे साथ ऐसे गलत व्यवहार किये थे। इसलिए हमको नरकगति में ले जानेवाले परिणामों से बहुत डरना चाहिए।

पद्मपुराण में एक बहुत अच्छा प्रसंग आता है कि सीता का जीव रावण के जीव को सम्बोधित करने गया। रावण का जीव इस समय नरक में और सीता का जीव स्वर्ग में है। स्वर्ग में सीता के जीव को याद आया कि अरे वह सम्यग्दृष्टि जीव है, चलो उसको सम्बोधित करके आता हूँ। ऐसा सोचकर वह रावण के जीव को सम्बोधित करने नरक में पहुँचा। जब नरक में सीता का जीव पहुँचा तो रावण के जीव ने दूर से ही देख लिया और जान गया कि यह वही जीव है जिसकी वजह से मुझे यहाँ आना पड़ा है। इसलिए उसे दूर से देखते ही वह वहाँ से भागा। सीता के हरण के लिए पहले जो आश्रम में आया था वही रावण उसी सीता के जीव को देखकर अब दूर भागा कि उसकी वजह से मेरी यह दुर्दशा हुई, अब न जाने क्या होगा? तब सीता के जीव ने रावण के जीव को आवाज दी—अरे, मुझसे क्यों डरते हो? मुझसे मत डरो, अपितु अपने उन भावों से डरो जिनके कारण तुम यहाँ आये हो। कहने का तात्पर्य है कि सब अपने भावों की बात है। हमें अपने भाव सुधारना चाहिए।

तेष्वेकत्रिसप्तदशसप्तदशद्वाविंशतित्रयस्त्रिंशत्सागरोपमा सत्त्वानां परा स्थितिः ॥ 6॥

और देखो, नरक में लम्बी-लम्बी सागरों पर्यन्त आयु है। नरक में जीव की उत्कृष्ट आयु क्रमशः एक सागर, तीन सागर, सात सागर, दस सागर, सत्रह सागर, बाईस सागर और तेतीस सागर प्रमाण है। किसी की अकाल मृत्यु भी नहीं होती। कल किसी ने पूछा था कि अकालमृत्यु माने क्या? क्या समय आने से पहले ही मर जाते हैं? हमने कहा कि ऐसी बात नहीं है। सही पूछो तो निश्चय से किसी भी देव, मनुष्य, नारकी, तिर्यंच की अकाल-मृत्यु नहीं होती है। जितनी आयु जिसकी बँधी है, उतनी ही है। मगर यहाँ इस तरह के प्रसंग देखे जाते हैं, इस अपेक्षा से यहाँ अकाल मृत्यु कहते हैं। नरक-स्वर्ग में ऐसा नहीं होता, इसलिए वहाँ अकाल मृत्यु नहीं होती है—ऐसा कहते हैं।

इस तरह से अधोलोक का वर्णन पूरा हुआ। अब मध्यलोक का वर्णन करते हैं। मध्यलोक कैसा है? जिसमें हम और आप अभी रह रहे हैं वह मध्यलोक है।

जम्बूद्वीपलवणोदादयः शुभनामानो द्वीपसमुद्राः ॥ 7 ॥

अधोलोक में क्या है? नरक। और ऊर्ध्वलोक में क्या है? स्वर्ग। और मध्यलोक में क्या है? द्वीप और समुद्र। असंख्य द्वीप-समुद्र हैं। जम्बूद्वीप उनमें से एक द्वीप का नाम है। लवण समुद्र उनमें से एक समुद्र का नाम है। और कितने हैं ये? ये असंख्य हैं। असंख्य द्वीप हैं और असंख्य समुद्र हैं।

द्विर्द्विर्विष्कम्भाः पूर्वपूर्वपरिक्षेपिणो वलयाकृतयः ॥ 8 ॥

ये सब दुगने-दुगने विस्तार वाले हैं। चूड़ी जैसे आकार में एक-दूसरे के आकार को घेरकर बसे हैं। जैसे सबसे पहले एक समुद्र है, फिर उसके बाद एक द्वीप है, फिर एक समुद्र है, फिर एक द्वीप है....ऐसे असंख्य समुद्र और द्वीप हैं। हजार, दो हजार नहीं, बल्कि इस मध्यलोक में जहाँ हम आप रह रहे हैं वहाँ पर असंख्य द्वीप हैं और असंख्य समुद्र हैं।

जम्बूद्वीप की रचना और उसके विस्तार का वर्णन करते हुए आचार्य कह रहे हैं—

तन्मध्ये मेरुनाभिर्वृत्तो योजनशतसहस्रविष्कम्भो जम्बूद्वीपः ॥ 9 ॥

इन द्वीप-समुद्रों के मध्य में एक लाख योजन विस्तारवाला जम्बूद्वीप है। और उस जम्बूद्वीप के बीचोंबीच एक बहुत ऊँचा सुमेरु पर्वत है। वह

इतना ऊँचा है कि स्वर्ग को ही छू लेता है, बस बाल बराबर जगह बचती है।

भरतहैमवतहरिविदेहरम्यकहैरण्यवतैरावतवर्षाः क्षेत्राणि॥ 10॥

इस जम्बूद्वीप में भरत, हैमवत, हरि, विदेह, रम्यक, हैरण्यवत और ऐरावत—ये सात क्षेत्र हैं।

तद्विभाजिनः पूर्वापरायता हिमवन्महाहिमवन्निषधनीलरुक्मि-शिखरिणो वर्षधरपर्वताः॥ 11॥

इस जम्बूद्वीप में छह पर्वत हैं। एक का नाम हिमवन, दूसरे का नाम महाहिमवन, फिर निषध, नील, रुक्मि और शिखरी। ये छह पर्वत पूर्व से पश्चिम तक फैले हुए हैं और उनके बीच-बीच में क्षेत्र बन गये हैं जो सात हैं।

अब इन पर्वतों का वर्णन सुनो-

हेमार्जुनतपनीयवैडूर्यरजतहेममयाः॥ 12॥

ये जो पर्वत हैं, उनमें से एक बिलकुल सोने जैसा है, एक चांदी जैसा है, एक तप्त स्वर्ण जैसा है, एक वैडूर्य नामक मणि होती है उसके जैसा है। ऐसे अलग-अलग तरह के रत्न-पन्ने जैसे वर्ण के ये पर्वत हैं।

मणिविचित्रपार्श्वा उपरि मूले च तुल्यविस्ताराः॥ 13॥

और इनके किनारे मणियों जैसे हैं। और एक बात है कि पहाड़ अक्सर नीचे चौड़े और ऊपर पतले होते चले जाते हैं, मगर ये जो पर्वत हैं वे जैसे ईंट की दीवार खड़ी कर दो, उस प्रकार के हैं। यानी नीचे से ऊपर तक एक समान हैं।

पद्ममहापद्मतिगिञ्छकेशरिमहापुण्डरीकपुण्डरीका ह्रदास्तेषामुपरि॥ 14॥

और इन छह पर्वतों के ऊपर छह सरोवर हैं। एक का नाम पद्म, दूसरे का नाम महापद्म, फिर तिगिञ्छ, केसरी, महापुण्डरीक और पुण्डरीक। उन सरोवरों के ऊपर पहाड़ हैं। देखो, बहुत बड़े-बड़े पहाड़ और पहाड़ों के ऊपर बड़े-बड़े समुद्र।

प्रथमो योजनसहस्रायामस्तदर्द्धविष्कम्भो ह्रदः॥ 15॥

और जो पहला तालाब है वह एक हजार योजन लम्बा और पाँच सौ योजन चौड़ा है। और दूसरा तालाब दो हजार योजन लंबा और एक हजार योजन चौड़ा है। ऐसे ही सब दोगुने-दोगुने बड़े-बड़े तालाब हैं।

दशयोजनावगाहः ॥ 16 ॥

पद्म तालाब की गहराई कितनी है? वह दस योजन गहरा है।

तन्मध्ये योजनं पुष्करम् ॥ 17 ॥

उस तालाब के मध्य में एक-एक योजन बड़ा कमल है।

तद्द्विगुणद्विगुणाः ह्रदाः पुष्कराणि च ॥ 18 ॥

और दूसरे में दो योजन बड़ा कमल का फूल है, तीसरे में चार योजन बड़ा और चौथे में आठ योजन बड़ा कमल का फूल है। इस प्रकार दुगुने-दुगने बड़े तालाब और कमल के फूल हैं।

तन्निवासिन्यो देव्यः श्रीह्रीधृतिकीर्तिबुद्धिलक्ष्म्यः पल्योपमस्थितयः ससामानिकपरिषत्काः ॥ 19 ॥

और पद्म आदि सरोवरों में जो कमल के फूल हैं उन फूलों पर श्री, ह्री, धृति, कीर्ति, बुद्धि, लक्ष्मी नाम की देवियाँ सामानिक और परिषद जाति के देवों के साथ रहती है।

गंगासिन्धुरोहिद्रोहितास्याहरिद्धरिकान्तासीतासीतोदानारीनरकान्ता-सुवर्णरूप्यकूलारक्तारक्तोदाः सरितस्तन्मध्यगाः ॥ 20 ॥

और इन पहाड़ों से गंगा, सिन्धु आदि चौदह नदियाँ निकलती हैं। इस प्रकार सात क्षेत्रों के हर क्षेत्र में दो-दो नदियाँ निकलती हैं। हम लोग मध्यलोक में रहते हैं। और मध्यलोक में भी जम्बूद्वीप में रहते हैं। और जम्बूद्वीप में भी हमारा एरिया है भरतक्षेत्र। और भरतक्षेत्र में जो दो नदियाँ बहती हैं उनके नाम हैं—गंगा और सिन्धु।

द्वयोर्द्वयोः पूर्वाः पूर्वगाः ॥ 21 ॥

इनमें से गंगा नदी पूर्व की ओर बहती है।

शेषास्त्वपरगाः ॥ 22 ॥

और बाकी जो दूसरी सिन्धु नदी है वह पश्चिम की ओर बहती है। बहुत कुछ भूगोल जो हिन्दु पुराणों में है, उससे भी और बहुत कुछ भूगोल आधुनिक विज्ञान से भी काफी कुछ मिलता-जुलता है। इतना अटपटा नहीं है, थोड़ा समझने के फेर से कहीं-कहीं मुसीबत होती है, मगर ज्यादा बड़े मतभेद नहीं हैं।

चतुर्दशनदीसहस्त्रपरिवृता गंगासिन्ध्वादयो नद्यः ॥ 23 ॥

और एक-एक नदी की उपनदियाँ हैं—चौदह हजार। अब देखो गंगा नदी बहती चली आ रही है, मेरठ में अलग निकल गयी, बड़ौत में अलग निकल गयी....। इस प्रकार एक-एक नदी की कुल मिलाकर 14 हजार उपनदियाँ हैं।

भरतः षड्विंशतिपंचयोजनशतविस्तारः षट् चैकोनविंशतिभागाः योजनस्य ॥ 24 ॥

भरत क्षेत्र का विस्तार 526 सही 6 बटा 19 बनता है। इतना बड़ा भरतक्षेत्र का विस्तार है। जरा सोचो कि कैसे नापा-जोखा होगा। कौन ऑर्किटेक्ट मिला होगा। केवली के ज्ञान का कोई मुकाबला नहीं। इतना सूक्ष्म वर्णन ऐसे नाप दिया $526\frac{6}{19}$ ।

तदद्विगुणद्विगुणविस्तारा वर्षधरवर्षा विदेहान्ता ॥ 25 ॥

इस तरह विदेह क्षेत्र तक दुगुना-दुगुना क्षेत्रफल है। देखो यह गोलाई में है, इसलिए इसके क्षेत्रफल से इसका क्षेत्रफल दोगुना हो गया।

उत्तरा दक्षिणतुल्याः ॥ 26 ॥

उत्तर और दक्षिण में समान है। जो शुरु के तीन में होता है वही बाद के तीन में विपरीततः होता है।

भरतैरावतयोर्वृद्धिह्रासौ षट्समयाभ्यामुत्सर्पिण्यवसर्पिणीभ्याम् ॥ 27 ॥

भरत और ऐरावत में छह प्रकार के समय आते हैं और उत्सर्पिणी और अवसर्पिणी के रूप में आते हैं। यहाँ दो मिनट समझने की बात है। यह जो काल का परिवर्तन चलता है उसके भी दो भेद हैं—1. उत्सर्पिणी और 2. अवसर्पिणी। उत्सर्पिणी में सब कुछ उत्तरोत्तर बढ़ता जाता है, अच्छा होता जाता है। अवसर्पिणी में उत्तरोत्तर गिरता जाता है, यानी कम होता जाता है। बाप से बेटा कमजोर, बेटे से उसका बेटा कमजोर.... ये काम होते हैं अवसर्पिणी में। जब चीजें उत्तरोत्तर उन्नति की ओर हों तो उत्सर्पिणी काल है और उत्तरोत्तर अवनति की ओर हों तो अवसर्पिणी काल है। उसमें भी इनके पीरियड छह-छह काल के होते हैं। जैसे वैदिक लोग (हिन्दू लोग) चार काल

बोलते हैं—सतयुग, त्रेतायुग, द्वापरयुग और कलियुग। मगर हमारे यहाँ छह कालों में बाँटा है—पहला काल, दूसरा काल, तीसरा काल, चौथा काल, पाँचवाँ काल और छठा काल। अभी पाँचवाँ काल चल रहा है। पहला काल सुखमा-सुखमा। इसमें सब सुखी ही सुखी रहते हैं। दूसरा काल सुखमा है। इस काल में भी सुख ही है, मगर थोड़ा-कम। तीसरा काल है—सुखमा-दुखमा। इस काल में सुख में थोड़ा-सा दुख मिल जाता है। जैसे आटे में नमक। चौथा काल है—दुखमा-सुखमा। इस काल में आटे जितना दुख होता है और नमक जितना सुख होता है। और यह जो काल चल रहा है पंचमकाल, इसका नाम ही दुखमा है। यहाँ नमक जितना भी सुख नहीं मिलता। तो इस काल में जीते हुए सुख की आशा करना बेकार है। हमारे आचार्यों ने कहा कि अगर आपको सुखी रहना है तो इन दुखों के बीच ही सुखी रहना सीख लो। संसार स्वार्थमय है। यहाँ कोई किसी का नहीं है। संसार में दुख ही दुख है। बड़े-बड़े लोगों ने दुख उठाये हैं। देखो श्रीकृष्ण पैदा हुए तो कोई थाली बजाने वाला भी नहीं था, और जब उनका निधन हुआ तो कोई कन्धा देनेवाला भी नहीं था। राम और सीता ने क्या कम दुख उठाये? कभी-कभी सोचता हूँ कि इतने बड़े राजघराने में पैदा हुए तो भी पहले गुरुकुल में चले गये पढ़ने के लिए, पढ़ लिखकर वापस आये, राज्याभिषेक की तैयारी हुई, तो वह भी तैयारी ही होकर रह गयी। उन्हें उसी समय चौदह साल के लिए वनवास जाना पड़ा। चौदह साल वहाँ दुख झेलकर वापस आये तो फिर बदनामी हो गयी, जिसके कारण पत्नी को जंगल में छोड़ दिया और स्वयं रोते-धोते बैठे। अग्नि-परीक्षा भी हो गयी तो भी कोई फायदा नहीं हुआ। सुख की जिन्दगी शुरू ही नहीं हो सकी। सीता ने भी कौन-सा सुख भोगा? कहने का मतलब संसार के अन्दर दुख ही दुख भरा हुआ है। इसलिए इस दुख के बीच भी जो सदा मुस्कुराता रहे, दुखी न हो, वही धर्मात्मा है। समस्त आचार्यों ने प्रसन्न रहने के लिए लिखा है—

नहि विषादो विधेयात्र तद्धि वैदुष्यजं फलम्। (—पांडवपुराण)

आपने शास्त्र पढ़े, जिनवाणी पढ़ी—इसका फायदा क्या? आपने आम का पेड़ लगाया और यदि उसमें फल नहीं आये तो उसे लगाने से क्या

फायदा? ऐसे ही शास्त्र पढ़े, धर्मध्यान किया तो कहते हैं कि सदा खुश रहो। एक विद्वान ने लिखा है कि तुम्हारा सब कुछ तुमसे छिन जाये, तुम्हारे पास दो ही पैसे बच जाये तो तुम एक पैसे से रोटी ले लो और दूसरे पैसे से गुलाब। क्यों? गुलाब का क्या प्रयोजन? वह विद्वान यह कहना चाहता है कि गुलाब तुमको यह शिक्षा देगा कि इतने कांटों के बीच में भी मैं मुस्कुराता रहता हूँ, तुम भी मुस्कुराओ। एक बहुत सुन्दर दोहा है-

सुख दुख या संसार में, सब काहू के होय।
ज्ञानी काटे ज्ञान से, मूरख काटे रोय॥

कितना बढ़िया दोहा है। हमारे पूर्व कर्म के उदय से सुख-दुख मिल रहा है उसे चाहे रो-धो कर काट लो या शान्तिपूर्वक सहन कर लो। इसलिए किंचित् मात्र भी विषाद मत करो। हँसते रहो, चौबीस घंटे मन पर प्रसन्नता बनी रही चाहिए। कोई बात नहीं। दुख भी मानव की सम्पत्ति है। इस तरह उसके पॉजिटिव पॉइंट सोचो। सुख में होते तो हम गाफिल हो जाते, दुख हमें सावधान किये रहता है, धर्मध्यान की ओर प्रेरित करता है। कबीर ने लिखा-

सुख के ऊपर सिल परो, नाम हरि को जाय।
बलिहारी वा दुख की, पल पल राम रटाय॥

ऐसे सुख का क्या करें, जो हमें धर्म, न्याय, नीति सब भुला दे? दुख हमें होश में रखता है। इसलिए दुख में भी प्रसन्न रहने की कला सिखाने की बातें हैं ये।

इस तरह से पंचम काल चल रहा है। जरा यह सोचो कि हम तो पंचम काल में पैदा हुए हैं, छठे में पैदा हुए होते तो? आचार्य पूज्यपाद ने समाधितन्त्र में लिखा है कि अगर इस दुखमय संसार में सुखी रहने की कला सीखनी है तो सदा दुखियों को देखा करो। हमें थोड़ा पानी नहीं आता, वहाँ देखो जहाँ बिलकुल नहीं आता। थोड़ी देर के लिए बिजली चली जाती है तो हम परेशान हो जाते हैं, परन्तु जरा सोचो कि जहाँ बिलकुल नहीं आती है तो उनकी क्या हालत होती होगी? किसी-किसी की आदत होती है कि वे गुण नहीं देखते, दोष ही देखते हैं। एक छोटा-सा दृष्टान्त देता हूँ। यह बड़े काम का है और यह आपको सदा परिणाम अच्छे रखने की शिक्षा देगा।

एक आदमी घूमने गया। बगीचे में जब वह पहुँचा तो उसने जीवन में पहली बार गुलाब का फूल देखा। उस फूल को देखकर उसका मन गद्गदित हो रहा था। मगर मुँह से बोलने का मौका आया तो बोला—'काश! इसमें काँटे नहीं होते तो कितना अच्छा होता।' उसे फूल अच्छा लग रहा था, मगर उसने सर्टिफिकेट दिया कि तेरे अन्दर काँटे हैं।

फिर आगे गया तो एक कोयल बोल रही थी। कोयल की आवाज भी वह पहली बार सुन रहा था। कोयल की आवाज भी उसे बहुत अच्छी लग रही थी। ऐसे लग रहा था मानो किसी ने कान में मिश्री घोल दी हो। बहुत खुशी मिल रही थी उसे, बहुत आनन्द मिल रहा था। मगर जब उसने उस कोयल को देखा तो बोला—'काश, तू काली नहीं होती तो!' और आगे गया तो सामने विशाल समुद्र लहरा रहा था। ओ....हो...इतना विशाल जलाशय उसने कभी नहीं देखा था। उसे देखकर उसका मन प्रसन्न हो गया। वह बैठ गया और किनारे पर खूब जलक्रीड़ा करने लगा। खूब हाथ-मुँह धोया। और जब बाहर आने लगा तो बोला कि 'काश तू खारा नहीं होता।' अब तक शाम हो गयी थी। जब वह लौटने लगा तो उस दिन शरद पूर्णिमा थी। चन्द्रमा अपनी पूरी सोलह कलाओं के साथ खिला हुआ था। आज वह अपना नाम 'सुधाकर' चरितार्थ कर रहा था, अमृत बरसा रहा था। उसने इतनी अच्छी चाँदनी की शीतलता का अनुभव जीवन में पहले कभी नहीं किया था। वह खूब खुश हो रहा था कि वाह क्या चाँदनी है। मगर फिर भी बोला, 'काश, तेरे अन्दर कलंक नहीं होता।' जब वह लौट रहा था तो पीछे से उसे गुलाब ने, कोयल ने, समुद्र ने और चन्द्रमा ने, चारों ने मिलकर एक साथ आवाज लगायी—अरे ओ मनुष्य, अरे ओ इस सृष्टि के सुन्दरतम् बुद्धिजीवी प्राणी! जरा रुक, तू कितना महान है, सृष्टि में 84 लाख योनियों में तू कितना अच्छा है, परन्तु काश, तेरे अन्दर ये दोष देखने की आदत नहीं होती तो कितना अच्छा होता! तू भगवान होता। तेरे और भगवान में यही तो कसर है कि भगवान तो सारे जगत को सिर्फ जानते और देखते हैं, और तू जहाँ देखता है, वहीं कमी देखता है, अपनी सील लगाता है कि ये बुरा है, ये बुरा है। हरेक पर ठप्पा मारे बिना तुझे चैन नहीं मिलती। तू इस कमी को यदि छोड़ दे तो तू भगवान बन जाये।

इसलिए हम अगर अपना भला चाहते हैं तो दोष देखने की आदत छोड़ दें। गुण ग्रहण करने के लिए पूरी झोली फैला दें। जिसमें जो अच्छाई मिले, ग्रहण करें। हमें गुणग्राही बनना चाहिए। हम पंचम काल में पैदा हुए हैं। यह संसार ही दुखमय है। इसलिए यहाँ पर ज्यादा सुख की आशा करना ही बेकार है।

जब पंचम काल में पैदा हुए तो नाभिराज और मरुदेवी जैसे रिश्ते तो मिलने से रहे। कमियाँ ढूँढ़ते फिरेंगे तो ढूँढ़ते रहो जिन्दगी भर। इससे बढ़िया है कि एक-दूसरे के गुणों को देखकर फायदा उठाओ तो सुखी-सुखी जिन्दगी कट जाएगी। इस काल में इस क्षेत्र में हो, तो उसके लिए अपनी औकात का पता तो रखो। बढ़िया कर्म करके आते तो पैदा होते चौथे काल में। कर्म तो पाँचवें काल में पैदा होने के लिए किये हैं तो पाँचवें काल जैसे संयोगों में ही जीना पड़ेगा कि नहीं ? तो हमें देखना चाहिए कि हम कहाँ खड़े हैं।

ताभ्यामपरा भूमयोऽवस्थिताः ॥ 28 ॥

भरत और ऐरावत क्षेत्र के अतिरिक्त सभी क्षेत्रों में सदा एक-सा काल रहता है।

एकद्वित्रिपल्योपमस्थितयो हैमवतकहारिवर्षकदैवकुरवकाः ॥ 29 ॥

(बोर्ड पर चित्र दिखाते हुए) ये जो बीच में सुमेरु पर्वत है, इसके आसपास जो जरा से गोले बने हुए हैं, उनमें से एक का नाम देवकुरु है और एक का नाम उत्तरकुरु है। वहाँ अभी भी भोगभूमि है। हैमवत, हरिवर्ष और देवकुरु के मनुष्यों की आयु क्रम से एक, दो और तीन पल्य की होती है।

तथोत्तराः ॥ 30 ॥

वैसी ही आयु उत्तरवर्ती क्षेत्रों के मनुष्यों की भी समझनी चाहिए।

विदेहेषु संख्येयकालाः ॥ 31 ॥

विदेह क्षेत्रों के जीवों की आयु संख्यातों वर्षों की होती है।

भरतस्य विष्कम्भो जम्बूद्वीपस्य नवतिशतभागः ॥ 32 ॥

भरतक्षेत्र का विस्तार जम्बूद्वीप के कुल विस्तार का एक सौ नब्बेवाँ हिस्सा है, जो 526 सही 6/19 होता है, क्योंकि जम्बूद्वीप का कुल विस्तार एक लाख योजन है।

द्विर्धातकीखण्डे ॥ 33 ॥

दूसरे द्वीप का नाम धातकीखंड है, जो पहले द्वीप जम्बूद्वीप से क्षेत्र नदी,

पर्वत आदि सभी पदार्थों के सम्बन्ध में दुगुना-दुगुना है।

पुष्करार्द्धे च॥ 34॥

इसी प्रकार तीसरे पुष्करद्वीप के आधे हिस्से में भी सभी कुछ जम्बूद्वीप से दुगुना-दुगुना है।

प्राङ्मानुषोत्तरान्मनुष्याः॥ 35॥

मनुष्य इन ढाई द्वीपों में ही पाये जाते हैं। इसके बाद मानुषोत्तर पर्वत आ जाता है जिसके पार कोई मनुष्य नहीं जा सकता।

आर्या म्लेच्छाश्च॥ 36॥

मनुष्य दो प्रकार के होते हैं—आर्य और म्लेच्छ।

भरतैरावतविदेहाः कर्मभूमयोऽन्यत्र देवकुरूत्तरकुरुभ्यः॥ 37॥

इन ढाई द्वीपों में पाँच भरत, पाँच ऐरावत और पाँच विदेह—ये कुल मिलाकर पन्द्रह कर्मभूमियाँ हैं। किन्तु देवकुरु और उत्तरकुरु भोगभूमि है। जहाँ असि, मसि, कृषि, विद्या, वाणिज्य और शिल्प—इन षट्कर्मों की प्रवृत्ति होती है, उसे कर्मभूमि कहते हैं।

नृस्थिती परावरे त्रिपल्योपमान्तर्मुहूर्ते॥ 38॥

मनुष्यों की अधिकतम आयु तीन पल्य होती है और न्यूनतम आयु अन्तर्मुहूर्त होती है।

तिर्यग्योनिजानाञ्च॥ 39॥

तिर्यंचों की आयु भी मनुष्यों के ही समान अर्थात् उत्कृष्ट आयु तीन पल्य और न्यूनतम आयु अन्तर्मुहूर्त होती है।

इति तत्त्वार्थाधिगमे मोक्षशास्त्रे तृतीयोऽध्यायः।

''सन्दिग्धेऽपि परे लोके, त्याज्यमेवाशुभं बुधैः।
यदि नास्ति ततः किं स्यात्, यद्यस्ति नास्तिको हतः॥''

अर्थ—परलोक की सत्ता संदिग्ध हो, फिर भी बुद्धिमान व्यक्ति को अशुभ कार्य छोड़ देने चाहिए, क्योंकि यदि परलोक नहीं है तो क्या हुआ, किन्तु यदि हुआ तो नास्तिक (अशुभ आचरण करने वाला) तो नष्ट ही हो जाएगा।

चौथा अध्याय

"जीवमजीवं दव्वं जिणवरवसहेण जेण णिद्दिट्ठं।
देविंदविंदवंदं वंदे तं सव्वदा सिरसा॥ "

(द्रव्यसंग्रह, गाथा 1)

अर्थ—जिन ऋषभदेव भगवान ने हमें जीव और अजीव—इन दो द्रव्यों का ज्ञान, भेदज्ञान कराया है, उन्हें मैं सदा सिर झुकाकर प्रणाम करता हूँ।

आज जीव तत्त्व के निरूपण का अन्तिम अध्याय है। कल अजीव तत्त्व का बहुत ही मार्मिक वर्णन आने वाला है। जीव जहाँ रहता है उस लोक का वर्णन करनेवाले दो अध्याय हैं—तीसरा और चौथा। तीसरे अध्याय में अधोलोक का वर्णन हुआ है और अब चौथे अध्याय में आचार्यदेव ऊर्ध्वलोक का वर्णन कर रहे हैं। ऊर्ध्वलोक में ऊपर स्वर्ग है और उससे ऊपर सिद्धशिला है। सिद्धशिला भी ऊर्ध्वलोक में ही है। हमें अपने उस अंतिम लक्ष्य को भी याद रखना चाहिए।

क्या है ऊर्ध्वलोक में—

देवाश्चतुर्णिकायाः ॥ 1 ॥

ऊर्ध्वलोक में चार प्रकार के देव हैं। चतुर्णिकायाः—इसमें 'निकाय' माने ग्रुप, वर्ग। चार वर्गों में विभाजित होनेवाले या कहिए कि चार प्रकार के देव हैं। यह बड़ा अच्छा सूत्र है। जैनदर्शन हर बात को जैसे है वैसे ही कहता है। कितने ही लोग कहते हैं कि भूत, प्रेत, व्यन्तर आदि होते हैं और उनसे

डरते भी हैं कि वे ये कर देंगे, वो कर देंगे। ऐसा अतिरेकवादी भी जैनदर्शन नहीं है और वे हैं ही नहीं, ऐसा लोपवादी भी नहीं है। जैनदर्शन यह भी नहीं कहता कि ये होते ही नहीं हैं और यह भी नहीं कहता कि ये होते हैं तो तुम इनसे डरो। जो बात जैसी है, वैसी कहनेवाला जैनदर्शन है। जैसे 10 + 10 = 20 होता है। अब यहाँ पर 19 कहना भी गलत है और 21 कहना भी गलत है। एक व्यक्ति से पूछा कि 'बताओ 10 और 10 कितने होते हैं?' तो बोला, '21'। दूसरे से पूछा तो उसने कहा कि '20'। जब उसे पता चला कि 20 सही उत्तर है तो कहने लगा कि 'तो क्या हुआ? मैंने एक ज्यादा ही तो बताया था, कम तो नहीं बताया, एक फालतू ही तो बोला है।' अरे भइया, ये गणित है गणित! बनिये की दुकान नहीं। यहाँ पर फालतू-वालतू नहीं चलता। यहाँ तो जैसे 19 गलत है, वैसे ही 21 भी गलत है। इसलिए सच्चाई जानना जरूरी है।

इसलिए आचार्य कहते हैं कि देव चार प्रकार के होते हैं। यहाँ पर एक बात मैं और बता दूँ कि हमारे शास्त्रों में 'देव' शब्द का प्रयोग दो अर्थों में होता है। एक तो देवाधिदेव, वीतराग देव, जिनेन्द्रदेव। एक तो वे देव हैं। वे स्वर्ग के देवगति के जीव नहीं हैं। वे तो अरिहन्तदेव हैं। इसी प्रकार सिद्ध भी देव कहे जाते हैं। मगर यहाँ इन देवों की चर्चा नहीं है। यहाँ पर तो उन देवों की चर्चा कर रहे हैं जो संसारी प्राणी हैं और जन्म-मरण के चक्र में ही चल रहे हैं। वे स्वर्ग में हैं जरूर, मगर वे चार गति के चक्र में ही हैं, उससे बाहर नहीं निकले हैं। यहाँ उन देवों की बात चल रही है। वे देव चार प्रकार के होते हैं—1. भवनवासी, 2. व्यन्तर, 3. ज्योतिषी और 4. वैमानिक। इस क्रम को याद रखना है, क्योंकि इनकी चर्चा आगे बार-बार होनेवाली है। वैमानिक देवों को आगे चलकर दो भागों में बांटेंगे। एक कल्पवासी और दूसरे-कल्पातीत।

आदितस्त्रिषु पीतान्तलेश्याः ॥ 2॥

आदि के तीन यानी शुरु के तीन अर्थात् भवनवासी, व्यन्तर और ज्योतिषी—इन तीनों में पीतान्त लेश्या होती है। अब लेश्यायें भी क्रम से याद होना जरूरी है। पीतान्त लेश्या यानी पीतपर्यंत लेश्या पाई जाती है। इसका मतलब है कि छह लेश्याओं के नाम शुरू से बोलो और जब पीत आ जाये तो

रुक जाओ। कैसे? क्रमशः कृष्ण लेश्या, नील लेश्या, कापोत लेश्या और पीत लेश्या। भवनवासी, व्यन्तर और ज्योतिषी देव कैसे होते हैं, उनके परिणाम कैसे होते हैं, उसे बताने के लिए यह सूत्र है। इन तीनों प्रकार के देवों के मन कैसे होते हैं? किसी को कृष्ण लेश्या के परिणाम होते हैं। यानी अत्यन्त खतरनाक, अपना और दूसरे का बुरा करनेवाले। किसी के नील लेश्या के होते हैं, किसी के कापोत लेश्या के होते हैं, और यदि बहुत बढ़िया परिणाम हो जाय तो इन तीन प्रकार के देवों में ज्यादा से ज्यादा बढ़िया परिणाम होंगे तो पीत लेश्या के होंगे, इससे बढ़िया परिणाम नहीं हो सकते। किनमें? भवनवासी, व्यन्तर और ज्योतिषी देवों में। अब ऐसा इनमें कोई डिवीजन नहीं बनाया कि इनको यह लेश्या होती है, उनको यह नहीं होती है। आचार्य ने ग्रुपरूप से कथन कर दिया कि इन तीन प्रकार के देवों में ये चार प्रकार की लेश्यायें होती हैं। अब किसके कौन-सी है—ऐसा नहीं कह सकते। हर भवनवासी देव को कृष्ण लेश्या होती है—ऐसा नहीं है। बड़े अच्छे परिणाम वाले धर्मानुरागवश सहायता करने वाले भवनवासी देवी-देवता भी हैं। ऐसा भी नहीं है कि व्यन्तर जाति के हर देव कृष्ण लेश्या के होते हैं। व्यन्तरों के भी बड़े अच्छे परिणाम होते हैं। चारों प्रकार के देवता भगवान के समवशरण में जाते हैं। तो जो भगवान के समवशरण में जाते होंगे उनके परिणाम कृष्ण लेश्या जैसा समझना गलत हो जाएगा। इसलिए बहुत विवेक रखकर, जबान सँभालकर हमें बोलना है। कोई बात हमारे जुबान से आगम के विरुद्ध निकल जाये तो देवों का अवर्णवाद हो जाएगा तो दर्शनमोहनीय का बन्ध हो जाएगा। इसलिए जैसा है वैसा ही हमें बताना है। और आप देखना कि आगे भी देवगति का वर्णन आएगा। मगर कहीं पर यह वर्णन नहीं आया कि देवता बलि माँगते हैं, सुरापान करते हैं, अथवा मद्य-माँस आदि भेंट माँगते हैं। वे उल्टा-सीधा खाते-पीते हैं। इस तरह की बातें करना घोर अनर्थकारी है और घोर पापकारी है। कोई भी देवी-देवता इस तरह का नहीं है। अरे, देवों की खानपान की व्यवस्था ही अलग है। सभी देवों को अमृत का ही आहार होता है। और वह भी एक सिस्टम के तहत होता है। इसलिए जैसी स्थिति है, वैसी बोलनी चाहिए। देवी-देवताओं के नाम पर कोई गलत

लांछन (दोष) लगाना अच्छी बात नहीं है। उनको बढ़ा-चढ़ाकर पेश करना, ये भी गलत है और उनको बहुत घटा-पिटाकर बताना, ये भी गलत है। इसलिए जो जैसा है उसे वैसा समझना जरूरी है।

भवनवासी देव : भवनवासी देव कौन होते हैं? जो भवनों में रहते हैं। इनके अकृत्रिम भवन होते हैं। और इनके हर भवन में जिन-चैत्यालय होते हैं और रत्नमय प्रतिमायें होती हैं। वे हर दिन प्रतिमाओं के दर्शन करते हैं। वे भवनवासी देव हैं।

व्यन्तर देव : भूत-प्रेत आदि व्यन्तर देव कहलाते हैं, जिनका वर्णन अभी आगे और आएगा।

ज्योतिषी देव : सूर्य, चन्द्र, तारे, ग्रह, नक्षत्र—ये सब ज्योतिष देव हैं।

वैमानिक देव : वैमानिक देव दो तरह के हैं—कल्पवासी और कल्पातीत। सोलह स्वर्गों में जो देव रहते हैं, वे कल्पवासी देव हैं। और 16 स्वर्गों के ऊपर 9 ग्रैवेयेक हैं, उसके ऊपर 9 अनुदिश हैं, और उसके ऊपर 5 अनुत्तर हैं। ऐसे करीब 23 और भी पटल हैं। उन पटलों में रहने वाले देव कल्पातीत कहलाते हैं। ये नाम क्यों पड़े? कल्प माने कल्पना। इन 16 स्वर्गों के देवों में भेद-कल्पना होती है कि ये छोटा है, ये बड़ा है, ये बॉडीगॉर्ड है, ये पुलिस जैसा है, ये गुरु जैसा है, आदि। इसलिए इन 16 स्वर्गों में रहने वाले देवों को कल्पवासी कहते हैं। और 16 स्वर्गों के ऊपर जो ग्रैवेयक, अनुत्तर और अनुदिश हैं उनमें ऐसी कोई छोटे-बड़े आदि की कल्पना नहीं है। वहाँ सारे के सारे देव 'अहमिन्द्र' कहलाते हैं। अहं इन्द्र नाम क्यों है? क्योंकि जितने भी देव हैं, सबके सब अहं इन्द्र हैं, यानी मैं किसी के अधीन हूँ, ऐसी फीलिंग उन्हें नहीं होती। नीचे के 16 स्वर्गों में कोई किसी के अधीन है, कोई किसी के अधीन है। मगर 16 स्वर्गों के ऊपर ऐसा कोई किसी के ऊपर हुकुम नहीं चला सकता। हर एक देवता अपने-आपको अहमिन्द्र समझते हैं। अहमिन्द्र का मतलब कि मैं ही इन्द्र हूँ। और जो ऊपर ग्रैवेयक, अनुत्तर, अनुदिश में रहते हैं वे भी वैमानिक हैं; पर उनमें कोई कल्पना नहीं है, कल्पना से अतीत हैं, इसलिए उनको कल्पातीत बोलते हैं।

दशाष्टपंचद्वादशविकल्पाः कल्पोपपन्नपर्यन्ताः ॥ 3 ॥

अब इन भवनवासी, व्यन्तर, ज्योतिष एवं वैमानिक के भेदों की स्थिति है, उसको समझाने के लिए बताते हैं कि भवनवासी दस प्रकार के होते हैं, व्यन्तर आठ प्रकार के होते हैं, ज्योतिष पाँच प्रकार के होते हैं और कल्पवासी वैमानिक देव 12 प्रकार के होते हैं।

इन्द्रसामानिकत्रायस्त्रिंशपारिषदात्मरक्षलोकपालानीकप्रकीर्णकाभियोग्य-किल्विषिकाश्चैकशः ॥ 4 ॥

जैसा कि कहा गया कि इनमें छोटे-बड़े की कल्पना होती है, तो कौन-सी कल्पना होती है, उसको यहाँ स्पष्ट करते हैं। इसके लिए यह चौथा सूत्र आया है। देव 10 प्रकार के होते हैं—इन्द्र, सामानिक, त्रायस्त्रिंश, आत्मरक्ष, लोकपाल, अनीक, प्रकीर्णक, आभियोग्य और किल्विष।

देवगति के दुःख देखो आप! देवगति में भी कैसे-कैसे ऊँच-नीच गति के भेद होते हैं! कोई देव इन्द्र जैसा जीवन जीता है। वह अपनी आज्ञा-ऐश्वर्य का मालिक होता है। दूसरों पर अपना हुकुम चलाता है। कोई इन्द्र है, कोई सामानिक है। सामानिक यानी इन्द्र के समान है, पर एक ही फर्क है कि उसकी आज्ञा (हुकुम) नहीं चलती, जबकि इन्द्र की आज्ञा चलती है। मगर ये सामानिक आदरणीय हैं। जैसे कोई गुरु हों, माता-पिता हों, उनको भी राजा जैसे ही मानते हैं, मगर डरते राजा से ही हैं। वैसे ही ये सामानिक भी इज्जतदार हैं, मगर इनकी कोई हुकुम या आज्ञा नहीं चलती है। त्रायस्त्रिंश यानी इनकी गिनती 33 है। ये राज्यसभा के मेंबर जैसे हैं। और पारिषद यानी ये विधानसभा के सदस्य जैसे हैं। आत्मरक्ष यानी बॉडीगॉर्ड जैसे हैं। स्वर्गों में किसी को बॉडीगार्ड की जरूरत नहीं है। वहाँ कोई एके 47 लेकर घूमता नहीं है। किसी को किसी का डर नहीं है कि कोई बाईक वाला आएगा, मोबाईल छीन ले जाएगा, पर्स छीन ले जाएगा, इस प्रकार का कोई डर नहीं है। मगर नाक बड़ी ऊँची है न! तू मेरा बॉडीगार्ड बन जा। देवगति में भी बहुत तकलीफ होती है, ईर्ष्या बहुत होती है। और वह ईर्ष्या उनको रात-दिन अग्नि की तरह जलाती रहती है।

लोकपाल यानी पुलिस जैसी व्यवस्था। पुलिस बनकर घूमते-फिरते

हैं। अब वहाँ पर पुलिस की क्या जरूरत है? जरूरत तो नहीं है, मगर हुकुम तो हुकुम है। आदेश दे दिया तो उन्हें जाना पड़ता है। तुम ये काम करो। बस आर्डर पाते ही उन्हें जाना पड़ता है और वह काम करना पड़ता है।

उन्हें उसकी तनख्वाह भी नहीं मिलती। यहाँ पर तो ऐसी व्यवस्था है कि जिस ऑफिस से आपका गुजारा नहीं हो रहा है, वहाँ से आप स्वेच्छा से इस्तीफा देकर जा सकते हो। मगर वहाँ तो नौकरी की सैलरी भी नहीं मिलती, फिर भी वे इस्तीफा भी नहीं दे सकते, उन्हें ड्यूटी करनी ही पड़ेगी। कल्पना करो कि स्वर्ग के नाम पर, देवगति के नाम पर जिनके मुँह में पानी आता हो, उन्हें सोचना चाहिए कि देवगति में कोई लड्डू नहीं रखे हैं। वहाँ कोई सुख नहीं धरा है। दूर के पहाड़ सुन्दर जैसी स्थिति है वहाँ की। नौकरी करनी पड़ेगी वहाँ। नीलांजना अप्सरा मरने वाली थी, उसे पता भी था; क्योंकि हर देव को छह महीने पहले ही पता चल जाता है। अब जरा सोचो कि यदि हमें पता चल जाये कि हमें छह दिन बाद या पाँच दिन मर जाना है तो क्या होगा! और उन्हें पता चलता है तो परिणाम खराब करते रहते हैं। अच्छे देव भी हैं, वे जानते भी हैं कि आयु तो क्षीण होनी ही है, इसलिए वे अपने परिणाम भी धर्ममय अच्छे रखते हैं। लेकिन ज्यादातर तो परिणाम खराब करते ही हैं। नीलांजना को पता था, मगर ऑर्डर आ गया कि 'जाओ अयोध्या में ऋषभदेव के दरबार में नृत्य करो।' 'अरे क्या नृत्य करूँ, मेरी तो मौत आ गयी है!' 'नहीं, कुछ नहीं, तुम जाकर नृत्य करो।' यह नहीं कह सकते कि 'मेरी तबियत खराब है, मैं नहीं जा सकता।' 'यहाँ (मध्यलोक में) तो तबियत ठीक नहीं हो तो सी.एल., ई. एल., एम. एल., पी. एल. कितनी सुविधायें मिलती हैं। फोन करके कह दिया कि आज मेरे सिर में दर्द है, आज ऑफिस नहीं आ सकता। बस, ऑफिस से छुट्टी! यहाँ कितनी सुविधा है जरा सोचो! आप जब चाहो छुट्टी ले सकते हो! मगर वहाँ पर नीलांजना ये नहीं कह सकती थी कि आज मुझे बुखार है, मैं नहीं जा सकती। वहाँ पर कोई भी बहाना नहीं चलता। जरा सोचो तो सही कि कितनी दु:खद स्थिति होगी!

अनीक यानी सेना होती है। तू हाथी बन जा, तू घोड़ा बन जा। ऐरावत हाथी कोई तिर्यंच गति का जीव नहीं है। एक देवता को ही ऑर्डर दे दिया इन्द्र

ने कि बनो ऐरावत। अब उसके पास कोई चारा नहीं है। उसे हाथी बनना ही पड़ेगा। उसके पास कोई विकल्प नहीं है।

प्रकीर्णक यानी पब्लिक जो गाँव और शहरों में रहने वालों के समान हैं वे प्रकीर्णक कहलाते हैं। आभियोग्य—जो दास के समान हैं, वे आभियोग्य कहलाते हैं। किल्विषिक- ये बहुत ही नीच जाति के होते हैं। इनकी स्थिति सफाई कर्मचारी जैसी है। ये समवशरण में नहीं जा सकते। वैसे स्वर्ग में कोई झाड़ू-पोंछे की जरूरत नहीं है, मगर बस ऑर्डर है। ऑर्डर दे दिया कि लगाओ पोंछा तो बस उन्हें लगाना ही पड़ेगा। वे यह नहीं कह सकते कि फर्श तो साफ है, पोंछा लगाने की जरूरत नहीं है।

16 स्वर्गों में इस तरह का भेद है। 16 स्वर्गों के ऊपर जो देव हैं, वहाँ ऐसा नहीं है कि तुम पुलिस वाले हो, तुम सेना हो, तुम हाथी बनो, तुम सामानिक इन्द्र हो, आदि प्रकार की ऐसी कोई भेद-कल्पना 16 स्वर्गों के ऊपर नहीं है। वहाँ सबके सब अहमिन्द्र की तरह अनुभव करते हैं। लेकिन 16 स्वर्गों तक इस तरह की भेद-कल्पना चलती है, इसलिए उनको कल्पवासी कहते हैं।

त्रायस्त्रिंशलोकपालवर्ज्या व्यन्तरज्योतिष्काः ॥ 5 ॥

वहाँ पर व्यन्तर और ज्योतिष की एक और बुरी हालत है कि वहाँ पर राज्यसभा के सदस्यों जैसी और लोकपाल की पदवी जैसी भी व्यवस्था नहीं है। आभियोग्य और किल्विषिक तो हैं, मगर बढ़िया पदवी नहीं हैं।

पूर्वयोर्द्वीन्द्राः ॥ 6 ॥

इन सबमें एक-एक के दो-दो इन्द्र होते हैं। कुल मिलाकर सौ इन्द्र होते हैं। हम सब कहते हैं ना कि शतेंद्रपूजित भगवान अर्थात् भगवान सौ इन्द्रों के द्वारा पूजित हैं। सौ इन्द्र कौन से होते हैं? भवनवासियों के 40 इन्द्र माने गये हैं। व्यन्तरों के 32 इन्द्र माने गये हैं। कल्पवासियों के 24 इन्द्र माने गये हैं। और ज्योतिष के दो इन्द्र हैं—सूर्य और चन्द्रमा। एक तिर्यंच गति का सिंह और एक मनुष्य गति का चक्रवर्ती। ऐसे कुल मिलाकर सौ इन्द्र होते हैं।

कायप्रवीचारा आ ऐशानात् ॥ 7 ॥

16 स्वर्गों में पहले स्वर्ग का नाम है—सौधर्म स्वर्ग और दूसरे स्वर्ग का

नाम है ऐशान स्वर्ग। तो काम-सेवन वहाँ कैसे होता है? प्रवीचार यानी काम-सेवन। भवनवासी, व्यन्तर, ज्योतिषी और पहले तथा दूसरे स्वर्ग वाले देवों का काम-सेवन ऐसे ही है जैसे मनुष्यगति में होता है, काय से। लेकिन-

शेषाः स्पर्शरूपशब्दमनःप्रवीचाराः ॥ 8 ॥

उनसे ऊपर के देवों में कामसेवन की स्थिति में फर्क आता चला गया है। नीचे दूसरे स्वर्ग तक मनुष्यों जैसा, लेकिन बाद में ऊपर के कुछ स्वर्गों में देवांगनाओं के सिर्फ स्पर्शमात्र से कामतृप्ति हो जाती है। उससे ऊपर देवांगनाओं का केवल रूप देखने मात्र से तृप्ति हो जाती है, उसके ऊपर देवांगनाओं की सिर्फ आवाज सुनने से कामतृप्ति हो जाती है, और उससे ऊपर देवांगनाओं का मन से चिन्तन करने, याद करने मात्र से काम की तृप्ति हो जाती है।

परेऽप्रवीचाराः ॥ 9 ॥

और उसके बाद के स्वर्गों में मन से भी कोई काम-सेवन की भावना पैदा नहीं होती। अर्थात् बाकी के सब देव विषय-सुख से रहित हैं।

भवनवासिनोऽसुरनागविद्युत्सुपर्णाग्निवातस्तनितोदधिद्वीपदिक्कुमाराः ॥ 10 ॥

भवनवासियों के दस भेद हैं। भवनवासियों के हर नाम के आगे 'कुमार' लगता है, क्योंकि ये चंचल प्रकृति के होते हैं, टीनेजर की तरह उछल-कूद ज्यादा करना इनका स्वभाव होता है। असुरकुमार, नागकुमार, विद्युत्कुमार, सुपर्णकुमार, अग्निकुमार, वातकुमार, स्तनितकुमार, उदधिकुमार, द्वीपकुमार और दिक्कुमार—ये उनके नाम हैं।

व्यन्तराः किन्नरकिम्पुरुषमहोरगगन्धर्वयक्षराक्षसभूतपिशाचाः ॥ 11 ॥

व्यन्तरों के ये 8 प्रकार हैं—किन्नर, किम्पुरुष, महोरग, गन्धर्व, यक्ष, राक्षस, भूत और पिशाच। इस तरह से व्यन्तरों के 8 भेद हैं।

ज्योतिष्काः सूर्याचन्द्रमसौ ग्रहनक्षत्रप्रकीर्णकतारकाश्च ॥ 12 ॥

ज्योतिषी देव पाँच प्रकार के हैं। उनके नाम हैं—सूर्य, चन्द्रमा, ग्रह, नक्षत्र और प्रकीर्णक/तारे।

देखो, ज्योतिषी देवों के भवनों में, विमानों में भी चैत्यालय होते हैं। सूर्य में भी चैत्यालय है। ये जो सूर्यनमस्कार की प्रथा चलती है, वह असल में

सूर्य को नमस्कार नहीं करते हैं, बल्कि सूर्य के विमान में जो जिनबिम्ब विराजमान हैं, उनको नमस्कार किया जाता है। मगर जो कुछ समझे नहीं वे बोले कि सूर्य को ही नमस्कार करते हैं।

मेरुप्रदक्षिणा नित्यगतयो नृलोके॥ 13॥

ये जितने भी ज्योतिषी देव हैं, वे मनुष्यलोक में मेरुद्वीप की निरन्तर प्रदक्षिणा करते रहते हैं। देखो, सूर्य, चाँद, तारे घूमते हैं। वैज्ञानिक कहते हैं कि पृथ्वी घूमती है, मगर यहाँ क्या लिखा है कि सूर्य, चन्द्र घूमते हैं। और सूर्य, चन्द्र एक-एक नहीं हैं। सैकड़ों सूर्य, चन्द्रमा हैं। अभी थोड़े दिन पहले एक वैज्ञानिक रिपोर्ट आई थी कि आकाश में लगभग सत्तर-बहत्तर चन्द्रमा होने चाहिए। दरअसल चक्कर क्या पड़ रहा है कि वैज्ञानिकों की खोज तो जारी है—वह तो लगातार चल रही है, मगर यहाँ तो सर्वज्ञ-कथित पूर्ण व्यवस्था है, इसलिए कुछ फर्क निकलते हैं। पर यदा-कदा कुछ तालमेल की बातें भी आती हैं।

तत्कृतः कालविभागः॥ 14॥

और जो काल-विभाग है अर्थात् ये दिन हो गया, रात हो गयी, ये महीना हो गया, पखवाड़ा हो गया, दक्षिणायन हो गया, उत्तरायण हो गया, अब जनवरी है, फरवरी है, अब चैत्र, वैसाख है। ये सब काल-विभाग इसीलिए बन रहा है कि ये सूर्य-चन्द्र सुमेरु पर्वत के चक्कर लगा रहे हैं। इनके चक्कर लगाने से दिन-रात की, महीने की व्यवस्था बनी हुई है। अगर ये ऐसे चक्कर न लगाते तो ऐसी व्यवस्था नहीं बनती। ये जो दिनों की गिनती हम करते हैं, वह सूर्य, चन्द्रमा की गति के कारण करते हैं। सूर्य का चक्कर एक पूरा हो गया तो हम उसे एक दिन गिनते हैं। इसीलिए-

बहिरवस्थिताः॥ 15॥

मनुष्य लोक के बाहर ज्योतिषी देव स्थिर रहते हैं। ये ढाई द्वीप के भीतर ही मेरु—सुमेरु के चक्कर लगाते हैं, वहीं ये दिन, महीने आदि का काल-विभाग है, उसके बाहर ऐसा दिन-रात का विभाग नहीं है। स्वर्ग में और नरक में भी ऐसा दिन-रात का विभाजन नहीं पाया जाता।

वैमानिकाः॥ 16॥

अब वैमानिक देवों का वर्णन करते हैं। वे दो प्रकार के हैं।

कल्पोपपन्नाः कल्पातीताश्च॥ 17॥

कल्पोपपन्न और कल्पातीत। और रहते कैसे हैं?

उपर्युपरि॥ 18॥

नरक कैसे हैं? नीचे-नीचे। और स्वर्ग कैसे हैं? ऊपर-ऊपर।

16 स्वर्गों के नाम इस प्रकार हैं—

सौधर्मैशानसानत्कुमारमाहेन्द्रब्रह्मब्रह्मोत्तरलान्तवकापिष्ठशुक्रमहाशुक्र-शतारसहस्रारेष्वानतप्राणतयोरारणाच्युतयोर्नवसु ग्रैवेयकेषु विजय-वैजयन्तजयन्तापराजितेषु सर्वार्थसिद्धौ च॥ 19॥

सौधर्म, ईशान, सानत्कुमार, माहेंद्र, ब्रह्म, ब्रह्मोत्तर, लांतव, कापिष्ठ, शुक्र, महाशुक्र, शतार, सहस्रार, आनत, प्राणत, आरण एवं अच्युत। इन सोलह स्वर्गों के ऊपर क्या हैं? नव ग्रैवेयक हैं, नौ अनुदिश हैं और विजय, वैजयन्त, जयन्त, अपराजित और सर्वार्थसिद्धि—ये पाँच अनुत्तर हैं। इन विमानों में देव निवास करते हैं।

स्थितिप्रभावसुखद्युतिलेश्याविशुद्धीन्द्रियावधिविषयतोऽधिकाः॥ 20॥

इन ऊपर-ऊपर के देवताओं की स्थिति यानी आयु ज्यादा है। पहले स्वर्ग के देवता की अपेक्षा दूसरे स्वर्ग के देवता की आयु ज्यादा है। इस प्रकार क्रम से सबसे ऊपर पाँचवें अनुत्तर सर्वार्थसिद्धि के देवों की आयु सबसे ज्यादा है तथा नौ ग्रैवेयक तक मिथ्यादृष्टि जा सकता है, पर नौ अनुदिश में और पाँच अनुत्तर विमानों में सिर्फ सम्यग्दृष्टि ही जाता है। और सर्वार्थसिद्धि पाँच अनुत्तरों का अन्तिम विमान है। वहाँ पर 33 सागर की आयु होती है। यह आयु सबसे ज्यादा होती है। वहाँ के देव इतने मन्द कषायी होते हैं कि पूरे 33 सागर, हमेशा चौबीस घंटे सिर्फ तत्त्वचर्चा ही करते हैं, और कोई काम ही नहीं करते हैं। प्रवचन भी सुनने नहीं जाते हैं। समवशरण में भी नहीं जाते हैं। आत्मा की बात वे 33 सागर तक करते हैं।

आयु की तरह प्रभाव भी ऊपर-ऊपर के देवों का क्रमशः बढ़ता जाता है। यानी पहले स्वर्ग के देव से अधिक प्रभाव दूसरे स्वर्ग के देवों का है, दूसरे

से तीसरे का...इस तरह क्रम से बढ़ता जाता है। ऐसे ही सुख भी क्रम से बढ़ता जाता है। सबसे ज्यादा सुख सर्वार्थसिद्धि वाले को होता है। द्युति यानी कांति जो उनके चेहरे पर चमक है, वह भी पहले से ज्यादा दूसरे की और दूसरे से ज्यादा तीसरे की है। इस प्रकार ऊपर-ऊपर चमक बढ़ती जाती है। लेश्या भी ऊपर-ऊपर और साफ होती जाती है। विशुद्धि भी ऊपर-ऊपर बढ़ती जाती है। इन्द्रिय-विषय-सेवन ऊपर-ऊपर कम होते जाता है। इसलिए सर्वार्थसिद्धि में विषय-सेवन ही नहीं बचता। पाँचों इन्द्रियों का कोई भी विषय-सेवन नहीं बचता वहाँ। और अवधिज्ञान भी धीरे-धीरे बढ़ता जाता है। सौधर्म स्वर्ग के देव के अवधिज्ञान से अधिक ज्ञान सर्वार्थसिद्धि के देव के होता है।

गतिशरीरपरिग्रहाभिमानतो हीनाः ॥ 21 ॥

पहले के सूत्र में कहा कि आयु ज्यादा है, सुख ज्यादा है, चमक ज्यादा है, परिणामों की विशुद्धि ज्यादा है। देखो, इन्द्रियों का विषयसेवन कम से कम है और सुख ज्यादा है। अवधिज्ञान ज्यादा है। लेकिन गति यानी गमन कम से कम होता जाता है। पहले स्वर्ग के देवों की जो भागदौड़ है, उससे दूसरे स्वर्ग के देवों की भागदौड़ कम है। तीसरे की और कम है, चौथे की और कम है। सर्वार्थसिद्धि वाले तो मूर्ति की तरह बैठकर सिर्फ चर्चा ही करते रहते हैं। वे हिलते-डुलते ही नहीं हैं। भागदौड़ में सुख नहीं होता। यदि भागदौड़ में सुख होता तो सबसे ज्यादा पहले स्वर्ग के देवों को होता। ज्यादा भागदौड़ में सुख है कि रुकने में सुख है? हमें भी जब रात हो जाती है तो न कोई फोन आने का विकल्प होता है, न कहीं जाने का विकल्प होता है, इसलिए तब पढ़ने में और ध्यान में जितना मन लगता है, उतना दिन में लगता है क्या? नहीं।

इसी प्रकार उनका ऊपर-ऊपर परिग्रह भी कम होता जाता है। पहले स्वर्ग के देव के पास परिग्रह ज्यादा। दूसरे स्वर्ग के देव के पास उससे कम। इस प्रकार अंतिम सर्वार्थसिद्धि के देवों के पास परिग्रह तो जीरो होता है, पर सुख के नाम पर वे हीरो होते हैं। अभिमान—पहले स्वर्ग के देवों को अभिमान ज्यादा होता है, और दूसरे स्वर्ग के देवों को उनसे कम होता है, इस प्रकार क्रम से अभिमान भी ऊपर-ऊपर कम होता जाता है। इसीलिए संयोग

से संयोगी भाव को मत समझना।

हमारी जिनवाणी में एक बड़ी अच्छी बात कही है—संयोग से संयोगी भावों का निर्णय नहीं होता और संयोगी भावों से स्वभाव का निर्णय नहीं होता। एक आदमी मन्दिर में है और पूजा कर रहा है, अतः लगता है कि भाव भी वैसे ही होने चाहिए, मगर जरूरी नहीं कि उसके भाव वैसे ही हों। एक व्यक्ति एक पशु को खिला-पिला रहा है, उसकी सेवा कर रहा है, लेकिन जरूरी नहीं कि उसके भाव सेवा के ही हों। हम प्यार दिखाते हैं, मगर कभी-कभी ऐसा भी होता है कि मुँह में राम होते हैं और बगल में छूरी जैसी बात भी होती है। और कई बार ऐसे भी होता है कि ऊपर छूरी चल रही है, मगर अन्तर में करुणा की नदी बह रही हो। डॉक्टर ऑपरेशन कर रहा है, माँ कान पकड़ रही है, टीचर डाँट रही है, मगर उस डाँट के पीछे भी बड़ा प्यार है। हम सोचते हैं कि जिसके पास गाड़ी, बँगला होगा वह बड़ा सुखी होगा, पर ये हमारी एकदम गलतफहमी है। सुख-दुःख का सम्बन्ध बाहरी संयोगों से नहीं है, अपने अन्दर के कषायभावों से है। जिस आदमी में जितना कषायभाव है, वह उतना ही दुखी है। एक आदमी झोपड़ी में भी सुखी हो सकता है और एक आदमी राजमहल में, ए.सी. में डनलप के गद्दे पर भी करवटें बदल रहा होता है। अन्दर में आग जल रही होती है। ऊपर से चन्दन लपेटो, पर अन्दर से क्रोधाग्नि जल रही हो तो क्या करेगा चन्दन? इसलिए भावों को सुधारने का प्रयत्न करना चाहिए।

पीतपद्मशुक्ललेश्या द्वित्रिशेषेषु॥ 22॥

शुरू के दो युगलों में अर्थात् चार स्वर्गों में पीत लेश्या होती है, फिर तीन युगलों में अर्थात् 5 से 10 स्वर्गों तक पद्म लेश्या होती है और शेष सभी में शुक्ल लेश्या होती है।

प्राग्ग्रैवेयकेभ्यः कल्पाः॥ 23॥

'कल्प' ग्रैवेयक से पहले तक के ही स्वर्गों में कहलाते हैं। बाद में तो सभी कल्पातीत हैं।

ब्रह्मलोकालया लौकान्तिकाः॥ 24॥

पाँचवें स्वर्ग का नाम है ब्रह्म स्वर्ग। और वहाँ के देव बड़े अद्भुत होते

हैं। उनका नाम लौकांतिक देव होता है। लौकांतिक देव नाम इसलिए होता है कि उनके लोक का अब अन्त ही आ गया होता है। वे अब निश्चित ही मनुष्य योनि में जन्म लेकर मोक्ष जाएँगे। वे एक भवावतारी होते हैं। और स्वर्गों के देवों की क्या-क्या दुर्दशा होती है—'भोग पुण्यफल हो इक इन्द्री' अर्थात् कितने ही देव तो मरकर के पेड़-पौधे, कीड़े-मकोड़े हो जाते हैं। सोचो तो सही! क्या फायदा, दो दिन की राजगद्दी और फिर चलो नीचे। मगर ब्रह्म स्वर्ग के देव बहुत ही मन्द कषायी होते हैं, बहुत ही विशुद्ध परिणाम वाले। वे भगवान के जन्म-कल्याणक में भी नहीं आते हैं। उनको जन्म अच्छा नहीं लगता। जन्म की बात करना भी उनको अच्छा नहीं लगता है। और जब उनको पता चलता है कि भगवान को वैराग्य हो गया है, वे दीक्षा लेने जा रहे हैं तो दीक्षा उनको बड़ी प्यारी लगती है। दौड़े-दौड़े आते हैं और कहते हैं कि आप बहुत अच्छा कर रहे हो, जल्दी करो—शुभस्य शीघ्रं। वे सिर्फ दीक्षा की अनुमोदना करने आते हैं।

उन लौकान्तिक देवों के 8 प्रकार इस प्रकार हैं—

सारस्वतादित्यवह्न्यरुणगर्दतोयतुषिताव्याबाधारिष्टाश्च॥ 25॥

लौकांतिक देवों में होते हैं—सारस्वत, आदित्य, वह्नि, अरुण, गर्दतोय, तुषित, अव्याबाध और अरिष्ट।

विजयादिषु द्विचरमाः॥ 26॥

और जो विजय, वैजयन्त आदि पाँच अनुत्तर वाले देव हैं, वे दो भव वाले हैं, अर्थात् वे दो भवों में निश्चित रूप से मोक्ष जाएँगे।

औपपादिकमनुष्येभ्यः शेषास्तिर्यग्योनयः॥ 27॥

देवगति और नरकगति का वर्णन पूरा हुआ। मनुष्य लोक का वर्णन हमने मध्यलोक में किया था। अब जो बच गये तो समझ लेना कि वे सब तिर्यंच हैं।

स्थितिरसुरनागसुपर्णद्वीपशेषाणां सागरोपमत्रिपल्योपमार्द्धहीन-मिताः॥ 28॥

असुरकुमार, नागकुमार, सुपर्णकुमार, द्वीपकुमार और शेष भवनवासियों की स्थिति अर्थात् आयु कल्प से एक सागरोपम, तीन पल्योपम, ढाई पल्योपम,

दो पल्योपम और डेढ़ पल्योपम है।

सौधर्मैशानयोः सागरोपमे अधिके॥ 29॥

सौधर्म और ऐशान कल्प में दो सागर से कुछ अधिक उत्कृष्ट स्थिति है।

सानत्कुमारमाहेन्द्रयोः सप्त॥ 30॥

सानत्कुमार और माहेन्द्र कल्प के देवों की उत्कृष्ट आयु सात सागर से कुछ अधिक है।

त्रिसप्तनवैकादशत्रयोदशपंचदशभिरधिकानि तु॥ 31॥

ब्रह्म कल्प से अच्युत कल्प तक के देवों की उत्कृष्ट आयु इस प्रकार है—ब्रह्म और ब्रह्मोत्तर में दस सागर से कुछ अधिक, लान्तव और कापिष्ठ में चौदह सागर से कुछ अधिक, शुक्र और महाशुक्र में सोलह सागर से कुछ अधिक, शतार और सहस्रार में अठारह सागर से कुछ अधिक, आनत और प्राणत में बीस सागर तथा आरण और अच्युत में बाईस सागर की उत्कृष्ट आयु है।

आरणाच्युतादूर्ध्वमेकैकेन नवसु ग्रैवेयकेषु विजयादिषु सर्वार्थसिद्धौ च॥ 32॥

आरण और अच्युत स्वर्ग से ऊपर नव ग्रैवेयकों में विजय आदि चार विमान तथा नव अनुदिशों में और सर्वार्थसिद्धि विमान में एक-एक सागर बढ़ती हुई आयु है।

अपरा पल्योपममधिकम्॥ 33॥

सौधर्म और ऐशान कल्प में जघन्य आयु साधिक एक पल्य है।

परतः परतः पूर्वापूर्वाऽनन्तरा॥ 34॥

बाद के अगले की जघन्य स्थिति पिछले की उत्कृष्ट स्थिति होती है।

नारकाणाञ्च द्वितीयादिषु॥ 35॥

नरकों में भी पूर्व-पूर्व की उत्कृष्ट स्थिति ही उत्तर-उत्तर की जघन्य स्थिति होती है।

दशवर्षसहस्राणि प्रथमायाम्॥ 36॥

प्रथम की जघन्य आयु दस हजार वर्ष की है। उसके पहले कोई वहाँ से मर नहीं सकता।

भवनेषु च॥ 37॥ व्यन्तराणाञ्च॥ 38॥

भवनवासी और व्यन्तर की भी जघन्य आयु दस हजार वर्ष है।

परा पल्योपममधिकम्॥ 39॥

और उत्कृष्ट आयु पल्य से कुछ ज्यादा है।

ज्योतिष्काणाञ्च॥ 40॥

ज्योतिषी देवों की भी उत्कृष्ट आयु पल्य से कुछ ज्यादा है।

तदष्टभागोऽपरा॥ 41॥

और उनकी जघन्य आयु उत्कृष्ट आयु का आठवाँ भाग होती है।

लौकान्तिकानामष्टौ सागरोपमाणि सर्वेषाम्॥ 42॥

सभी लौकान्तिक देवों की आयु आठ सागरोपम प्रमाण है।

उमास्वामी आचार्य को भी लौकांतिक देव बार-बार याद आ रहे हैं। सबकी बात कर रहे हैं, मगर लौकान्तिक झट से याद आ जाते हैं। वे कह रहे हैं कि लौकान्तिक देव जितने हैं, सबकी आयु आठ सागर पर्यंत हैं। और सबके सब मन्दकषायी, वैराग्यपरिणामी, धर्मात्मा, तत्त्वज्ञानी और अगले भव में निश्चित रूप से दीक्षा लेकर मोक्ष जाने वाले होते हैं।

इस प्रकार इस चौथे अध्याय में देवगति के जीवों का विस्तृत वर्णन किया गया। बहुत लोग देवों के सम्बन्ध में भी अज्ञानता की बातें करते हैं। हमें उससे बचकर सही-सही स्वरूप समझना-समझाना चाहिए।

इति तत्त्वार्थाधिगमे मोक्षशास्त्रे चतुर्थोऽध्यायः।

पाँचवाँ अध्याय

यावन्ति जिनचैत्यानि विद्यन्ते भुवनत्रये।
तावन्ति सततं भक्त्या त्रिपरीत्य नमाम्यहं॥

अर्थ–तीन लोक में जितने भी चैत्य-चैत्यालय हैं, मैं उन सबको तीन परिक्रमा देकर भक्तिपूर्वक प्रणाम करता हूँ।

तत्त्वार्थसूत्र के चौथे अध्याय तक हम जीव तत्त्व का स्वाध्याय कर चुके हैं। आज पाँचवें अध्याय में अजीव तत्त्व का स्वाध्याय करना है। जो जीव नहीं है, उसे अजीव कहते हैं। जिसमें चेतना नहीं है, ज्ञान-दर्शन नहीं है, उसे अजीव कहते हैं। मैंने एक बार किसी के मुँह से ऐसी परिभाषा सुनी कि जो जड़ है, जिसमें स्पर्श, रस, गन्ध एवं वर्ण पाये जायें वह अजीव है, परन्तु यह सही परिभाषा नहीं है। अजीव का अर्थ सिर्फ इतना-सा है कि जीव नहीं है। जिसमें ज्ञान-दर्शन नहीं है, चेतना नहीं है, वह अजीव है। वह पुद्गल भी हो सकता है और पुद्गल के अलावा धर्म, अधर्म आदि भी हो सकते हैं।

यहाँ अजीव तत्त्व का वर्णन करते हैं। अजीव का अर्थ क्या है? अजीव का स्वरूप क्या है? उसके भेद क्या हैं? वह भी जानना जरूरी है। जीव को जानना जितना जरूरी है, उतना ही अजीव को भी जानना जरूरी है, क्योंकि उन सबमें से हमें 'अपनापन' छोड़ना है। जिस रास्ते जाना है उसे भी जानना है और जिस रास्ते नहीं जाना है उसे भी जानना है। इसलिए अजीव को इस प्रकार जानना है कि ये मैं नहीं हूँ।

एक खास बात आचार्यों ने कही है कि जिसका एक तत्त्व में भी विपरीत श्रद्धान हो तो समझ लो कि उसे सातों में विपरीतता है। सातों तत्त्वों का या तो सम्यक् श्रद्धान होता है या सातों का विपरीत होता है। ऐसा नहीं होता कि दो का सही हो और पाँच का गलत हो। वह कैसे? उसका एक बड़ा अच्छा दृष्टान्त है। हमने आपको बाजार भेजा कि जाओ, सन्तरा खरीदकर ले आओ और आप जाकर सेब फल खरीदकर ले आये। सेब फल लाने से यही सिद्ध नहीं होता कि आप सन्तरा नहीं जानते, बल्कि यह भी सिद्ध होता है कि आप सेब फल को भी नहीं जानते। ऐसे ही जो जीव को नहीं जानता वह अजीव को भी नहीं जानता और जो अजीव को नहीं जानता वह जीव को भी नहीं जानता। जीव और अजीव दोनों का ज्ञान एक साथ होता है। ये कितनी गजब की बात है। ऐसा नहीं होता है कि मैं जीव को तो जानता हूँ, मगर अजीव को नहीं जानता। जो बच्चा अपनी माँ को जानता है वह औरों को भी ये मेरी माँ नहीं है, इतना तो जानता ही है। बस यहाँ भी इतनी-सी बात है। अजीव में भी हमें एक-एक पदार्थ की बारीकी को जानना इष्ट नहीं है, बल्कि ये मैं नहीं हूँ, ये जीव नहीं है, इतना ही जानना काफी है। इसलिए जीव और अजीव दोनों का ज्ञान एक साथ होता है। फिर भी जीव को स्पष्ट करने के लिए अजीव को समझाते हैं और अजीव को स्पष्ट करने के लिए जीव को समझाते हैं। दोनों के परस्पर तुलनात्मक अध्ययन से कंसेप्ट और ज्यादा क्लीअर होता है।

अजीवकाया धर्माधर्माकाशपुद्गलाः ॥ 1 ॥

धर्म, अधर्म, आकाश और पुद्गल—ये अजीवकाय हैं।

द्रव्याणि ॥ 2 ॥

ये सब द्रव्य हैं।

जीवाश्च ॥ 3 ॥

जिन जीवों का हमने चार अध्यायों में स्वाध्याय कर लिया वे भी द्रव्य हैं। गुण-पर्यायों के समुदाय को द्रव्य कहते हैं। जैसे जीव एक सत्ता रूप है, ऐसे ही अजीव भी एक सत्तारूप है। कोई हव्वा नहीं है, कल्पना नहीं है कोई। जैसे वेदान्ती कहते हैं कि ब्रह्म सत्यं जगत् मिथ्या। ऐसे यह माया नहीं है,

सपना नहीं है, झूठा नहीं है। ये सत्य है। द्रव्य है, अजीव भी द्रव्य है और कैसे है? जैसे जीव है, वैसे ही यह भी है।

नित्यावस्थितान्यरूपाणि॥ 4॥

और ये सारे के सारे द्रव्य नित्य हैं। नित्य मानी अनादि काल से हैं और अनन्त काल तक रहेंगे। शाश्वत हैं और अवस्थित हैं। अवस्थित माने जितने हैं, उतने ही हैं। न कभी एक बढ़ता है, न बढ़ा है और न बढ़ेगा। न घटता है, न घटा है और न घटेगा। हाँ, पर्यायों में हानि-वृद्धि होती है। परन्तु मूल द्रव्यवस्तु अनादि काल से है और अनन्त काल तक रहेंगे। द्रव्य की यह पहचान है। हम कैसे पहचानें? जैसे सोने की अँगूठी है, उसको गलाकर कुण्डल बना दिया। तो अंगूठी का व्यय हो गया और कुंडल का उत्पाद हो गया। और सोना? वह द्रव्य तो वैसा का वैसा ही है। असल में सोना भी द्रव्य नहीं है। सोना खुद ही एक पर्याय है। मिट्टी खुद ही एक पर्याय है। आटा खुद ही एक पर्याय है। द्रव्य तो उसे कहते हैं जो अनादि-अनन्त है। सोना अनादि-अनन्त नहीं होता। इसलिए द्रव्य की परिभाषा है—जो अनादि अनन्त हो। पुद्गल को छोड़कर धर्म, अधर्म, आकाश और काल—ये अरूपी हैं।

रूपिणः पुद्गलाः॥ 5॥

पुद्गल के लिए अलग सूत्र बनाया। पुद्गल रूपी है। रूपी किसे कहते हैं? जो दिखाई दे उसे रूपी कहते हैं—ऐसी परिभाषा मत बनाना, क्योंकि क्या सारे पुद्गल दिखाई देते हैं? हमारी आँखों की कितनी क्षमता है? हम कितना देख सकते हैं? अतः जिसमें स्पर्श, रस, गन्ध, वर्ण, पाया जाय वह रूपी है। यही परिभाषा सत्य है। वह दिखे या न दिखे। जैसे मैं इस समय बोल रहा हूँ, तो वह दिखाई दे रहा है क्या? नहीं। वह किसी को नहीं दिखाई देता। शब्द तो किसी को नहीं दिखाई देता, क्योंकि वह आँखों का विषय ही नहीं है। मगर फिर भी वह रूपी है। इसलिए परिभाषा बनाना बहुत कठिन है। और एक बात स्पर्श, रस, गन्ध, वर्ण चारों एक साथ रहते हैं। अगर एक पकड़ में आ रहा है तो समझ लो कि बाकी के भी अवश्य वहीं होंगे। शेर कभी दुकेला नहीं मिलता और बन्दर कभी अकेला नहीं मिलता। अगर कहीं बन्दर मिल जाये तो समझ लो कि कहीं आसपास और भी एक-दो होंगे। ऐसे ही अकेला स्पर्श

नहीं रहता, अकेला रस नहीं रहता, अकेला गन्ध नहीं रहता है। अकेला वर्ण नहीं रहता है। ये चारों एक साथ रहते हैं।

आ आकाशादेकद्रव्याणि॥ 6॥

धर्म, अधर्म और आकाश—इनकी संख्या एक-एक है। धर्म द्रव्य पूरे विश्व में एक है। अधर्म द्रव्य पूरे विश्व में एक है। आकाश द्रव्य भी पूरे विश्व में एक है।

निष्क्रियाणि च॥ 7॥

ये तीनों द्रव्य निष्क्रिय हैं। निष्क्रिय माने हिलते-चलते नहीं हैं। जैसे कि जीव-पुद्गल एक स्थान से दूसरे स्थान पर गमन करते हैं। क्षेत्र से क्षेत्रान्तर होने को क्रिया कहते हैं। धर्म, अधर्म और आकाश द्रव्य जहाँ फिक्स हैं, वही फिक्स हैं। वे तिलतुष मात्र भी हिलते-डुलते नहीं हैं। इसलिए उन्हें कहा—निष्क्रिय।

असंख्येयाः प्रदेशा धर्माधर्मैकजीवानाम्॥ 8॥

धर्म, अधर्म और एक जीव द्रव्य—इनके असंख्य प्रदेश हैं।

आकाशस्यानन्ताः॥ 9॥

आकाश के अनन्त प्रदेश हैं।

संख्येयासंख्येयाश्च पुद्गलानाम्॥ 10॥

पुद्गलों के प्रदेश कितने हैं? वे संख्यात भी हैं, असंख्यात भी हैं और अनन्त भी हैं। कैसे? एक परमाणु है तो एक ही प्रदेश है। अगर दो परमाणु हैं तो दो प्रदेश हैं। अगर संख्यात परमाणु हैं तो संख्यात प्रदेश हैं, असंख्य परमाणुओं का स्कन्ध है तो असंख्य प्रदेश हैं और अनन्त परमाणुओं का स्कन्ध है तो अनन्त प्रदेश भी हैं।

नाणोः॥ 11॥

कितना छोटा सूत्र है! अणु के प्रदेश नहीं होते। यद्यपि बिना प्रदेश का कोई द्रव्य ही नहीं होता, लेकिन एक प्रदेश होता है इसलिए कह दिया कि उसके प्रदेश नहीं होते। जैसे किसी के पास कम पैसा हो तो कहता है कि मेरे पास पैसा नहीं है, मैं निर्धन हूँ। अब वहाँ वास्तव में पैसा नहीं है—ऐसी बात नहीं है, मगर कम है। 'सर्वार्थसिद्धि' में एक उदाहरण दिया—अनुदरी कन्या।

अर्थात् यह लड़की बिना कमर की है। अब बताओ कि बिना कमर की कोई लड़की होती है क्या? अरे, बहुत पतली कमर है—ये बताने के लिए ऐसा कहा है। ऐसे ही अणु के प्रदेश तो हैं, मगर एक ही प्रदेश है, इसलिए एक को क्या गिनना देखो! बातों को कहने की क्या-क्या स्टाईल होती है?

लोकाकाशेऽवगाहः ॥ 12 ॥

ये सबके सब द्रव्य कहाँ रहते हैं? लोकाकाश में ही ये सब द्रव्य रहते हैं। लोक के बाहर नहीं रहते। लोक का नाम ही इसलिए 'लोक' है। अंग्रेजी में कहते हैं—लुक। लुक माने देखना, दिखना। छह द्रव्य इसमें दिखाई देते हैं, इसलिए इसका नाम 'लोक' है।

धर्माधर्मयोः कृत्स्ने ॥ 13 ॥

धर्म और अधर्म—ये दोनों द्रव्य पूरे लोक में व्याप्त हैं। सूई की नोक के बराबर भी न ये बाहर हैं, न लोक बाहर है। उसको कहते हैं—कृत्स्न।

एकप्रदेशादिषु भाज्यः पुद्‌गलानाम् ॥ 14 ॥

पुद्‌गल द्रव्य कहाँ रहते हैं? परमाणु हो तो एक ही प्रदेश में रहते हैं। थोड़ा बड़ा हो तो दो प्रदेश में रहते हैं, थोड़ा और बड़ा हो तो तीन प्रदेश में रहते हैं, चार प्रदेश में रहते हैं, या पूरे लोकाकाश में भी रह सकते हैं। यह उसके बड़े छोटे होने पर डिपेंड करता है।

असंख्येयभागादिषु जीवानाम् ॥ 15 ॥

जीव कितनी जगह में रहते हैं? जीव असंख्य प्रदेशों में रहते हैं।

प्रदेशसंहारविसर्पाभ्यां प्रदीपवत् ॥ 16 ॥

कितना बढ़िया उदाहरण दिया! जीव का स्वरूप दीपक के प्रकाश जैसा है। प्रकाश सिकुड़ भी जाता है और फैल भी जाता है। एक सौ वाट का बल्ब आप 8 × 8 के कमरे में जलाओ, तो उस प्रकाश की साईज क्या होगी? उस प्रकाश की व्यंजन पर्याय क्या होगी? 8 × 8 होगी। अब यदि उसको 10 × 10 के कमरे में लगा दो तो? और यदि 5 × 5 के कमरे लगा दो तो? या 2 × 2 के सूटकेस में लगा दो तो? बल्व वही सौ वाट का है, पर उसका आकार बदलता रहता है। रोशनी उसकी उतनी ही है, मगर उसका प्रकाश फैल भी जाता है और सिकुड़ भी जाता है। यही हाल जीव का है। हाथी के

शरीर में जाएगा तो उसके आकार के जितना फैल जाएगा। और वही जीव चींटी के शरीर में आया तो चींटी के आकार का हो जाएगा। अब सोचिये कि कहाँ हाथी और कहाँ चींटी? एक आलू में निगोदिया जीव कितने? कहा है कि उसके एक टुकड़े में इतने निगोदिया जीव हैं कि अगर उन सब जीवों का साईज कबूतर के बराबर कर दिया जाय तो वे पूरे लोक में भी न समायें, इतने जीव हैं। इस तरह से जीव में सिकुड़ने-फैलने की गजब की क्षमता पाई जाती है। अरे, हम रोज देखते हैं। ये कोई अनहोनी बात नहीं है। आप ही सोचिए कि जब हम छोटे थे एक फुट के, तब भी हमीं थे, और जब बड़े हो जाते हैं पाँच फुट के, छह फुट के, तो भी हमीं होते हैं। और यदि शरीर किसी वजह से दो फुट मोटा हो जाये तो उतने प्रदेश में कोई दूसरी आत्मा थोड़े ही आ जाएगी, या आत्मा थोड़ी और बड़ी हो जाएगी? आत्मा तो वही है। और अगर दुबले-पतले हो जायें तो? एक आदमी कभी दुबला-पतला या मोटा होता है, तो उसके अनुसार जीव फैलता और सिकुड़ता है। जैसे छिपकली की पूँछ कट जाये तो छिपकली तो तड़पती है, मगर उसकी कटी पूँछ भी तड़पती है। आत्मा के प्रदेश उस छिपकली के पूँछ से लेकर उसके पूरे शरीर में व्याप्त हैं। किसी एक्सीडेंट में ये हाथ कटकर दूर जाकर गिर जाये तो कुछ जीव के प्रदेश हाथ में पड़े रहेंगे और कुछ प्रदेश बाकी शरीर में रहेंगे, बीच की जगह भी खाली नहीं रहेगी। जैसे टार्च की लाईट छोड़ते हैं तो वह टार्च तक ही सीमित नहीं रहती है। उसकी रोशनी जहाँ तक जाती है वहाँ तक उसकी लाईट रहती है, ऐसे ही जीव पूरे शरीर में रहते हैं और बाद में धीरे-धीरे छोटे पार्ट में से निकलकर बड़े पार्ट में आ जाते हैं और छोटा पार्ट सुन्न हो जाता है, अचेतन हो जाता है। जैसे छिपकली की पूँछ थोड़ी देर के बाद जब उसमें से जीव निकल जाता है, तो वह पूँछ अजीव, अचेतन हो जाती है। और प्रदेश सिमटकर छिपकली में आ जाते हैं। अब बिना पूँछ की छिपकली में भी उतनी आत्मा आ गयी।

इस प्रकार प्रदेशों का सिमटना-बढ़ना लगा ही रहता है। ये सब बातें बहुत वैज्ञानिक हैं। निगोद में अनन्त जीव बताये गये हैं जो एक सांस में 18 बार जन्म-मरण करते हैं। एक आलू में ही नहीं, सभी जमींकदों में निगोदिया

जीव होते हैं।

गतिस्थित्युपग्रहौ धर्माधर्मयोरुपकारः ॥ 17 ॥

धर्म द्रव्य और अधर्म द्रव्य का ये उपकार है। 'उपकार' का अर्थ हमको समझना पड़ेगा। लोक में दूसरे का भला करो—इसे उपकार बोलते हैं, किन्तु यहाँ वैसी बात नहीं है। एक होता है प्रधानमन्त्री और एक होता है उपप्रधानमन्त्री। एक होता है प्रिंसिपल और एक होता है वाईस प्रिंसिपल। ऐसे ही एक होता है कार्य और एक होता है उपकार। जो जिसका मेन वर्क है, वह तो कार्य कहलाता है और जो मेन वर्क नहीं है, सिर्फ 'हेल्पिंग अदर्स' है तो वह उपकार कहलाता है। तो धर्म द्रव्य और अधर्म द्रव्य का ये उपकार है, निमित्त होना है। धर्म द्रव्य गमन में निमित्त बनता है और अधर्म द्रव्य स्थिति में निमित्त बनता है।

आकाशस्यावगाहः ॥ 18 ॥

आकाश द्रव्य क्या कार्य करता है? उसका क्या उपकार है? यह सबको जगह देता है। अवगाहन-शक्ति अद्‌भुत है। छहों द्रव्यों में अवगाहन शक्ति है। एक खाली गिलास में भी बड़ी अवगाहन शक्ति है। पहले आप उसमें फुल पानी भर दो। लगता है, अब उसमें जगह नहीं बची, किन्तु नहीं, अभी भी उसमें बहुत जगह है। एक गिलास राख भी उस पानी वाले गिलास में समा जाएगी। देखो, जरा भी जगह नहीं थी, हवा भरी थी, फिर पानी भर गया और राख भी भर गयी, लगता है, अब तो जगह नहीं है, किन्तु अभी भी जगह बची है। आप अभी भी बहुत सारे पिन उस गिलास में डाल सकते हो, इतनी जगह है उसमें। द्रव्यों का स्वरूप समझना बहुत सूक्ष्म है। चश्मे के काँच में से जो मुझे दिखाई दे रहा है, वह और कोई बात नहीं है, सिर्फ उस काँच में बहुत सारे सूक्ष्म छेद हैं। ऐसे ही टार्च के बल्ब के ऊपर एक काँच लगा होता है, फिर भी टार्च की रोशनी दूर तक चली जाती है। कैसे? वह ऐसे कि उस काँच में बहुत सारे बारीक-बारीक छेद हैं, लेकिन वे इतने बारीक हैं कि पानी भी नहीं निकल सकता, हवा भी नहीं निकल सकती। ऐसे ही हमारे शरीर में भी असंख्य सूक्ष्म छिद्र हैं, मगर दिखते नहीं हैं। ऐसे ही द्रव्यों की सूक्ष्मता गजब की है। आकाश द्रव्य में ही नहीं, सभी द्रव्यों में अवगाहन शक्ति पाई

जाती है। हाँ, आकाश द्रव्य में विशेष अवगाहन शक्ति है सभी द्रव्यों को जगह देने की, जिसे सर्वागाहन शक्ति कहा है।

शरीरवाङ्मनःप्राणापानाः पुद्गलानाम्॥ 19॥

शरीर, वाणी, मन और प्राणापान। प्राण माने श्वास लेना और अपान माने श्वास छोड़ना। श्वासोच्छ्वास हम बोलते हैं न! ये सब पुद्गल द्रव्य के उपकार हैं। पुद्गल की वजह से ही ये सब काम होते हैं। पुद्गल न होता इस जगत में तो यह शरीर बनता क्या? पुद्गल नहीं होता तो प्रवचन सुन पाते क्या, अगर पुद्गल न होता तो हमें जिनवाणी मिल सकती थी क्या? ये जो वाणी सुनाई दे रही है, ये पुद्गल का धन्यवाद है। शरीर जो मिला हुआ है वह पुद्गल का उपकार है।

सुखदुःखजीवितमरणोपग्रहाश्च॥ 20॥

सुख भी उपकारक है और दुःख भी। अरे, सुख उपकारक है—यह तो ठीक है, मगर दुख भी उपकारक है—ये क्या बात हुई। हाँ, दुख भी उपकारक है। जीवन भी उपकारक है और मरण भी उपकारक है। जरा सोचो, अगर दुनिया में मरण नहीं होता तो? कोई मरता नहीं तो? इसलिए मरण भी उपकारी है। सुख, दुख, जीवन, मरण के बारे में हम बड़ी संकीर्ण दृष्टि से सोचते हैं, अतः बात समझ में नहीं आती, किन्तु यदि विशाल स्तर पर सोचो तो समझ में आ जाएगी। मरण के बिना तो मोक्ष भी नहीं मिलेगा, स्वर्ग भी नहीं मिलेगा। इसलिए सुख, दुख, जीवन, मरण—ये सब पुद्गल के उपकार हैं। उपकार का अर्थ है—निमित्त।

परस्परोपग्रहो जीवानाम्॥ 21॥

और जीवों का क्या उपकार है? परस्पर एक दूसरे का उपकार करना, निमित्त बनना। सर्वार्थसिद्धि में आता है कि मालिक नौकर को आजीविका देता है और नौकर मालिक की सेवा करता है, उसके काम में हाथ बँटाता है। यह सूत्र उन लोगों के खिलाफ है जो कहते हैं 'जीवो जीवस्य भोजनम्। एक धारा ऐसी चली थी जो कहते थे—'जीवो जीवस्य भोजनम्' यानी जीव जीव को खाता है। जीवों को भटकाने के लिए ऐसा सूत्र दे दिया गया, मगर हमारे आचार्यों ने कहा—परस्परोपग्रहो जीवानाम्। यानी जिओ और जीने दो।

वर्तनापरिणामक्रियाः परत्वापरत्वे च कालस्य ॥ 22 ॥

वर्तना यानी परिवर्तन करना, परिणमन करना, क्रिया करना और परत्व-अपरत्व यानी छोटा-बड़ा होना—ये सब काल द्रव्य के उपकार हैं। काल द्रव्य न हो तो ये छोटा है, ये नया है, ये पुराना है—ऐसा कैसे कह सकते थे? हम नया, पुराना, छोटा, बड़ा—ये सब बातें तभी कह पाते हैं, जब इस दुनिया में काल द्रव्य है।

स्पर्शरसगन्धवर्णवन्तः पुद्‌गलाः ॥ 23 ॥

पुद्‌गल कैसे हैं? देखो, परिभाषा आई। पुद्‌गल स्पर्श, रस, गन्ध, वर्ण वाले हैं।

शब्दबन्धसौक्ष्म्यस्थौल्यसंस्थानभेदतमश्छायातपोद्योतवन्तश्च ॥24 ॥

अब पुद्‌गल की पर्यायें सुनो—बहुत आश्चर्य होगा। अभी आपसे पुद्‌गल की पर्यायें पूछूँ तो आप गिनाएँगे माईक, चौकी, किताब, दीवार, घड़ी, टेबल, पंखा....ये सब गिनाओगे। मगर देखो, शब्द, बन्ध आदि भी पुद्‌गल द्रव्य की पर्याय हैं। सौक्ष्म यानी सूक्ष्मता, स्थौल्य यानी स्थूलता। हम जो कहते हैं कि आत्मा बहुत सूक्ष्म है तो बताओ कि सूक्ष्म किसकी पर्याय है? पुद्‌गल की। तो बताओ आत्मा सूक्ष्म कहोगे आप? यदि आत्मा को सूक्ष्म समझोगे तो वह पुद्‌गल हो जाएगा। वह तो हमको आपको समझाने के लिए आचार्य ऐसे कहते हैं। असल में सूक्ष्म अथवा स्थूल—ये कोई जीव नहीं होता। ये सब पुद्‌गल के धन्धे हैं। संस्थान—ये आकृतियाँ नाना तरह की जो होती हैं, ये भी पुद्‌गल के काम हैं। भेद—टुकड़े होना, ये भी पुद्‌गल की पर्याय है। जीव के टुकड़े नहीं होते। तम—अन्धकार भी पुद्‌गल की पर्याय है। छाया भी पुद्‌गल की पर्याय है। जैसे लाईट का स्विच बन्द कर दें तो अँधेरा हो जाता है। तो अँधेरा कहाँ से आया? और स्विच ऑन कर दिया तो उजाला हो गया, मगर ये उजाला कहाँ से आया? ये सब विचारणीय है। अँधेरा और प्रकाश—ये भी तो सत् हैं। क्या हैं ये? तो ये भी पुद्‌गल की ही पर्यायें हैं। उस कमरे में जो पुद्‌गल परमाणु भरे हुए हैं, जब स्विच ऑफ कर देते हैं तो उन सब परमाणुओं की प्रकाश रूप पर्याय हो जाती है। परमाणु वही हैं, लेकिन पर्याय बदल जाती हैं। क्या निमित्त-नैमित्तिक सम्बन्ध है जरा देखो। इधर

उधर सारे परमाणु प्रकाशरूप हो गये, और स्विच ऑफ कर दिया तो सारे परमाणु अन्धकार रूप हो गये। अब चाहे सौ बार दबाओ, हर बार वही होता जाएगा। तो द्रव्यों की स्वतन्त्रता भी देखो और द्रव्यों की कार्य-पद्धति भी देखो। उनका निमित्त-नैमित्तिक सम्बन्ध भी गजब का देखो! आतप यानी गर्मी भी पुद्गल द्रव्य की पर्याय है। उद्योत यानी प्रकाश भी पुद्गल द्रव्य की पर्याय है। ये सब पुद्गल द्रव्य की विभाव पर्याय हैं, स्वभावपर्याय नहीं हैं, क्योंकि वे परमाणु में नहीं पाई जाती हैं। स्कन्ध की पर्याय हैं ये।

अणवः स्कन्धाश्च॥ 25॥

पुद्गल दो प्रकार के हैं—अणु और स्कन्ध। अणु ही परमाणु है, जो बहुत ही सूक्ष्म होता है। वैज्ञानिक जिसे परमाणु कह रहे हैं वह तो स्कन्ध है, वह तो बहुत मोटा है। और असली परमाणु तो किसी सूक्ष्मदर्शी यन्त्र से भी पकड़ में आने वाला नहीं है। जर्मनी में अभी एक पी-एच.डी. हुई है, उसमें रिसर्च स्कॉलर ने सिद्ध किया है कि परमाणु का सबसे प्राचीन वर्णन जैन शास्त्रों में मिलता है—ऐसा उसने अपने थिसिस में लिखा है।

एक पंडित राहुल सांकृत्यायन थे। उन्होंने लिखा है कि इस सृष्टि की रचना किसने की यह नहीं पता, मगर मुझसे पूछो कि साहित्य की सृष्टि दुनिया भर में किसने की, तो मैं जोर देकर कहूँगा कि जैनों ने, जैनों ने और सिर्फ जैनों ने। मतलब हमारे जैनाचार्यों ने विशाल साहित्य लिखा है। हर तरह का साहित्य लिखा है, हर विषय पर लिखा है। बड़ा गूढ़ और व्यापक लिखा है।

भेदसंघातेभ्य उत्पद्यन्ते॥ 26॥

ये अणु और स्कन्ध कैसे बनते हैं? भेद और संघात से। भेद माने अलग होना और संघात माने मिलना। मिट्टी की मूर्ति में और पत्थर की मूर्ति में क्या फर्क होता है? हमारे मन्दिरों में पत्थर की मूर्तियाँ क्यों होती हैं? मिट्टी की क्यों नहीं होती? क्योंकि मिट्टी की मूर्तियाँ जोड़-जोड़कर बनाई जाती हैं और पत्थर की मूर्तियाँ तोड़-तोड़कर बनाई जाती हैं। मिट्टी की मूर्ति कैसे बनेगी? पहले एक गोला बनाओ, फिर दूसरा गोला बनाओ, फिर हाथ-पैर जोड़ो...इस तरह मिट्टी की मूर्ति जोड़-जोड़कर बनती है। और पत्थर

की मूर्ति? एक ही शिला में से फालतू पत्थर हटा-हटाकर बनाई जाती है। तो हम भी कहना चाहते हैं कि हे भगवान्! हमारी इस आत्मा में कुछ एक्स्ट्रा ही हैं—मैल-माकड़, राग-द्वेष, मत्सर आदि, उसको टाँकी (छैनी) से छाँट दिया जाय तो हम भी सिद्ध परमात्मा बन जायें। पुद्गल का नाम पुद्गल इसीलिए है। पुद् माने मिलना और गल माने अलग होना। आपको पता है कि वैज्ञानिकों ने सिद्ध किया है कि तीन साल के अन्दर हमारे शरीर के सारे परमाणु चेंज हो जाते हैं। अभी बैठे हैं तो दिख नहीं रहा है, लेकिन सैकड़ों परमाणु इस शरीर से जा रहे हैं और नये आ रहे हैं। भेद करने से यानी तोड़ते जाओ, तोड़ते जाओ...आखिर में परमाणु निकल आएगा। और यदि जोड़ते जाओ तो स्कन्ध बनता आएगा।

भेदादणुः ॥ 27 ॥

यहाँ और क्लीयर कर दिया। भेद करने से अणु होता है। और—

भेदसंघाताभ्यां चाक्षुषः ॥ 28 ॥

आँखों को दिखने जैसा मोटा स्कन्ध दोनों तरह से बन जाता है—जोड़-जोड़कर भी और तोड़-तोड़कर भी।

सद्द्रव्यलक्षणम् ॥ 29 ॥

द्रव्य का लक्षण है—सत्, सत्ता। किसे कहते हैं सत्? सत् माने सत्त। यह सत्य का पर्यायवाची है। अब यदि सही वाणी है तो वह सत्य-वचन है। सही श्रद्धान है तो सत्य-श्रद्धान। सही ज्ञान है तो सत्य-ज्ञान। दुनिया में पदार्थ भी सही है तो सत्य-पदार्थ। इस तरह से स्वरूप बनता है।

उत्पादव्ययध्रौव्ययुक्तं सत् ॥ 30 ॥

सत् कैसा होता है, जिसमें चौबीसों घंटे उत्पाद, व्यय और ध्रौव्य पाया जाता है, उसका नाम सत् है। निरन्तर पुरानी पर्याय का व्यय होता हो, नयी पर्याय का उत्पाद होता हो, और दोनों में एकरूपता भी हो अर्थात् मूल स्वभाव में ध्रुवता भी बनी रहे उसका नाम है सत्।

तद्भावाव्ययं नित्यम् ॥ 31 ॥

हर पदार्थ अपने-अपने भाव से अव्यय रहता है, कभी भी व्यय नहीं होता, यानी अपने मूल स्वभाव में बना रहता है। जैसे दो छोटे-छोटे जुड़वा

बच्चे पैदा हुए—एक लड़का और एक लड़की। अब ये रोज परिवर्तनशील हैं, दिन-प्रतिदिन बदलते जा रहे हैं, लेकिन कितना भी बदलें, लड़का लड़का ही रहेगा सौ साल बाद भी और लड़की लड़की ही रहेगी। लड़का लड़की नहीं बनेगा और लड़की लड़का नहीं बनेगी। ये तो शायद कदाचित् सम्भव भी हो कि लड़का लड़की बन जाये और लड़की लड़का बन जाये, क्योंकि आज विज्ञान चमत्कार दिखा रहा है। लेकिन कोई द्रव्य कभी भी अपना मूल स्वभाव नहीं छोड़ता। इसका अर्थ यह है कि कुछ भी हो जाये, मगर जीव कभी भी न अजीव हुआ, न है, न होगा। और अजीव कभी भी जीव नहीं हो सकता। कभी-कभी आदमी ऐसा दुःख करता है कि- 'हे राम, हम तो खम्भे होते तो बढ़िया होता, अजीव होते तो अच्छा होता।' मगर आचार्य कह रहे हैं कि तुम्हारे सोचने से कुछ होने वाला नहीं है। तुम कभी भी अजीव नहीं बन पाओगे। ये भाव कर-करके दुःखी जरूर हो जाओगे। तुम्हें दुःख से उबरने का रास्ता खोजना पड़ेगा। और कोई चारा नहीं है। कोई समझे कि हम पुद्गल होते तो अच्छा होता! ये दुःख हमें होता ही नहीं, न मोक्षमार्ग पर चलना पड़ता, न तप करना पड़ता, न मोक्ष जाना पड़ता, न व्रत-संयम पालने पड़ते, अब ये दुःखों से मुक्त होने के लिए धर्म कार्य करने पड़ रहे हैं। इसलिए पुद्गल होते तो कितना बढ़िया होता! कुछ भी हो, लेकिन अब तो तुम जीव हो और जीव ही रहोगे, कुछ भी हो जाये, अजीव नहीं बन सकते। रास्ता कोई नहीं है, एक ही है कि इस दुःख से निकलने की कला सीख लो।

अर्पितानर्पितसिद्धेः ॥ 32 ॥

अरे महाराज, हमारी समझ में नहीं आ रहा है। आप कह रहे हैं कि उत्पाद-व्यय भी करते रहते हैं, परिणमन भी करते रहते हैं और अपना स्वभाव भी नहीं छोड़ते हैं। एक समय भी बिना परिणमन के नहीं रहते हैं और अपना स्वभाव भी नहीं छोड़ते हैं—यह मामला क्या है? तो कहा कि ये मुख्य-गौण की व्यवस्था से समझ में आ सकता है।

स्निग्धरूक्षत्वाद् बन्धः ॥ 33 ॥

परमाणुओं में क्यों बन्ध होता है? उनमें स्निग्ध-रूक्ष का जो गुण है, चिकनाई और रूखेपन का जो परिणाम है, उसके कारण परमाणु बँधते हैं।

न जघन्यगुणानाम्॥ 34॥

और अल्प गुणवाले हों तो उनका बन्ध नहीं होता है।

गुणसाम्ये सदृशानाम्॥ 35॥

गुणों की समानता होने पर सदृश परमाणुओं का भी बन्ध नहीं होता है।

द्व्यधिकादिगुणानां तु॥ 36॥

दो गुण ज्यादा होने पर समान और असमान जाति वाले परमाणुओं का परस्पर में बन्ध होता है।

बन्धेऽधिकौ पारिणामिकौ च॥ 37॥

बन्ध के समय दो अधिक गुणवाले दो हीन गुणवाले का परिणमन कराने वाले होते हैं।

गुणपर्ययवद् द्रव्यम्॥ 38॥

द्रव्य गुण-पर्याय वाला होता है।

कालश्च॥ 39॥

काल भी एक द्रव्य है।

सोऽनन्तसमयः॥ 40॥

वह कालद्रव्य अनन्त समय वाला है।

द्रव्याश्रया निर्गुणा गुणाः॥ 41॥

जो द्रव्य के आश्रय से रहते हैं, लेकिन किसी दूसरे गुण के अधीन नहीं रहते हैं, उनको गुण कहते हैं।

तद्भावः परिणामः॥ 42॥

उन द्रव्यों और गुणों का जो भाव है, भवन है, परिणमन है, उसको परिणाम या पर्याय कहते हैं।

इस प्रकार यहाँ द्रव्य-गुण-पर्याय का स्वरूप समझाया है। इसी से जगत्-व्यवस्था का समीचीन ज्ञान होकर शान्ति की प्राप्ति होती है।

इति तत्त्वार्थाधिगमे मोक्षशास्त्रे पञ्चमोऽध्यायः।

छठा अध्याय

''अलियं कमले कमला कय-कमले तुह जिणिंद सा वसदि।
णहकिरणणिहेण घडेंति णदजणे सा कडक्खछडा।''

—पद्मनन्दि पंचविंशतिका

अर्थ—हे प्रभो! हे ऋषभदेव! कमला (लक्ष्मी) कमल में रहती है—ऐसा लोग कहते हैं, परतु यहाँ 'कमल' का अर्थ 'पानी का कमल-पुष्प' नहीं, अपितु 'आपके चरण-कमल' हैं। तभी जो लोग आपके चरण-कमलों की भक्ति करते हैं, लक्ष्मी उन्हीं पर कृपा करती है।

यह तत्त्वार्थसूत्र नाम का ग्रन्थराज है। इसकी रचना परमपूज्य आचार्य श्री उमास्वामी मुनिराज ने आज से लगभग दो हजार वर्ष पहले की है। इस ग्रन्थ में सूत्र शैली में, गागर में सागर भरते हुए प्रयोजनभूत तत्त्वार्थों का वर्णन किया गया है। सब जीवों का असली प्रयोजन एक ही है कि दुःख दूर हो जाये और सुख की प्राप्ति हो जाये। इसके अलावा बाकी सारे प्रयोजन इसके पूरक ही हैं। असली प्रयोजन अनेक नहीं हैं, बल्कि एक ही है कि दुःख दूर होना और सुख प्राप्त होना। और यह भी बात कहने में दो आ रही हैं कि दुःख दूर होना और सुख प्राप्त करना। असल में दो क्रियायें नहीं हैं, बल्कि एक ही क्रिया है। जिस प्रकार अन्धेरे को भगाना और उजाला करना—ये दो अलग-अलग काम नहीं हैं। एक ही काम को कहने के दो तरीके हैं। एक निगेटिव वे है और एक पॉजिटिव वे हैं। कोई कहे कि 'इस कमरे में से अँधेरा भगाओ।' कैसे

भगाया जाएगा? यही कि प्रकाश कर दो तो अँधेरा भाग जाएगा। तो प्रकाश करना बोल दो तो वह पॉजिटिव हो गया और अँधेरा भगा दो, वह निगेटिव हो गया। एक ही बात को कहने के दो तरीके हैं, इसलिए प्रयोजन दो नहीं हैं। सब जीवों का प्रयोजन एक ही है। चाहे वह निगोदिया हो, नारकी हो, तिर्यंच हो, देव हो या मनुष्य हो। मनुष्य में भी गरीब हो या अमीर हो, स्त्री हो या पुरुष हो, हिन्दू हो या मुसलमान हो...सबका प्रयोजन एक ही है कि ये दु:ख मिट जाये और सुख की प्राप्ति हो जाये। और यह प्रयोजन बिना इन सात तत्त्वों को जाने कभी पूरा नहीं हो सकता। यह प्रयोजन तभी सिद्ध हो सकता है जब कोई जीव इन सात तत्त्वों को जान ले।

हम लोग बोलते हैं—उपलक्ष्य। हर बात को हम 'उपलक्ष्य' बोलते हैं। क्यों बोलते हैं? क्योंकि लक्ष्य तो एक ही है कि दुख दूर हो जाये और सुख की प्राप्ति हो जाये। बाकी सब उपलक्ष्य हैं। जैसे मकान बनाया, ये उपलक्ष्य है। पूजा की, ये उपलक्ष्य है। व्रत किया, ये उपलक्ष्य है। उद्यापन किया, ये भी उपलक्ष्य है। जो लक्ष्य के सपोर्टर हैं वे सब उपलक्ष्य कहलाते हैं। इस प्रकार असली प्रयोजन एक ही है और वह असली प्रयोजन तभी सिद्ध हो सकता है जब यह जीव इन सात तत्त्वों को जान ले कि ये सात तत्त्व क्या हैं?

शास्त्रीय शब्दों में सात तत्त्व हैं। इन्हें यदि हम सीधी-सीधी भाषा में कहें तो इस प्रकार कह सकते हैं कि जिसे भी अपना दु:ख मिटाना है और सुख प्राप्त करना है तो उसे यह जानना बहुत जरूरी है कि मैं कौन हूँ, पर कौन है? अथवा मैं क्या हूँ और मैं क्या नहीं हूँ? और दूसरी बात यह भी जानना बहुत जरूरी है कि मेरे दु:ख का असली कारण क्या है? और मेरे सुख का असली कारण क्या होगा? तथा सुख और दु:ख की असली परिभाषा क्या है? क्या केवल कपड़ा नहीं होने का नाम दु:ख है? क्या पैसा नहीं होने का नाम दु:ख है? सर्दी-गर्मी पड़ने का नाम दु:ख है क्या? दु:ख माने क्या? हमें परीक्षा से, युक्ति से तय करना होगा कि दु:ख माने क्या? यदि कपड़ा न होने का नाम दु:ख हो तो जिस-जिसके पास कपड़ा न हो, उसे दु:खी होना चाहिए। तो इस तरह से विचार करके सुखार्थी को, दु:ख मिटाने वाले अभिलाषी को ये चार बातें जानना बहुत जरूरी है कि मैं क्या हूँ और क्या नहीं हूँ? दु:ख क्या है और

सुख क्या है? दुनिया कह रही है, पर दुनिया की कहाकही पर मैं नहीं चलता। अपने विवेक का इस्तेमाल करता हूँ कि वास्तव में सुख क्या है और वास्तव में दु:ख क्या है।

बस इतनी-सी बात को आचार्यों ने शास्त्रीय भाषा में सात तत्त्व कहा है। मैं क्या हूँ? जीव तत्त्व। और क्या नहीं हूँ? अजीव तत्त्व। क्या है दु:ख और दु:ख का कारण? आस्रव-बन्ध तत्त्व। क्या है सुख का कारण? संवर और निर्जरा तत्त्व। क्या है सुख, सच्चा सुख, वह कैसा होता है? मोक्षतत्त्व।

आप शब्दों से घबरा जाते हैं कि अरे, ये क्या-क्या शब्द सुनने और याद रखने पड़ते हैं! हमें तो सब्जी का दाम जानना जरूरी है, दाल-चावल का दाम जानना जरूरी है। रास्ते को जानना जरूरी है। उसके बिना हमें लगता है कि हमारी यह लाईफ कैसे चलेगी? मगर हमें लगता है कि आस्रव, बन्ध, संवर, निर्जरा, मोक्ष—इन सबको जानना कोई जरूरी थोड़े ही है। ये जानेंगे नहीं तो क्या जी नहीं पाएँगे?

किन्तु आचार्य यही कह रहे हैं कि यदि तुम इनको नहीं जानोगे तो अच्छे से जी नहीं पाओगे। जब तक तुम यही नहीं तय करोगे कि सुख किसे कहते हैं और दु:ख किसे कहते हैं? तब तक तुम अपने दु:ख को कैसे मिटाओगे? बच्चा साइकिल चलाता है और टायर में हवा कम हो जाये तो साइकिल की दुकान में हवा भरने के लिए जाता है। तो उसे यह तो पता हो कि कौन से पहिये में हवा है और कौन से पहिये में हवा नहीं है। कहीं ऐसा हो जाये कि अगले पहिये में हवा है और वह अगले में ही हवा डलवा दे, क्या होगा?

ऐसा ही हमारे साथ उल्टा-सीधा हो रहा है, इसीलिए यह संसार-भ्रमण चल रहा है। जीव, अजीव, आस्रव, बन्ध, संवर, निर्जरा और मोक्ष—दुख दूर करने और सुख प्राप्त करने की इस आम बात को शास्त्रीय शब्दों में कहने का तरीका है और कोई अलग बात नहीं है, अत: इनको जानना प्रयोजनभूत और कम्पल्सरी है।

यहाँ सर्वप्रथम चार अध्यायों में जीव तत्त्व का वर्णन किया। पाँचवें अध्याय में अजीव तत्त्व का वर्णन हो गया। अनेक लोग कल अपनी जिज्ञासायें पूछते रहे कि वायु में, छाया में तथा अग्नि में स्पर्श, रस, गन्ध कैसे हैं? आपने

इन सबको पुद्गल की पर्याय कहा तो इन सबमें स्पर्श, रस, गन्ध होने ही चाहिए। कोई बोले—'साहब, अग्नि में रस कैसे हैं—इसे समझाकर बताओ?' हमने कहा कि देखो, चाय गरम पीते हो तो कहते हो कि टेस्टी है और ठंडी पीते हो तो कहते हो कि इसमें टेस्ट नहीं है। तो ये टेस्ट किसका है? ठंडी में भी दूध, पानी, चीनी तो वही है, मगर ठंडी होते ही उसमें स्वाद नहीं आता और गर्म होती है तो स्वाद आता है। इसका मतलब है कि अग्नि में भी रस है। ऐसे ही किसी ने पूछा कि 'साहब! हवा में वर्ण कैसे है—इसे सिद्ध करो।' हमने कहा कि हवा के बारे में वैज्ञानिक भी कहते हैं कि अमुक हवा नीली होती है, अमुक हवा पीली होती है, इत्यादि। तथा अभी दो चार दिन पहले आचार्यश्री (विद्यानन्दजी) ने भी आपको समझाया था कि प्राणवायु सफेद होती है, अपान वायु पीली होती है, इत्यादि। कहने का तात्पर्य है कि इन सब चीजों को समझना भी जरूरी है। ये भी विज्ञान है।

छठे अध्याय में 'आस्रव' तत्त्व का वर्णन हो रहा है। आस्रव माने आना। 'स्रव' माने बहना और आस्रव माने अन्दर की ओर बहना। जैसे 'गमन' और 'आगमन' शब्द हैं। इन दोनों में क्या फर्क है? अगर आप उस तरफ जाओगे तो मैं कहूँगा कि आप गमन कर रहे हैं और इस तरफ आ रहे हो तो कहूँगा आगमन कर रहे हैं। इसी प्रकार यदि बाहर की ओर बह रहा है तो वह स्रव है। जैसे घर की नाली का पानी बाहर निकल रहा है तो वह स्रव, मगर आत्मा में क्या हो रहा है—आस्रव। मामला उल्टा है। बाहर भण्डार है और वह धकाधक-धकाधक अन्दर आ रहा है। कूलर और एक्झॉस्ट फैन में क्या अन्तर है? एक्झॉस्ट फैन अन्दर की हवा को बाहर फेंकता है, और कूलर बाहर की हवा को अन्दर फेंकता है। यानी कूलर आस्रव का काम करता है। ऐसे ही इस लोक में बहुत सारी कार्माण वर्गणायें सूक्ष्म से सूक्ष्म भरी हुई हैं। आत्मा मन-वचन-काय के द्वारा अपने प्रदेशों को हिलाता है, राग-द्वेष करता है, तो कूलर जैसा काम करता है और बाहर भरी हुई इन कार्माण वर्गणाओं को धकाधक आत्मा के अन्दर भर लेता है। आत्मा के अन्दर वे कार्माण वर्गणायें, आत्मा के साथ चिपक जाती हैं। तो वे जो आती हैं उसका नाम है आस्रव। प्रश्न है कि उनके आ जाने में तकलीफ क्या है?

तकलीफ यह है कि कुछ ऐसा ही निमित्त-नैमित्तिक सम्बन्ध है कि बँधने को बँध जाते हैं, आते तो आ जाते हैं, मगर जब वे जाते हैं तो अपने हिसाब से रुला-रुला करके जाते हैं और बड़ी तकलीफ देकर जाते हैं। दुनिया में हरेक चीज की यही दशा है। जैसे किसी ने मुझे टेपरेकॉर्डर गिफ्ट में दे दिया। तो आते तो वह मुझे आ जाएगा, क्योंकि आपने दे दिया और मैंने ले लिया। परन्तु बात इतनी ही नहीं है, अब जब ये जाएगा तो दुःख होगा। नहीं दिया होता तो कोई बात ही नहीं थी, मगर देने के बाद जब चीज हमारे पास से जाने लगती है तो दुःख होता है। ऐसे ही कार्माण वर्गणायें आने को तो आ जाती हैं, मगर जब जाती हैं तो अपनी पोजीशन के मुताबिक भयंकर दुःख भी दिलाती है, खूब अच्छे से नानी याद कराती है फिर कि तूने जो हँस-हँसकर मजे किये थे अब उनको भोगो। इसी का नाम आस्रव है। ये एक प्रक्रिया है। इतना याद रखोगे तो यह छठा अध्याय आसानी से समझ में आएगा।

कायवाङ्मनःकर्म योगः ॥ 1॥

काय माने शरीर, वाङ् माने वाणी और मन माने मन। स्थूल से सूक्ष्म की ओर गये हैं। इनका कर्म। कर्म माने क्रिया, मन-वचन-काय की क्रिया, हलन-चलन, समझ लो कि इसका नाम है योग। योग माने ध्यान भी होता है, मगर यहाँ 'योग' का अर्थ वह नहीं है। यहाँ योग माने मन-वचन-काय की चंचलता। मन-वचन-काय के हलन-चलन से जो आत्मा के प्रदेश भी हिलते-डुलते हैं उसका नाम योग है। क्योंकि इनके साथ आत्मा का सम्बन्ध है न! जैसे हम हाथ उठाते हैं तो यह नहीं हो सकता कि हाथ उठ गया और आत्मा नहीं उठा। यदि हाथ उठेगा तो आत्मा भी अवश्य उठेगा। यानी मन-वचन-काय के साथ आत्मा के प्रदेशों में जो हलन-चलन होता है उसका नाम है योग।

स आस्रवः ॥ 2॥

यही आस्रव है। आस्रव किसे कहते हैं? मन-वचन-काय के निमित्त से आत्मा के प्रदेशों में जो हलन-चलन होता है वही आस्रव है, भाव आस्रव है। और फिर इसके निमित्त से जो कर्म परमाणुओं का आना होता है, उसका नाम द्रव्यास्रव है।

शुभः पुण्यस्याशुभः पापस्य॥ 3॥

अब जो मन-वचन-काय के निमित्त से आत्मा के प्रदेश हिलते हैं उसकी दो पोजीशन होती हैं। वह शुभ भी होती है और अशुभ भी होती है। यदि हिंसा, झूठ, चोरी, कुशील, परिग्रह इत्यादि के लिए मन-वचन-काय हिल रहे हैं तो वह अशुभ आस्रव है और यदि दया, दान, पूजापाठ, व्रत-भक्ति, स्वाध्याय के लिए आत्मा के प्रदेशों में हलन-चलन हो रहा है तो वह शुभ आस्रव है। कार्माण वर्गणाओं में शुभ आस्रव होता है तो प्रकृतियाँ छँट-छँटकर वैसी ही शुभ आती हैं और यदि अशुभ आस्रव होता है तो प्रकृतियाँ छँट-छँटकर अशुभ ही आती हैं। निश्चय से कोई भी वस्तु शुभ-अशुभ नहीं है, किन्तु व्यवहार से हर वस्तु शुभ-अशुभ है। आप बाजार से कोई भी चीज खरीदते हैं तो व्यवहार से वह शुभ है या अशुभ है—यह भी सत्य होता है। वह आपके लिए सूटेबल होगा कि नहीं—यह भी व्यवहार से निश्चित है। ऐसे ही कार्माण वर्गणाओं में भी शुभाशुभ का भेद बनता है।

सकषायाकषाययोः साम्परायिकेर्यापथयोः॥ 4॥

जीव दुनिया में दो तरह के हैं—एक कषायसहित और एक कषायरहित। सिद्ध भगवान की तो छोड़ दो, क्योंकि वे दुनिया से पार हो गये, मुक्त हो गये। किन्तु संसार में जीव दो तरह के हैं। जैसे—अरिहंत भगवान, वे कषायरहित जीव हैं और हम सब कषायसहित जीव हैं। आचार्य कह रहे हैं कि आस्रव दो तरह का होता है। जो सकषाय जीव हैं उनके साम्परायिक आस्रव होता है। साम्परायिक माने ऐसा आस्रव होता है कि जिसकी परम्परा चलती है। और कषायरहित जीवों को जो आस्रव होता है वह ईर्यापथ आस्रव होता है। ईर्यापथ माने रास्ते में से गुजर जाना। आने और गुजर जाने में फर्क होता है। जब भी मन-वचन काय का प्रदेश-परिस्पन्दन होता है तो चाहे अरिहंत भगवान के हो या हमारे, कर्म वर्गणायें तो दोनों के आयेंगी। वे हिलाएँगे तो उनके भी आयेंगी और हम हिलाएँगे तो हमें भी आयेंगी। वस्तुस्वरूप में कोई भेदभाव या पक्षपात नहीं है, मगर फर्क क्या पड़ता है? हम तो कषाय-सहित हैं इसलिए हम उनको बुरी तरह चिपका लेते हैं और आगे फिर से उनका जंजाल बुन लेते हैं। बीज में से अंकुर और अंकुर में से बीज की परम्परा चलाने लगते हैं।

और अरिहंत भगवान के आस्रव आते तो जरूर हैं, मगर इधर से आते हैं और उधर से निकल जाते हैं। वह ईर्यापथ आस्रव है। जैसे कपड़े पर रंग दो तरह का चढ़ता है। एक कच्चा और एक पक्का। कच्चे और पक्के में क्या फर्क है? कच्चा चढ़ता जरूर है, मगर धोने पर निकल भी जाता है। इसीलिए पक्का रंग होता है उसमें जो चीज मिलाते हैं, उसे ये रंगरेजे 'कषाय' बोलते हैं। 'कषाय' डालते हैं तभी रंग पक्का होता है। ऐसे ही ये आत्मा में भी जो कषाय हैं, ये उन कर्म परमाणुओं को पक्का कर देते हैं। अगर कषाय न हों तो कर्म आएँगे जरूर, मगर चले जाएँगे। यह जो आकर चले जाना है वह ईर्यापथ है और रुकना सांपरायिक आस्रव है। कहने का तात्पर्य यह है कि आत्मा के प्रदेशों में स्पंदन होता भी हो, कषाय करना तुम्हारे हाथ में है, वह तो मत करो। यह आचार्यदेव का कहने का मतलब है।

इन्द्रियकषायाव्रतक्रियाः पञ्चचतुःपञ्चपञ्चविंशतिसंख्याः पूर्वस्य भेदाः ॥ 5 ॥

सांपरायिक आस्रव के 39 भेद होते हैं—पाँच इन्द्रियाँ, चार कषाय, पाँच अव्रत (हिंसा, झूठ, चोरी, कुशील, परिग्रह), और 25 क्रियायें।

तीव्रमन्दज्ञाताज्ञातभावाधिकरणवीर्यविशेषेभ्यस्तद्विशेषः ॥ 6 ॥

यह बहुत सुन्दर सूत्र है! एक साथ सौ लोग प्रवचन सुन रहे हैं। एक के कर्मों का आस्रव कम हो रहा है, एक को ज्यादा हो रहा है। एक को शुभ हो रहा है, एक को अशुभ हो रहा है। ये फर्क क्यों पड़ता है? इस पर आचार्य कह रहे हैं। तीव्र, मन्द, ज्ञात, अज्ञात भावों के कारण फर्क पड़ता है। जैसा-जैसा जिसके भाव होता है, वैसा-वैसा उनको लाभ मिलता है। सौ लोग पूजा में बैठते हैं, तो सबको एक-सा फल होता है क्या? सबको एक-सा आस्रव होता है क्या? नहीं। क्यों? किसी के भाव पूजा करने के तीव्र हैं और किसी के मन्द हैं। और ज्ञात-अज्ञात यानी कोई गलती जान-बूझकर कर रहा है, और कोई गलती अज्ञानवश कर रहा है। एक आदमी रात्रि-भोजन का त्यागी है, फिर भी कदाचित् कहीं कोई अन्न का दाना गलती से उसके मुँह में चला जाये तो वह भी हो तो गया रात्रि में अन्न का भक्षण, मगर उसमें और जानबूझकर एक दाना गेहूँ का खाने में बड़ा फर्क होता है। इसलिए ज्ञात और

अज्ञात में बड़ा अन्तर होता है। शास्त्र का अविनय हो गया हो तो विचारणीय है कि वह जानबूझकर किया गया है या अनजाने में हो गया है। दोनों में बड़ा फर्क पड़ता है! सुभौम चक्रवर्ती ने जानबूझकर णमोकार मन्त्र का अनादर किया था, उसका फल उनको मिला। और अनजाने में हो जाये तो अलग बात है। कहने का मतलब सारा दारोमदार अपने भावों पर है, इसलिए अपने भावों को सुधारे रखना चाहिए। चौबीस घंटे अपने भावों को सम्भालकर रखने का प्रयत्न करना चाहिए। यह इस आस्रव तत्त्व के वर्णन का सारांश है।

अधिकरणं जीवाजीवा: ॥ 7 ॥

अधिकरण भी दो प्रकार के हैं—जीव और अजीव। किसी को मारा तो यह हिंसा तो है, मगर किसने मारा, क्यों मारा—यह भी महत्त्वपूर्ण है। माँ ने बेटे को मारा तो यह भी मारना ही है, परन्तु उसमें और ही बात है। इसी प्रकार हाथ से मारा कि डंडे से मारा? डंडे से मारा कि चाकू से मारा? अकेले में मारा कि कुछ लोगों के बीच मारा? हर बात का बड़ा फर्क पड़ता है।

आद्यं संरम्भसमारम्भारम्भयोगकृतकारितानुमतकषायविशेषैस्त्रि-स्त्रिस्त्रिश्चतुश्चैकश: ॥ 8 ॥

जीवाधिकरण के 108 भेद हैं। माला में 108 दाने क्यों होते हैं? ऐसे क्यों लिखा जाता है कि श्री श्री 108 श्री...। ये 108 क्या है? लगता है कि ये 108 प्रकार के पाप होते हैं और जो इन 108 पापों को छोड़ दे, वही 108 श्री हैं। मुनि महाराज इन 108 पापों को छोड़ देते हैं, इसलिए उनको 108 श्री लगाते हैं। कौन से हैं ये 108? एक का नाम है संरम्भ, एक का नाम है समारम्भ और एक का नाम है, आरम्भ। जैसे चाय बनाऊँ—ऐसा सोचना संरम्भ है। और चाय बनाने की योजना बनाकर, सामग्री इकट्ठा करना—यह समारम्भ है और चाय बनाना शुरू कर देना आरम्भ है। हर क्रिया में संरम्भ, समारम्भ और आरम्भ होता है। और इसके अलावा योग। योग माने मन-वचन-काय, यानी मन से संरम्भ, मन से समारम्भ और मन से आरम्भ। इसी प्रकार तीनों से लगता है। तीन को तीन से गुणा करें तो 9 हो गया। और कृत, कारित, अनुमोदन, यानी खुद कर रहे हों या करा रहे हों या अनुमोदन कर रहे हों? इस प्रकार इन 3 को भी 9 से गुणा करो तो 27 हो गया। अब क्रोध,

मान, माया और लोभ—इन 4 को भी फिर 27 से गुणा करो तो 108 हो गया। इस प्रकार 108 तरह से एक-एक पाप होता है। एक-एक पाप के 108 भेद हो जाते हैं। झाड़ू लगाने में 108 तरह का पाप हो जाता है। मन से है कि वचन से है कि काय से है कि संरम्भ से है कि समारम्भ से है या आरम्भ से है, कृत से है कि कारित से है कि अनुमोदना से है। क्रोधपूर्वक है, मानपूर्वक है कि माया से लगा रहे हैं—इसमें भी पचासों बातें हैं। यह बहुत गहन विषय है। इसका गहनता से अध्ययन करोगे तो बहुत आनन्द आएगा। इस तरह से 108 प्रकार का जीवाधिकरण है।

अजीवाधिकरण के भेद—

निर्वर्तनानिक्षेपसंयोगनिसर्गाद्विचतुर्द्वित्रिभेदाः परम्॥ 9॥

अर्थात् दो निर्वर्तना, चार निक्षेप, दो संयोग और तीन निसर्ग के भेद से अजीवाधिकरण के ग्यारह भेद होते हैं।

अब दसवाँ सूत्र बहुत क्रान्तिकारी है उसे सुनो—

तत्प्रदोषनिह्नवमात्सर्यान्तरायासादनोपघाता ज्ञानदर्शनावरणयोः॥ 10॥

आस्रव की कॉमन चर्चा 9 सूत्रों में पूरी हो गयी। अब आस्रव की विशेष चर्चा 10 वें सूत्र से शुरू होती है। कर्म आठ प्रकार के होते हैं। चार घातिया और चार अघातिया। घातिया वे कर्म हैं जो आत्मा के गुणों को घातते हैं और अघातिया वे हैं जो आत्मा के गुणों को नहीं घातते। अब चार घातिया कर्मों के नाम सुनो—1. ज्ञानावरण, 2. दर्शनावरण, 3. मोहनीय और 4. अन्तराय—ये चार घातिया कर्म हैं। ज्ञानावरण ज्ञान पर प्रहार करता है, दर्शनावरण दर्शन पर प्रहार करता है, इत्यादि। और जो चार अघातिया कर्म हैं उनके नाम इस प्रकार हैं—वेदनीय, आयु, नाम और गोत्र। ये क्या करते हैं? वेदनीय कर्म अनुकूल-प्रतिकूल सामग्रियाँ दिलवाता है। जैसे आपको जुकाम है और पंखा लगवाएगा या फिर आपको गर्मी लग रही है तो पंखा लगवाएगा। यानी वातावरण के अनुकूल भी काम करवाएगा और प्रतिकूल भी काम करवाएगा। इस तरह वेदनीय कर्म सामग्री जुटवाता है।

आयु कर्म क्या करेगा? आपको सौ साल जीना है कि पचास साल—

यह निश्चित करेगा। वह आत्मा के गुणों को नहीं घातेगा। जैसे आप किसी के मकान में कितने दिन के किरायेदार हो, उतने दिन का पट्टा लिख देता है मकान मालिक। इस तरह का काम आयुकर्म करता है।

नामकर्म क्या करेगा? शरीर काला हो या गोरा; वह पाँच फीट का हो, छह फीट का हो या सात फीट का। कितना वजनदार हो, इत्यादि यह सब काम नामकर्म करता है।

अघातिया कर्म आत्मा के गुणों पर प्रहार नहीं करते हैं। वे बाहर ही बाहर रेंगते हैं। और घातिया कर्म सीधे अन्दर जाकर आत्मा के गुणों को घातते हैं।

अब आचार्य यह समझा रहे हैं कि ज्ञानावरण का आस्रव कैसे होता है, क्या करते हैं हम कि ज्ञान पर आवरण पड़ जाता है। देखो, दुनिया में हर आदमी बुद्धिमान बनना चाहता है। मेरी याददास्त खूब तेज हो, मेरे बच्चे बहुत बुद्धिमान बनें, वे ब्रिलियंट बनें। तथा इसके लिए वे बढ़िया से बढ़िया ट्यूशन लगाते हैं, कोचिंग कराते हैं, बदाम का दूध पिलाते हैं। यानी ये खिलाओ, ये पिलाओ, ऐसे करो, वैसे करो, इत्यादि। क्यों? क्योंकि हमारा बेटा बहुत बुद्धिमान होना चाहिए।

इस प्रकार सब बहुत बुद्धिमान बनना चाहते हैं, मगर बुद्धिमान कैसे बना जाता है, क्यों कोई मन्दबुद्धि बनता है—यही नहीं जानते। असली बात सुनो। बादाम खाते-खाते बुद्धि नहीं बढ़ती। बुद्धिमान बनने का आचार्यदेव एक तरीका बता रहे हैं? सूत्र नं. 10 में बुद्धिमान बनने का अचूक मन्त्र है। मन्दबुद्धि कैसे बनते हैं और बुद्धिमान कैसे बनते हैं—सुनो! जो व्यक्ति ज्ञान के काम में बाधा पैदा करता है, ज्ञान का अविनय करता है, ज्ञान के उपकरणों को नष्ट करता है, ज्ञानीजनों की निन्दा और बदनामी करता है, कोई ज्ञान की किताब/ग्रन्थ पढ़ रहा है, उसे पढ़ने से मना करता है, उसमें विघ्न पैदा करता है, वह मन्दबुद्धि बनता है, उसके ज्ञान का ह्रास होता है। और जो ज्ञान के कार्यों में साधक बनता है वह महाबुद्धिमान बनता है। अत: अब यह निश्चय कर लो कि यदि कोई पढ़ता होगा, तो कुछ भी हो जाये, हम उसमें बाधक नहीं बनेंगे। हो सकेगा तो कुछ सहयोग ही करेंगे। कहा है—

सरस्वती के भण्डार की, बड़ी अपूरव बात।
ज्यों खर्चे त्यों-त्यों बढ़े, बिन खर्चे घट जात॥

जो लोग ज्ञान से बड़ा प्यार करते हैं, जिनको ज्ञान अच्छा लगता है, जो ज्ञान के काम में सहयोग करते हैं वे बहुत बुद्धिमान हो जाते हैं, उनकी स्मरणशक्ति बहुत बढ़ जाती है—यह एकदम सत्य है। जरा सोचो कि जो ग्वाला था, उसने शास्त्रदान किया तो अगले जन्म में वह कुन्दकुन्द आचार्य बन गया।

अरे, इस जन्म में भी आप एक व्यक्ति को ज्ञान के मार्ग पर लगाकर तो देखो, कोई बच्चा पढ़ाई छोड़ रहा हो तो उसकी पढ़ाई में मदद करके तो देखो। अपने ज्ञान का विकास भी कितना होता है—देखना। ऐसे लोगों से ज्ञानावरणीय कर्म डरकर भाग जाता है, यही इस सूत्र में लिखा है।

जो ज्ञान में दोष लगाते हैं, ज्ञान को छुपाते हैं, अथवा ज्ञान के काम में कुछ भी गड़बड़ घोटाला करते हैं, वे अपने आपको मन्दबुद्धि होने का न्योता देते हैं। और ज्ञान के प्रचार-प्रसार में सहयोग करना बहुत बड़ा ज्ञानी बनने का प्रयत्न करना है। यही है बुद्धिमान बनने का असली तरीका, और कोई अन्य तरीका नहीं है।

इस प्रकार दसवाँ सूत्र बुद्धिमान होने का मन्त्र है। अब ग्यारहवें सूत्र में आचार्य सुखी होने का मन्त्र बता रहे हैं—

कोई बिलकुल निरोगी रहता है, किसी को रोग ही रोग होता रहता है। कोई कुछ काम करने जाता है तो वही सफल नहीं होता, उसमें कुछ-न-कुछ विघ्न पैदा हो जाते हैं। और कोई जो भी काम हाथ में लेता है उसी में सफल होता है। किसी को अनुकूलताएँ मिलती हैं तो किसी को प्रतिकूलताएँ मिलती हैं। इस सबका क्या कारण है—

दुःखशोकतापाक्रन्दनवधपरिदेवनान्यात्मपरोभयस्थान्यसद्वेद्यस्य॥11॥

खुद दुःखी होना और दूसरे को दुःख पहुँचाना—इससे जान लो कि प्रतिकूलतायें मिलेंगी। शोक करना, ताप करना, जलते रहना, कुढ़ते रहना, क्रन्दन करना, किसी को मारना, सताना, पश्चात्ताप करना—आदि जो करते रहते हैं, उनको असाता वेदनीय कर्म का आस्रव होता है और उसके फलस्वरूप

उन्हें प्रतिकूलता मिलती है। इसीलिए कहा है कि कितनी भी बड़ी परेशानी हो, मुस्कुराते रहना चाहिए, रोना नहीं चाहिए। रोने से असाता वेदनीय कर्म का आस्रव होता है। दु:खी होना मतलब असाता वेदनीय कर्म का बन्ध करना है। उसको फिर से बहुत दु:ख मिलता है, इसलिए कभी दु:ख में भी दु:खी नहीं होना चाहिए, चाहे कितना भी बड़ा दु:ख आ जाये। सीता पर इतना बड़ा दु:ख आया था, फिर भी कह रही है कि जाकर राम से कह देना कि वे कोई चिन्ता ना करें। यह तो कोई पूर्व कर्मों का योग ऐसा ही है, अत: दु:खों की चिन्ता करने की कोई जरूरत नहीं है। जो-जो हमने बोये वही आज उदय में आ रहे हैं। अरे, जो उधार लिया है उसे तो चुकाना ही है।

अब बारहवाँ सूत्र कहता है कि जिन्दगी में जहाँ भी जाओ, वहाँ अनुकूलता मिले—इसके लिए क्या करना चाहिए—

भूतव्रत्यनुकम्पादानसरागसंयमादियोगः क्षान्तिः शौचमिति सद्वे-द्यस्य॥ 12॥

प्राणी मात्र को अपने समान समझना, उसके प्रति दया का भाव रखना, पाँच पापों से एकदेश-सर्वदेश विरत होने वाले श्रावक और मुनि—इन पर दया, अनुकम्पा का भाव रखना। दु:खी को देखकर दान दे देना, उसके दु:खों को दूर करने का प्रयत्न करना, सुखी रहे सब जीव जगत के कोई कभी न घबरावे, सब सुखी रहें, किसी को दु:ख न मिले—ऐसी भावना करना, संयम धारण करना, सामायिक करना, क्षमा करना, इत्यादि प्रकार के जिसके भाव हैं, उसको साता वेदनीय कर्म का आस्रव होता है। वह जहाँ जाता है, वहीं उसे अनुकूलता मिलती है।

केवलिश्रुतसंघधर्मदेवावर्णवादो दर्शनमोहस्य॥ 13॥

दर्शनमोहनीय कर्म अर्थात् मिथ्यात्व नामक कर्म कैसे बँधता है? केवली के बारे में गलत बात कहना, जैसे वे हैं नहीं या वे ही इस जगत के कर्ता-धर्ता हैं, पूजा करो तो खुश हो जाते हैं, गाली दो तो शाप देते हैं, उनके भी बीबी-बच्चे हैं—ऐसे भगवान के बारे में उल्टी बातें करने से मिथ्यात्व नामक कर्म का बन्ध होता है। शास्त्र के बारे में गलत बातें कहना, धर्म को गलत कहना, मुनिराजों के बारे में गलत कहना और देवगति के देवों के बारे में कि वे बलि

चढ़वाते हैं, ये खाते हैं, वो खाते हैं, शराब पीते हैं...इत्यादि बातें करना दर्शनमोहनीय कर्म के आस्रव का कारण है।

कषायोदयात्तीव्रपरिणामश्चारित्रमोहस्य॥ 14॥

चारित्रमोहनीय कर्म का आस्रव कैसे होता है? जब पिछली कषाय का उदय आये तब यदि आप तीव्र परिणाम करते हो तो चारित्रमोहनीय का आस्रव होता है। और यदि मोहनीय कर्म का उदय आ रहा है और आप मन्दिर जाकर बैठ जाओ तो वह मन्द हो जाता है। कभी-कभी ऐसा होता है कि कोई प्रसंग गुस्से का बन जाता है। अब यदि चाहो तो उसको बढ़ाओ और चाहे तो उसको वहीं पर खत्म करो। जैसे कह दो कि हम मन्दिर जा रहे हैं। अब मन्दिर जाकर आये तब तक सारा गुस्सा अपने आप शान्त हो जाता है।

रामायण में एक ऐसा प्रसंग आता है कि राम, लक्ष्मण और सीता वन में बैठे हुए थे। इतने में राम ने लक्ष्मण से कहा कि लक्ष्मण, जरा पानी लाना। तो कुछ चक्कर पड़ा होगा तो लक्ष्मण बोला—'क्या भईया! जब देखो तब मुझे ही काम बताते रहते हो, लक्ष्मण ये कर दे, लक्ष्मण वो कर दे। यहीं पर सीता भाभी भी तो बैठी हैं, आप उनसे तो कुछ काम नहीं कहते। आप तो मुझे ही परेशान करते हो।'

लक्ष्मण इतना बड़ा सेवक, मगर बिगड़ गया। राम ने भी सोचा कि ये क्या बात है, आज लक्ष्मण इस तरह से क्यों बात कर रहा है? तब सीता उठकर पानी लाने जाने लगीं तो राम ने कहा कि थोड़ी देर रुको, अभी प्यास नहीं लगी है। वे थोड़ी दूर एक-दो किमी. आगे जाकर किसी पेड़ के नीचे बैठे और तब राम ने सीता से कहा कि 'सीता, देखो कहीं पानी मिले तो ले आओ।' तब लक्ष्मण बोला, 'क्यों, मैं क्या मर गया हूँ? भाभी क्यों जाएगी? मैं पानी लेकर आता हूँ।' यानी कभी-कभी कषाय का प्रसंग पैदा हो तो भी उसे टाल देना चाहिए। इससे चरित्रमोहनीय कर्म का आस्रव नहीं होता।

बह्वारम्भपरिग्रहत्वं नारकस्यायुषः॥ 15॥

नरक में कैसे जाते हैं? बहुत आरम्भ-परिग्रह के चक्कर में रहना, नरक गति में जाने का कारण है। कोई महिला सोचती है कि उसके पास 600 साड़ियाँ हों, 800 जोड़ी चप्पल हों, आदि...पर यह ठीक नहीं है। देखो—

'मोटा महीन कातकर भाई, कर अपना सुरझेरा।
अन्त आग में ईंधन होगा, 'भूधर' समझ अबेरा॥'

इसलिए बहुत आरम्भ-परिग्रह रखना खतरनाक है। आप जानते होंगे कि कोई भी चक्रवर्ती राजा अगर राज्यपद में मरता है तो निश्चित रूप से नरक में जाता है, और यदि चक्रवर्ती पद छोड़कर मुनि हो जाए तो मोक्ष जाता है। दुनिया में आप लोगों ने 9 ग्रह तो सुने होंगे, मगर सच बताऊँ कि सबसे खतरनाक ग्रह 'परिग्रह' है। आफत है यह। परिग्रह हमारी ताकत नहीं दिखाता, अपितु हमारी कमजोरी दिखाता है। परिग्रह से हम अपनी ताकत को नहीं दिखाते, बल्कि अपनी कमजोरी दिखाते हैं। मैं आपसे कहूँ कि मुझे अपने स्वास्थ्य की कोई चिन्ता नहीं है, मैं 24 घंटे अपने साथ डॉक्टर लेकर चलता हूँ। अब जरा सोचिये कि 24 घंटे डॉक्टर लेकर कौन चलेगा? जिसे स्वास्थ्य की चिन्ता होगी वह या नहीं होगी वह?

इसी प्रकार कोई कहे कि मुझे दुश्मन का कोई डर नहीं हैं, मेरे हाथ में हर वक्त राइफल रहती है! परन्तु तुम्हारे हाथ में हर वक्त राइफल रहती है, इसका मतलब है कि तुम्हें दुश्मन का डर हमेशा बना रहता है। इस तरह से ये परिग्रह हमारी दुर्बलता का प्रतीक है, सबलता का नहीं है। तो बहुत आरम्भ-परिग्रह होगा तो नरक आयु का आस्रव होगा।

देखो, यह सूत्र बहुत महत्त्वपूर्ण है। आचार्य उमास्वामी महाराज हमें शिक्षा दे रहे हैं कि बहुत आरम्भ-परिग्रह रखोगे तो नरक गति प्राप्त होगी, अतः यदि पुनः मनुष्य गति प्राप्त करनी हो तो आरम्भ-परिग्रह बहुत कम करो। प्राणियों को पीड़ा देने वाले कार्य आरम्भ कहलाते हैं।

जैनधर्म में आरम्भ-परिग्रह को कम करने की बहुत ही अधिक प्रेरणा दी गयी है। एक व्याकरण के आचार्य तो कहते हैं कि शब्दों में भी पञ्चम वर्ण की बजाए अनुस्वार (बिन्दी) से काम चलाओ। जैसे कि "चन्दन" नहीं, "चन्दन" लिखो, क्योंकि ऐसा करने से अल्पारम्भ होता है। कागज, स्याही, समय—सब कम लगते हैं। अतः हम सबको जीवन में अल्पारम्भ-परिग्रह के इस विश्वकल्याणकारी मंगल सन्देश को सदा अपनाना चाहिए।

अब तिर्यञ्च गति के आस्रव का कारण बताते हैं—

माया तैर्यग्योनस्य॥ 16॥

मायाचार करोगे तो तिर्यंच गति में जाओगे। मायाचार (छल-कपट) तिर्यंच गति का कारण है। मायाचार से धन, यश कुछ नहीं मिलता, बल्कि घोर पापबन्ध होता है।

अल्पारम्भपरिग्रहत्वं मानुषस्य॥ 17॥

अल्प आरम्भ और अल्प परिग्रह रखना। सुख पावे सन्तोषी प्राणी...। अल्पारम्भ-परिग्रह से मनुष्य गति का आस्रव होता है।

स्वभावमार्दवं च॥ 18॥

स्वभाव में मृदुता हो, नम्रता हो तो मनुष्य गति का आस्रव होता है।

निःशीलव्रतत्वञ्च सर्वेषाम्॥ 19॥

शीलरहित और व्रतरहित होना सब आयुओं (नरक, तिर्यंच, मनुष्य, देव) के आस्रव का कारण है।

सरागसंयमसंयमासंयमाकामनिर्जराबालतपांसि दैवस्य॥ 20॥

देवगति के आस्रव के कारण हैं—सराग-संयम, संयमासंयम, अकाम निर्जरा और बालतप। देखो, नौवें ग्रैवेयक तक चला जाता है मिथ्यादृष्टि जीव भी बालतप आदि करके।

सम्यक्त्वं च॥ 21॥

सम्यग्दर्शन भी देवगति का कारण बनता है। यद्यपि असल में सम्यग्दर्शन कर्मबन्ध का कारण नहीं बनता, बल्कि सम्यग्दर्शन के साथ जो शुभ राग होता है वही देवगति का कारण बनता है।

योगवक्रता विसंवादनञ्चाशुभस्य नाम्नः॥ 22॥

योग में वक्रता यानी मन, वचन और काय में टेढ़ापन रखना। मन में कुछ, वचन में कुछ और काया में कुछ रखना। इसे भिड़ाओ, उसे भिड़ाओ। ये सब योगवक्रता, विसंवादन करना है, इससे अशुभ नामकर्म का बन्ध होता है। यानी अशुभ शरीर प्राप्त होता है, वक्र शरीर प्राप्त होता है। परिणामस्वरूप कुबड़े, लंगड़े, बहरे आदि हो जाते हैं।

तद्विपरीतं शुभस्य॥ 23॥

देखो, दुनिया बड़ी चालाकी से चल रही है। और आपको कितने ही

लोग सिखाएँगे कि सीधे मत रहो, सीधे का जमाना नहीं है, सीधे मारे जाते हैं, उनसे सावधान रहना। एक यशस्तिलक चम्पू ग्रन्थ है। उसमें एक बात आई है। किसी ने कहा कि आदमी को सीधा नहीं होना चाहिए। जंगल में जो सीधे पेड़ होते हैं वही काटे जाते हैं। टेड़ों को बढ़ई नहीं काटता। सीधे का जमाना नहीं है, क्योंकि सबसे ज्यादा परेशानी सीधों को ही उठानी पड़ती है। सीधों को सब परेशान करते हैं। इत्यादि। आचार्यदेव ने उसे जवाब दिया कि भैया! तुमने ठीक कहा कि सीधों को काटा जाता है, मगर ये अधूरी बात है। पूरी मैं सुनाता हूँ। तुमको आगे की बात पता नहीं है। सीधे पेड़ों का क्या बनता है, पता है? शास्त्र रखने के लिए चौकी, पूजा के लिए चौकी, पढ़ने के लिए टेबल, कुर्सी, दरवाजे—ये बनते हैं। और टेड़ों का क्या होता है, आपको पता है? वे जलाये जाते हैं खड़े-खड़े ही। उनके कोयले बनाये जाते हैं। कहने का मतलब है कि दुनिया के अज्ञानियों की बात मत मानना, आचार्य उमास्वामी की बात मानोगे तो सुखी रहोगे।

दर्शनविशुद्धिर्विनयसम्पन्नताशीलव्रतेष्वनतीचारोऽभीक्ष्णज्ञानोपयोग-संवेगौ शक्तितस्त्यागतपसी साधुसमाधिर्वैयावृत्यकरणमर्हदाचार्यबहु-श्रुतप्रवचनभक्तिरावश्यकापरिहाणिमार्गप्रभावनाप्रवचनवत्सलत्वमिति तीर्थंकरत्वस्य॥ 24॥

ये 16 कारण भावनायें तीर्थंकर नामकर्म के आस्रव का कारण है। यह बहुत बढ़िया सूत्र है। इसमें बहुत सार भरा हुआ है। तीर्थंकर कैसे बनते हैं? दर्शनविशुद्धि अर्थात् निर्मल सम्यग्दर्शन हो तथा ऐसे भाव कि सब जीव तत्त्व सीख जायें, सबका कल्याण हो जाये, अरे! सब वीतरागता के मार्ग पर चलें, अरे! लोग कैसी-कैसी अज्ञान की बातें मान बैठे हैं! लोग भगवान को कर्त्ता धर्ता मानकर बड़ा पाप कर रहे हैं, उनका ऐसा विचार छूट जाय, उनको सही वस्तुस्वरूप का पता चल जाय, ऐसी जिसके हृदय में बड़ी जबरदस्त करुणा समुद्र की तरह हिलोरें लेती है, उस व्यक्ति को तीर्थंकर नामकर्म का आस्रव होता है।

परात्मनिन्दाप्रशंसे सदसद्गुणोच्छादनोद्भावने च नीचैर्गोत्रस्य॥ 25॥

दूसरों की निन्दा करना और अपनी प्रशंसा करना—इससे नीच गोत्र

का आस्रव होता है। अपनी प्रशंसा ज्ञानीजन कभी नहीं करते। ज्ञानी तो यही कहते हैं—

'बुरा जो देखन मैं चला, बुरा न मिलिया कोय।
जो दिल देखा आपना, मुझसे बुरा न कोय॥'

दुनिया में कोई बुरा नहीं है, हम ही बुरे हैं—ऐसा सोचो। दूसरे की निन्दा करना बहुत बड़ा पाप है। और अपनी प्रशंसा करना। ये भी पाप है। इससे नीच गोत्र का आस्रव होता है। किसी के गुणों को तो छुपाना और उसके दोषों को जग जाहिर करना—ये पाप है।

तद्विपर्ययो नीचैर्वृत्त्यनुत्सेकौ चोत्तरस्य॥ 26॥

और उसका उल्टा करो तो उच्च गोत्र का आस्रव होता है। हमारे गुरुजी ने पाँचवीं-छठवीं कक्षा में समझाया था कि जब तुम एक अँगुली दूसरों की तरफ करते हो तो तीन अँगुली तुम्हारी अपनी ही तरफ हो जाती हैं। अतः हमको दूसरे के दोष न देखकर उसके गुण ही ग्रहण करना चाहिए।

विघ्नकरणमन्तरायस्य॥ 27॥

किसी के किसी भी काम में, दान में, लाभ में, भोग में, उपभोग में, उत्साह में विघ्न डालना—इससे अन्तराय कर्म का आस्रव होता है। इसीलिए कहा है—

'यदि भला किसी का कर न सको, तो बुरा किसी का मत करना।
अमृत न पिलाने को घर में, तो जहर पिलाते भी डरना॥ '

इति तत्त्वार्थाधिगमे मोक्षशास्त्रे षष्ठोऽध्यायः।

सातवाँ अध्याय

''मोक्षमार्गस्य नेतारं, भेत्तारं कर्मभूभृताम्।
ज्ञातारं विश्वतत्त्वानां, वंदे तद्गुणलब्धये॥''

अर्थ–जो मोक्षमार्ग के नेता हैं, कर्मरूपी पर्वतों के भेत्ता हैं—भेदनकर्ता हैं और सम्पूर्ण तत्त्वों के ज्ञाता हैं, उनको मैं वीतरागता, सर्वज्ञता और हितोपदेशिता की प्राप्ति के लिए सविनय प्रणाम करता हूँ।

यह तत्त्वार्थसूत्र नाम का ग्रन्थ है। इसकी रचना आज से दो हजार वर्ष पहले परमपूज्य आचार्य श्री उमास्वामी मुनिराज ने की है। इस ग्रन्थ में समस्त दुःखों को मिटाने की कला सिखाई गयी है। और वह कला यह है कि यह जीव सात प्रयोजनभूत तत्त्वों को सही-सही जानकर उन पर श्रद्धान कर ले।

छह अध्यायों का हम स्वाध्याय कर चुके हैं, अब सातवें अध्याय का स्वाध्याय करेंगे। शुरू के 4 अध्यायों में जीव तत्त्व का वर्णन है। पाँचवें अध्याय में अजीव तत्त्व का वर्णन किया गया। छठे और सातवें अध्याय में आस्रव तत्त्व का वर्णन कर रहे हैं। उनमें से कल छठे अध्याय में आस्रव का सामान्य कथन, मुख्य रूप से पापास्रव अथवा अशुभास्रव का कथन किया गया। और अब सातवें अध्याय में शुभास्रव का वर्णन करते हैं। छठे अध्याय की शुरुआत में ही कहा गया है कि आस्रव दो प्रकार का है। जब मन-वचन-काय की क्रिया शुभरूप होती है, अहिंसा, दया, दान, पूजा-पाठ, व्रत रूप होती है, तब शुभास्रव होता है और जब हिंसा, झूठ, चोरी, कुशील आदि रूप

होती है तो पापास्रव होता है। इस तरह आस्रव दो प्रकार का होता है। छठे अध्याय में अशुभास्रव का विस्तार से वर्णन किया। अब यहाँ शुभास्रव का सूक्ष्मता से वर्णन करते हैं।

अनादि काल से यह जीव अशुभ रूप प्रवृत्ति करते चला आ रहा है। 24 घंटे हिंसा, झूठ, चोरी, कुशील और परिग्रह रूप पापास्रव अनादि काल से करता चला रहा है। यद्यपि यह बात भी सच है कि शुभ और अशुभ—ये दोनों भाव इस जीव में अनादि काल से पाये जाते हैं। और अन्तर्मुहूर्त में निश्चित रूप से बदलते ही हैं। कोई भी जीव दुनिया में ऐसा नहीं है जो अन्तर्मुहूर्त से ज्यादा लगातार अशुभ उपयोग में लगा रह जाये। अशुभ उपयोग के बाद अन्तर्मुहूर्त में गारंटी से उसे चाहे वह कितना ही पाप करता हो, एक सेकंड के लिए ही सही, शुभोपयोग जरूर होता है। अन्तर्मुहूर्त से ज्यादा एक उपयोग कभी बना नहीं रहता। एक शुद्धोपयोग ही ऐसा है जो अन्तर्मुहूर्त तक बना रह जाये तो फिर अनन्तानन्त काल तक बना ही रहता है।

संसार दशा में सामान्यतया तीन प्रकार के उपयोग हैं—अशुभ, शुभ और शुद्ध। ये तीनों अन्तर्मुहूर्त में चक्र की तरह घूमते ही रहते हैं। पापी से पापी जीव हो या पुण्यात्मा से पुण्यात्मा जीव हो। आप बहुत अच्छा पूजा, पाठ खूब धूम-धड़ाके से लगातार 4-6 घंटे तक विधान-पूजा, स्वाध्याय आदि करते हैं अथवा एक घंटे खूब बढ़िया प्रवचन सुनते हैं, फिर भी एक घंटा लगातार शुभोपयोग रहता नहीं है। 48 मिनट के अन्दर-अन्दर प्रवचन में बैठे-बैठे भी, पूजा में बैठे-बैठे भी अशुभोपयोग का झटका आ ही जाता है। चाहे फिर से शुभोपयोग शुरू हो जाये। ऐसे ही अशुभोपयोग भी बदलता है, चाहे कोई पापी हो या कोई बधिक हो या शिकारी-व्यसनी हो तो भी उसके अशुभ कार्य करते समय भी उसके परिणामों में चेंज जरूर आ जाता है—अरे...रे! ये मैं क्या कर रहा हूँ! इत्यादि प्रकार से कहीं न कहीं शुभ भाव बन ही जाते हैं। इस तरह जीव अनादि काल से शुभ-अशुभ के झूले में झूल रहा है। कोई भव्य जीव काललब्धि पाकर ऐसा पुरुषार्थ करता है कि शुभ और अशुभ की इस चेन से ऊपर उठकर सेकंड के लिए ही सही, शुद्धोपयोग कर लेता है। अनादि काल से निगोद से निकलकर तब से आज तक हम क्या करते आ रहे

हैं? अशुभ, शुभ, अशुभ, शुभ...बस यही करते आ रहे हैं। आचार्य कहते हैं कि तुम एक बार उठो तो सही। एक मिनट भी इन दोनों से पार हो जाओ, ऊपर उठो तो शुद्धोपयोग होगा। फिर तुम्हारे जीवन में कभी शुभ, कभी अशुभ और कभी-कभी शुद्ध आने लग जाएगा। और जैसे-जैसे तुम्हारी भूमिका बढ़ेगी, शुद्ध जल्दी-जल्दी आने लगेगा। और जैसे तुम खूब अन्तर्मुहूर्त तक अशुभ में जमे रहते हो और अन्तर्मुहूर्त तक शुभ में जमे रहते हो तो ऐसे ही कभी ऐसा क्षण आएगा कि अन्तर्मुहूर्त तक तुम शुद्ध में जमे रहने लगोगे और जमते-जमते अनन्तानन्त काल के लिए शुद्धोपयोग में ही जम जाओगे, शुभ-अशुभ छूट जाएँगे।

अशुभ भाव तो बहुतायत से सभी जीवों में अनादि काल से पाये जाते हैं। आचार्यदेव आज थोड़ा अशुभ से ऊपर उठाकर शुभास्रव की ओर हम सबको ले जाना चाहते हैं। वह शुभास्रव कैसा है, उसे यह सातवाँ अध्याय बताएगा। हम अशुभ से कैसे बचें? नरक, तिर्यंच आदि से कैसे बचें? उसका वर्णन इस सातवें अध्याय में करते हैं कि शुभ आस्रव का यह स्वरूप है।

हिंसाऽनृतस्तेयाब्रह्मपरिग्रहेभ्यो विरतिर्व्रतम्॥ 1॥

व्रत शुभास्रव का कारण है। यदि आपको अशुभ आस्रवों से बचना है तो उसके लिए आपके जीवन में व्रत होने चाहिए। व्रत पालने से शुभास्रव होते हैं। व्रत कितने हैं? ये पाँच हैं। और उनके नाम हैं—हिंसा-विरति। विरति का अर्थ है—विरक्ति। यानी हिंसा छोड़ना, हिंसा का त्याग, अहिंसा। अनृत यानी झूठ, स्तेय यानी चोरी, अब्रह्म यानी कुशील और परिग्रह—इन पाँचों से विरक्त होना, इसका नाम व्रत है। अभिप्राय यह हुआ कि हिंसा, झूठ, चोरी, कुशील व परिग्रह से विरक्त होकर अहिंसा, सत्य, अचौर्य, ब्रह्मचर्य एवं अपरिग्रह का संकल्प ही व्रत है। ध्यान रहे अशुभ कार्यों में लगने का संकल्प व्रत नहीं कहलाता।

देशसर्वतोऽणुमहती॥ 2॥

इन पाँच पापों का यदि देशरूप यानी आंशिकरूप से त्याग किया जाये तो उसका नाम अणुव्रत है और पूरा त्याग किया जाये तो उसका नाम महाव्रत। इसका सन्देश है कि व्रतों में अल्पता तो चल सकती है, पर शिथिलता नहीं,

अतः ये पाँचों पालन की अपेक्षा से दो प्रकार के हैं।

तत्स्थैर्यार्थं भावनाः पञ्च पञ्च॥ 3॥

यह बहुत बढ़िया सूत्र है। उन पाँच व्रतों को मजबूती प्रदान करने के लिए, उनमें दृढ़ता, स्थिरता प्रदान करने के लिए पाँच-पाँच भावनाएँ हैं। कई जीव व्रत लेने को तो ले लेते हैं, मगर मुसीबत जिस दिन आये, पता तो उस दिन चलेगा कि कितने पालने वाले हैं। कितने लोग हैं कि बहुत कठिन-कठिन व्रत तो ले लेते हैं, मगर अपने परिणामों की योग्यता भी जल्दी से नहीं पहचानते हैं और फिर जरा-सा कुछ हुआ कि उस व्रत को छोड़ते फिरते हैं। इसलिए 'तत्स्थैर्यार्थं' अर्थात् व्रतों को अपनी शक्ति के अनुसार स्थिरतापूर्वक ग्रहण करो। हमारे आचार्यों का बड़ा ही वैज्ञानिक सन्देश इस मामले में है, जिसे एक पल भी नहीं भूलना चाहिए। चरणानुयोग की कोई भी बात, व्रत-उपवास, शुभास्रव की कोई भी बात तीर्थयात्रा, दया, दान, पूजा-पाठ सबकी बात में एक मास्टर-की हमारे आचार्यों ने दी है, उसे कभी नहीं भूलना है। वह 'मास्टर-की' यह है—

'जं सक्कइ तं किज्जइ जं च ण सक्कइ तहेव सद्दहणं।
सद्दहमाणो जीवो पावदि अजरामरं ठाणं॥'

और इसको हम लोग हिन्दी में इस तरह बोलते हैं—

'कीजे शक्तिप्रमान, शक्ति बिना सरधा धरे।
द्यानत सरधावान, अजर अमर पद को लहे॥'

कहने का मतलब—आप पालन उतना ही करो जितनी आपकी शक्ति है। किसी ने नहीं कहा कि इतना करो, पूरा करो, ज्यादा करो। कोई जबरदस्ती नहीं है। देखादेखी मत करो कि वह इतना कर रहा है, मैं भी क्यों न करूँ। चारित्र किसी को देखकर नहीं पाला जाता है, अपने परिणामों को देखकर पाला जाता है। तो यह बहुत बड़ा सन्देश है, यह सुप्रीम जजमेंट है कि जितना पालना सम्भव हो उतना ही पालन करो। कत्तई जरूरत नहीं है शक्ति से अधिक पालने की। शक्ति से ज्यादा पालने वाले को तो कषायपाहुड में तीव्र कषायी कहा है, क्योंकि तीव्र कषाय के बिना कोई ज्यादा नहीं पाल सकता। अगर सामान्य आदमी होगा तो जितना सामान्यतया पाल सकता है उतना ही

पालन करेगा। इसलिए आचार्य कहते हैं कि जितना पाल सकते हो उतना पालो, मगर इतना जरूर ध्यान रखो कि श्रद्धा में खोट न आये।

रात्रिभोजन को छोड़ सको तो छोड़ो, न छोड़ सको तो मत छोड़ो, मगर यह मत कहो कि जमाना बदल गया, क्या पुरानी बातें लेकर बैठे हो, कुछ नहीं होता है यह सब छोड़ने से। आपसे रोज पूजा होती हो तो करो, न होती हो तो ना करो, मगर यह मत कहो कि ये क्या रोज-रोज पूजा में चले जाते हो, यह सब बेकार की बातें हैं। इसी प्रकार से आपसे जमीकंद छूट सके तो छोड़ो, सब ना छूट सके तो आधे छोड़ो, आधे न छूट सके तो 1-2 छोड़ो, 1-2 भी न छूटे तो एक दिन के लिए छोड़ो, वह भी ना छूटे तो बिलकुल मत छोड़ो, मगर ऐसा तो मत कहो कि क्या रखा है ये जमींकंद आदि छोड़ने में। आपने क्या फालतू की बातें लगा रखी हैं, कुछ नहीं होता है यह सब छोड़ने से। ऐसा कहने वाला मिथ्यादृष्टि है। वह कभी नहीं सुधरने वाला। जो पाल नहीं रहा है वह आज नहीं तो कल, कल नहीं तो परसों लाईन पर आ जाएगा, लेकिन जो इस पालने वाले को ही गलत कह रहा है, वह कभी लाईन पर आने वाला नहीं है। इसलिए इस सुप्रीम जजमेंट को एक पल के लिए भी हमको भूलना नहीं चाहिए। और इन व्रतों की स्थिति के लिए, मजबूती के लिए—'भावनाः पञ्च पञ्च' हर व्रत की पाँच-पाँच भावनायें हैं। भावना माने पुनः पुनः चिन्तनं अनुप्रेक्षा, आप सब बारह भावना जानते हैं। 'भावना' नाम क्यों है? ताकि बार-बार चिन्तन करो। बार-बार चिन्तन करने का नाम है—भावना। तो पाँच व्रतों को मजबूती से पालने के लिए हर व्रत की आपको पाँच-पाँच भावनायें बता रहे हैं।

वाङ्मनोगुप्तीर्यादाननिक्षेपणसमित्यालोकितपानभोजनानि पञ्च ॥4॥

अहिंसा व्रत को अच्छी तरह पालने के लिए, उसे मजबूत करने के लिए ये पाँच भावनायें हैं—

1. वाङ्गुप्ति : यानी वचनगुप्ति। अगर आपको सचमुच अहिंसा पालनी है तो थोड़ा-सा जबान पर भी लगाम लगाना सीखो, क्योंकि हिंसा जबान से भी होती है। जैसे मैं तुझे मार दूँगा। भले ही मारे नहीं, मगर तुमने जबान से मार दिया, इसलिए तुम्हारे अहिंसा व्रत में दोष लग गया। इसलिए अहिंसा व्रत

पालने वाले को थोड़ा जबान पर भी लगाम रखना सीखना चाहिए। ऐसा नहीं कि कोई कहे कि मैंने अहिंसा व्रत ले रखा है और उसकी जबान 24 घंटे कतर-कतर कैंची की तरह चलती रहती है। जबान पर भी लगाम होना बहुत जरूरी है।

2. मनोगुप्ति : अगर अहिंसा व्रत ठीक-ठीक पालना है तो यह मन रूपी घोड़ा भी वश में रखना होगा, यदि वह जेट एअर की स्पीड में भागेगा तो भी अहिंसा व्रत ठीक से नहीं पल सकता है। इसलिए मन पर भी थोड़ा-सा काबू करने की कोशिश हो, तभी अहिंसा व्रत का पालन हो सकता है।

3. ईर्यासमिति : मुनि महाराज को तो ईर्या समिति होती ही है, मगर श्रावक को भी, अणुव्रती को भी देखकर ही चलना चाहिए। अगर अहिंसा व्रत का पालन करना है तो ईर्यासमिति का पालन करने की कोशिश करनी चाहिए—देखकर चलना चाहिए। ऐसा नहीं कि अहिंसा व्रत तो ले रखा है और बिना देखे चल रहे हैं, नीचे क्या है—पता ही नहीं चल रहा।

चारित्रचक्रवर्ती आचार्य शान्तिसागरजी महाराज के संघ में एक महाराज जी कहीं जा रहे थे तो उनके पैर में काँच चुभ गया, पैर लहूलुहान हो गया। किसी ने पैर से काँच निकाला और जाकर आचार्य शान्तिसागरजी महाराज से बताया कि उन महाराज के पैर में काँच चुभ गया। इस पर आचार्यश्री ने जवाब दिया कि उनसे कहो कि आज आहार के लिए न जायें।

अब जरा सोचो कि कहाँ उन पर दया दिखानी चाहिए थी, मगर यहाँ तो आचार्यजी का आदेश मिला कि आज आहार के लिए ना जायें। किसी ने कहा कि 'महाराज, आप इतना कठोर बन रहे हो! उन्हें आहार के लिए रोक रहे हो!' तब आचार्यश्री ने कहा, 'वह तो काँच था, अगर चींटी होती तो? इसका मतलब है कि वे देखकर नहीं चल रहे थे। मुनि होकर बिना देखकर चले—इसलिए उनको आज प्रायश्चित्त दिया है। ईर्या समिति से नहीं चले—इसका यह प्रायश्चित्त है।' कहने का मतलब कि खूब देखकर चलना चाहिए। कई बार झुण्ड के झुण्ड चींटी के होते हैं, यदि बिना देखे चले जाएँ तो उतने जीवों की हिंसा हो सकती है, इसलिए हमें बहुत सावधानीपूर्वक देखकर चलना चाहिए।

4. आदाननिक्षेपण समिति : चीजों को उठाते-धरते समय सावधानी रखना चाहिए। कुछ लोग किताबें बन्द करते समय जोर से बन्द कर देते हैं। यदि उसमें मक्खी या चींटी हो तो दब सकती है। इसलिए अगर अहिंसा का पालन करना है तो चीजों को देखकर ही रखना, उठाना सीखो।

5. आलोकित-पान-भोजनानि : यह बड़ा महत्त्वपूर्ण शब्द है। इसमें सारा आहारशास्त्र और उसके सारे विधि-निषेध गर्भित हो गये। खाना-पीना भी देखकर करो। नींबू का सरबत तो पी लिया और गिलास को ऐसे ही छोड़ दिया, उसमें थोड़ी-सी शर्बत भी रह गयी तो सोचिए अब क्या होगा? हजारों चींटियाँ उस सरबत में आकर बैठ गयीं, मर गयीं, अब उनका क्या होगा? वह किसकी जिम्मेदारी है? इसलिए अगर अहिंसा व्रत को पालना है तो पाँचवाँ काम यह भी करो कि समस्त खाना-पीना भी देखकर करो। ये अहिंसा व्रत की पाँच भावनाएँ हैं।

इसी तरह से हर व्रत की पाँच-पाँच भावनाएँ हैं। चौथे सूत्र में अहिंसा व्रत की पाँच भावनाएँ हैं। पाँचवें सूत्र में सत्य व्रत की, छठे में अचौर्य व्रत की, सातवें में ब्रह्मचर्य व्रत की और आठवें में अपरिग्रह व्रत की पाँच भावनाएँ हैं।

क्रोधलोभभीरुत्वहास्यप्रत्याख्यानान्यनुवीचिभाषणं च पञ्च॥ 5॥

सत्याणुव्रत पालना हो तो क्रोध छोड़ो। आदमी गुस्से में बहुत झूठ बोलता है। अपनी गलती हो तो भी मानता नहीं है। दूसरे की थोड़ी हो तो भी खूब बढ़ा-चढ़ाकर बोलता है। अत: क्रोध छोड़ो, अगर सत्य व्रत पालना है तो। इसी तरह से लोभ भी छोड़ो, क्योंकि लोभ हो तो भी झूठ बोलना पड़ता है। भीरुत्व—थोड़ा-सा डरना भी छोड़ो। डरकर भी आदमी झूठ बोलता है। जो डरेगा वह भी बहुत झूठ बोलेगा। हास्य—हँसी-मजाक में भी बहुत झूठ बोला जाता है। इसलिए इन सबको छोड़ो और अनुवीचिभाषणं—यह बड़ा अच्छा शब्द है शास्त्रों का। इसका अर्थ है कि जो चीज जैसी है, उसको शालीनता से, वैसे ही कहने की आदत डालो, तभी सत्य व्रत पलेगा, मजबूत होगा। जिस प्रकार 'आलोकितपानभोजनानि' में सारा आहारशास्त्र गर्भित हो गया, उसी प्रकार 'अनुवीचिभाषणं' में सारा वाणी-शास्त्र गर्भित हो गया है। धन्य हैं आचार्य उमास्वामी!

शून्यागारविमोचितावासपरोपरोधाकरणभैक्ष्यशुद्धिसधर्माऽविसंवादाः पञ्च॥ 6॥

ये अचौर्य व्रत को मजबूत करने की पाँच भावनाएँ हैं। शून्यागार अर्थात् खाली मकान, गुफा आदि में रहे। विमोचितावास अर्थात् किसी के छोड़े हुए में रहे। किसी निषिद्ध जगह में न घुसे। 'नो एडमीशन विदाउट परमीशन' लिखा है, फिर भी घुसे चले जा रहे हैं। खेत में बाड़ लगाई गयी हो और फिर भी घुस रहे हों तो चोरी का दोष लगता है। और भोजन में भी विशुद्धि रखना चाहिए। भोजन न्याय-नीति का हो तो ही करना, चोरी आदि का माल नहीं खाना, वह हजम नहीं होता है। साधर्मी से विवाद नहीं करना, अगर अचौर्य व्रत को पालना है तो।

और ब्रह्मचर्य व्रत का पालन करना है तो—

स्त्रीरागकथाश्रवणतन्मनोहरांगनिरीक्षणपूर्वरतानुस्मरणवृष्येष्टरसस्वशरीर-संस्कारत्यागाः पञ्च॥ 7॥

ब्रह्मचर्य व्रत का पालन करने वाले को स्त्रियों की रागकथा, कामिनियों की रागकथा करना-सुनना, उनके मनोहर अंगों को देखना, पहले जो भोग भोगे हैं उनको याद करना, गरिष्ठ भोजन करना, शरीर को सजाना—ये सब छोड़ देना चाहिए।

मनोज्ञामनोज्ञेन्द्रियविषयरागद्वेषवर्जनानि पञ्च॥ 8॥

परिग्रहत्याग व्रत को अच्छी तरह मजबूत करना हो तो पाँचों इन्द्रियों का कोई भी अनुकूल-प्रतिकूल विषय हो, उससे राग-द्वेष करना छोड़ने की आदत डालो। जैसे आप प्रदर्शनी में जाते हैं, मेले में जाते हैं, बाजार में जाते हैं तब कोई भी चीज देखें तो लगता है कि बहुत बढ़िया चीज है, ले लो और लाकर ऐसे ही घर में रख देते हैं। बहुत चीजें लाई जाती हैं, मगर काम में नहीं लाई जाती हैं। इसलिए कोई भी वस्तु हो तो हमें अभ्यास करना चाहिए उस वस्तु से राग-द्वेष नहीं करने का। दुनिया में जो भी वस्तुयें हैं वे सब इन्द्रधनुष की तरह क्षणभंगुर हैं। दो मिनट की सुहावनी चीजें हैं, इसलिए उनसे हमें राग-द्वेष कम करने का अभ्यास करना चाहिए, तब अपरिग्रह व्रत अच्छी तरह से पलेगा।

हिंसादिष्विहामुत्रापायावद्यदर्शनम्॥ 9॥

हिंसादि माने हिंसा, झूठ, चोरी, कुशील और परिग्रह—ये पाँचों के पाँचों इस जन्म में भी दुख देने वाले हैं और अगले जन्म में भी दुख देने वाले हैं। पापी व्यक्ति का यह जन्म भी शान्ति से नहीं गुजरता और अगला भी शान्ति से नहीं गुजरता। ऐसा सोचने से भी व्रत मजबूत होते हैं।

दुःखमेव वा॥ 10॥

हिंसा, झूठ, चोरी, कुशील और परिग्रह—ये दुःख ही हैं। क्या आप समझते हो कि झूठ बोलते हुए परिणामों में कितनी अशान्ति फैलती है? कोई बिना टिकट यात्रा कर रहा है तो उसका दिल कितनी जोर-जोर से धड़कता रहता है—यह वही जानता है। कोई काला कोट वाला दिख जाये तब तो उसका बुरा हाल हो जाता है। चोर कहाँ चैन से बैठ सकता है? इसलिए ये सब दुःखरूप ही हैं। शान्ति चाहिए तो अहिंसा, सत्य को अपनाना चाहिए। इनसे कोई डर नहीं लगता है।

मैत्रीप्रमोदकारुण्यमाध्यस्थानि च सत्त्वगुणाधिकक्लिश्यमानाविनेयेषु॥ 11॥

शुभास्रव चाहिए अथवा अशुभास्रव से बचना हो तो क्या करें? सब जीवों के प्रति मित्रता का भाव रखो। गुणी जनों के प्रति प्रमोद रखो। दुखियों के प्रति करुणा रखो और यदि दुर्जन हो, विपरीत वृत्ति वाला हो तो उसके प्रति माध्यस्थ भाव रखो। दुर्जन के प्रति माध्यस्थ भाव क्यों रखें? इसलिए कि यदि प्रेम से बोलो तो वह सिर पर चढ़ जाता है और यदि नाराजगी से बोलो तो सिर फोड़ देता है। दोनों तरह से मुसीबत है, इसलिए माध्यस्थ भाव रखो। इसलिए दुर्जन के पास जाने की भी जरूरत नहीं और उसे बुलाने की भी जरूरत नहीं।

जगत्कायस्वभावौ वा संवेगवैराग्यार्थम्॥ 12॥

जगत् का और इस काया का स्वभाव ही संवेग और वैराग्य पैदा करने वाला है। आप जगत के स्वरूप का विचार तो करो। तीर्थंकरों को बादलों को देखकर ही वैराग्य हो गया। जगत का स्वभाव ही ऐसा है, आप दस मिनट मन लगाकर ईमानदारी से चिन्तन करो तो वैराग्य हो जाएगा। संवेग और वैराग्य

पैदा करनेवाला संसार का स्वभाव है। दुखों की कोई सीमा है इस दुनिया में? कौन किसका है, जरा बताओ। ऐसा विचार करते ही वैराग्य पैदा होता है। यह तभी तक अच्छा लगता है जब तक सोचो-विचारो नहीं। आँख मूँदकर चल रहा है। आँखन बाँधी पाटी, जिया जग धोखे की टाटी। आँख में पट्टी बँधी है तो ठीक लग रहा है, यदि आँख से पट्टी हटे तो पता चलता है कि इस संसार में कुछ भी सार नहीं है।

देखो, ये बहुत अच्छे-अच्छे सूत्र हैं और एक-एक सूत्र पर बहुत सूक्ष्म से सूक्ष्म बातें हैं। आपको खूब चिन्तन करना चाहिए। एक परमाणु मात्र में इतना ज्ञान है कि क्या बतायें? आप हथेली पर एक छोटा परमाणु उठाकर रखो तो वह परमाणु आप से कुछ कह रहा है। क्या आप सुन सकते हो? हमने एक रेत का कण हथेली पर रखा। वह कुछ कह रहा है। क्या कह रहा है? वह कह रहा है कि तुम मुझे पढ़ो। मेरे अन्दर इतना ज्ञान है कि कलकत्ता की नेशनल लायब्रेरी में भी इतनी किताबें नहीं होगी। उस एक परमाणु को पढ़ने से इतना ज्ञान मिलता है। सब चीजें एक दूसरे से लिंक्ड हैं ना! निमित्त-उपादान, कारणकार्य-व्यवस्था, द्रव्य-गुण-पर्याय, भेदविज्ञान, कर्ता-कर्म आदि सब समझा देगा वह एक परमाणु। भगवान कर्ता है कि नहीं, आत्मा पर क्या परिणाम होता है उसका—सारी फिलॉसफी उस परमाणु से ही निकल आएगी।

प्रमत्तयोगात् प्राणव्यपरोपणं हिंसा॥ 13॥

प्रमत्तयोग से किसी के प्राणों को थोड़ा या पूरा नुकसान पहुँचाना, उसका नाम हिंसा है। कषायसहित प्राणी को प्रमत्त कहते हैं और उसकी मन-वचन-काय की क्रिया को 'प्रमत्तयोग' कहते हैं।

असदभिधानमनृतम्॥ 14॥

असत्य का नाम झूठ है। यहाँ एक विशेष बात समझने की यह है कि यहाँ सत्य में 'सत्' शब्द सत्तावाचक नहीं, प्रशंसावाचक है। अर्थात् जैसा है, वैसा बोलने का नाम सत्य नहीं है। अपितु जैसा बोलना चाहिए, वैसा बोलने का नाम सत्य है।

अदत्तादानं स्तेयम्॥ 15॥

बिना दी हुई चीज को ले लेना, चाहे किसी की पड़ी हुई, भूली हुई या

रखी हुई हो, उसे बिना दिये ले लेना वह चोरी है।

मैथुनमब्रह्म॥ 16॥

मैथुन क्रिया या उसका भाव अब्रह्म है।

मूर्च्छा परिग्रहः॥ 17॥

परवस्तुओं से ममत्व का परिणाम रखना, इसका नाम परिग्रह है।

निःशल्यो व्रती॥ 18॥

व्रती कौन है? व्रत कौन धारण करता है? अकेले व्रत ले लेने से कोई व्रती नहीं हो जाता है। एक बहुत अच्छी बात यहाँ आचार्यदेव बता रहे हैं। हमने व्रत ले लिया, पर उमास्वामी आचार्य हमको अभी सर्टीफिकेट देने के लिए तैयार नहीं हैं। वे पूछ रहे हैं कि तुम पहले यह बताओ कि तुम निःशल्य हो क्या? निःशल्य माने? 3 शल्य होती हैं—माया, मिथ्या और निदान। कोई भी तीर्थयात्रा, पूजा-पाठ....धर्म की कोई भी क्रिया करते समय यदि मन में ये तीन शल्य बसती हैं तो समझ लेना कि वह आपकी धर्मक्रिया नहीं है, बल्कि पापक्रिया है। बिना मायाचार के आप थोड़ा-सा भी व्रत पालोगे, चाहे पाँच परसेंट ही पालो तो उसका फायदा है और मायाचार सहित सौ व्रत पालो तो भी फायदा नहीं है। और इसी तरह निदान है। निदान माने जैसे कोई यह सोचे कि इस व्रत में यहाँ का जैन समाज मुझे कुछ लाभ दे दे, मुझे नौकरी पर रख ले, या स्वर्ग में कुछ मिल जाये। तो इस तरह की कोई फलाभिलाषा है तो भी वह सच्चा व्रत नहीं है।

अगार्यनगारश्च॥ 19॥

व्रती दो तरह के होते हैं—अगारी भी और अनगारी भी। अगारी माने गृहस्थ घर में रहनेवाले और अनगारी माने मुनि महाराज जिन्होंने घर का त्याग किया है। ये व्रती होते हैं।

अणुव्रतोऽगारी॥ 20॥

जो अणुव्रत पालते हैं वे अगारी हैं और जो महाव्रत पालते हैं वे अनगारी हैं।

दिग्देशानर्थदण्डविरतिसामायिकप्रोषधोपवासोपभोगपरिभोगपरिमाणा-तिथिसंविभागव्रतसम्पन्नश्च॥ 21॥

दिग्व्रत, देशव्रत, अनर्थदण्डव्रत, सामायिक, प्रोषधोपवास, उपभोग

परिभोग-परिमाण, अतिथिसंविभागव्रत—ये सात व्रत और हैं, जो इन्हीं व्रतों के पोषक हैं। इन सात व्रतों को भी पालो तो शुभास्रव होगा और ये व्रत मजबूत होंगे। दिग्व्रत माने मैं यहाँ से बाहर नहीं जाऊँगा—ऐसी दिशाओं की मर्यादा कर लेना। देशव्रत माने दशलक्षण में मैं दिल्ली से बाहर नहीं जाऊँगा, या अमुक स्थान से बाहर नहीं जाऊँगा, ये देशव्रत है। ऐसे ही सब व्रतों की व्याख्या है।

मारणान्तिकीं सल्लेखनां जोषिता॥ 22॥

और जब मरण समीप आ जाये तो बिना डरे, बिना घबराये, बिना कोई चालाकी दिखाये मृत्यु से कह देना कि तुम्हारा स्वागत है। एक शास्त्र में लिखा है कि धर्मात्मा किसे कहते हैं? जो हर समय मरने के लिए तैयार रहता हो, उसे धर्मात्मा कहते हैं।

अब पाँच व्रतों के अतिचार भी बता रहे हैं—

शंकाकांक्षाविचिकित्सान्यदृष्टिप्रशंसासंस्तवाः सम्यग्दृष्टेरतिचाराः॥ 23॥

आपको पहले अच्छा रास्ता बता दिया और अब यदि कोई भूलचूक करोगे तो वह भी बता रहे हैं कि ऐसे करोगे तो दोष लगेगा। जैसे सम्यग्दर्शन हो गया, आप सम्यग्दृष्टि हो गये और जिनवाणी की किसी बात में शंका करते हो, किसी सांसारिक सुख की कांक्षा (इच्छा) करते हो, किसी रत्नत्रय के धारक व्रती/धर्मात्मा से विचिकित्सा (घृणा) कर लेते हो, अन्यदृष्टिप्रशंसा-संस्तव करते हो अर्थात् मिथ्यादृष्टियों के ज्ञान की प्रशंसा करते हो तो समझ लो कि इससे सम्यग्दर्शन में अतिचार लगता है, दोष लगता है।

व्रतशीलेषु पंच पंच यथाक्रमम्॥ 24॥

ऐसे ही पाँच-पाँच अतिचार इन बारह व्रतों के भी हैं। पाँच तो मूल व्रत हैं और दिग्व्रत, देशव्रत, अनर्थदण्डव्रत, सामायिक, प्रोषधोपवास, भोगोपभोग-परिमाण एवं अतिथिसंविभाग—ये सात व्रत कुल मिलाकर बारह व्रत हो गये। अब एक-एक व्रत के अतिचार के बारह सूत्र आएँगे और क्या-क्या गलती हमसे व्रतपालन में हो जाती है, दोष लग जाते हैं, उसे बताएँगे।

अहिंसा व्रत के अतिचार क्या हैं—

बन्धवधच्छेदातिभारारोपणान्नपाननिरोधाः ॥ 25 ॥

हमने किसी को अपने आश्रय में बाँधकर रखा। चाहे वह गाय-भैंस हो या नौकर-चाकर हो। बाँधकर रखने से अहिंसा व्रत में दोष लगता है। नाक छेदो, पैर में नाल ठोको, इन सबसे भी अहिंसा व्रत में दोष लगता है। भार ढोनेवाले जानवर जैसे गधे आदि पर ज्यादा वजन लाद दो तो उससे भी दोष लगता है। यदि जानवरों को पाला है तो आपका कर्तव्य है कि उन्हें समय पर दाना-पानी दें। पौधा लगाया और पानी देना भूल गये तो उससे भी आपको पाप लगेगा, इसलिए पौधा लगाया है तो उसे भी समय पर खाद-पानी देना चाहिए।

सत्यव्रत के क्या-क्या दोष लगते हैं—

मिथ्योपदेशरहोऽभ्याख्यानकूटलेखक्रियान्यासापहारसाकारमन्त्र-भेदाः ॥ 26 ॥

कोई झूठा उपदेश देना, किसी की गोपनीय बात बताना, इत्यादि सत्यव्रत में दोष लगते हैं। इसलिए सत्यव्रत के धारक को किसी की कोई गोपनीय बात भी नहीं बताना चाहिए। कूटलेख-क्रिया से भी यानी झूठ-मूठ की बात लिख देने से भी सत्यव्रत में दोष लगते हैं। और जो कोई गिरवी रख गया, उसमें कोई भूलचूक, कमी-बेसी कर दे तो इन सबसे भी दोष लगता है।

अचौर्याणुव्रत के पाँच अतिचार कौन से हैं—

स्तेनप्रयोगतदाहृतादानविरुद्धराज्यातिक्रमहीनाधिकमानोन्मानप्रति-रूपकव्यवहाराः ॥ 27 ॥

अचौर्य व्रत का पालन करने वाला अगर चोरी कैसे की जाती है, उसका तरीका सिखाये, 64 कलाओं में एक कला भी है—चौर्यकला, उस कला को भी सिखाये तो उससे दोष लगता है। चोरी की वस्तु खरीदने से भी दोष लगता है। राज्य के विरुद्ध प्रवर्तन करने से भी दोष लगता है। लेने के बाट (पैमाना) अलग और देने के बाट अलग—यह भी दोष है। प्रतिरूपक माने दुकान में सामान बेचते समय मँहगी चीज में थोड़ी सस्ती चीज मिलाकर बेचने से भी दोष लगते हैं।

परविवाहकरणेत्वरिकापरिगृहीतापरिगृहीतागमनानंगक्रीडाकामतीव्राभिनिवेशाः ॥ 28 ॥

ये ब्रह्मचर्य व्रत के अतिचार हैं। खुद के लिए तो ब्रह्मचर्य व्रत ले लिया, परन्तु दूसरों को लड़की बताते हैं। कोई-कोई व्यक्ति समाज में ऐसे होते हैं, जो रात-दिन, दूसरों का मैच मिलाते रहते हैं। वे याद रखते हैं कि मोहल्ले के घरों में किस-किसके यहाँ लड़की है, किस-किसके यहाँ लड़के हैं। परन्तु इससे ब्रह्मचर्य व्रत में दोष लगता है, अतः यदि खुद ब्रह्मचर्य ले लिया हो तो यह धंधा नहीं करना चाहिए।

क्षेत्रवास्तुहिरण्यसुवर्णधनधान्यदासीदासकुप्यप्रमाणातिक्रमाः ॥ 29 ॥

खेत, घर, चाँदी-सोना, धन-धान्य, दास-दासी, वस्त्र आदि की परिग्रह-परिमाण व्रत में जो मर्यादा रखी हो, उसे मजबूती से पालन करना चाहिए। उसका उल्लंघन करने से परिग्रहपरिमाण अणुव्रत के पाँच अतिचार होते हैं। उसके लिए कोई शिथिलता का रास्ता नहीं टटोलना चाहिए। पहले कहा था न कि जैन धर्म में व्रतों में अल्पता तो चल सकती है, पर शिथिलता नहीं चल सकती।

ऊर्ध्वाधस्तिर्यग्व्यतिक्रमक्षेत्रवृद्धिस्मृत्यन्तराधानानि ॥ 30 ॥

जो दिग्व्रत की मर्यादा की है, उसको भी याद रखकर मजबूती से पालना चाहिए। बहुत-से लोग ऐसी भी गलती करते हैं कि हम भूल गये, किन्तु भूलने से कोई माफ नहीं होता है, दोष तो लगता ही है।

आनयनप्रेष्यप्रयोगशब्दरूपानुपातपुद्गलक्षेपाः ॥ 31 ॥

व्रत ले लिया कि मैं आज इस कमरे से बाहर नहीं जाऊँगा और फिर कंकर फेंक रहे हैं, फोन कर रहे हैं, जो कि अतिचार का कारण है। यह सब क्रिया नहीं करना चाहिए। मौन व्रत ले लिया और फिर इशारा कर रहे हैं। इन सबमें दोष लगता है। व्रत भंग नहीं होता है, मगर दोष अवश्य लगता है।

कन्दर्पकौत्कुच्यमौखर्यासमीक्ष्याधिकरणोपभोगपरिभोगानर्थक्यानि ॥ 32 ॥

फालतू हँसी-ठट्टा करना आदि भी अनर्थदण्ड के कारण बनते हैं। इसीलिए यहाँ इनको अनर्थदण्ड व्रत के अतिचार बता रहे हैं। अनर्थदण्डव्रत

के 5 अतिचार ये हैं—

1. कन्दर्प : राग की तीव्रता में हँसी के साथ अशिष्ट वचन बोलना।

2. कौत्कुच्य : हास्य और अशिष्ट वचन के साथ शरीर से भी कुचेष्टायें करना।

3. मौखर्य : मूर्खता के साथ बहुत अधिक बोलना।

4. असमीक्ष्याधिकरण : बिना विचारे मन–वचन–काय की बहुत प्रवृत्ति करना।

5. उपभोग–परिभोगानर्थक्य : उपभोग–परिभोग की सामग्री आवश्यकता से अधिक जोड़कर रखना।

योगदुःप्रणिधानानादरस्मृत्यनुपस्थानानि॥ 33॥

मनोयोग, वचनयोग और काययोग की दुष्ट प्रवृत्ति तथा विपरीत प्रवृत्ति को योगदुष्प्रणिधान कहते हैं। सामायिक व्रत में उत्साह न होना अनादर कहलाता है। और मन की एकाग्रता न होने पर सामायिक पाठ को भूल जाना स्मृत्यनुपस्थान कहलाता है। इस प्रकार सामायिक व्रत के पाँच अतिचार हैं।

अप्रत्यवेक्षिताप्रमार्जितोत्सर्गादानसंस्तरोपक्रमणानादरस्मृत्यनुपस्थानानि॥ 34॥

प्रोषधोपवास के 5 अतिचार हैं—बिना देखे मल–मूत्र का त्याग करना, बिना देखे वस्तुओं का उठाना–रखना, बिना देखे आसनादि वस्तुओं को उठाना–रखना, उपवास के प्रति अनादर रखना और भूल जाना।

सचित्तसम्बन्धसम्मिश्राभिषवदुःपक्वाहाराः॥ 35॥

सचित्ताहार, सम्बन्धाहार, सम्मिश्राहार, अभिषवाहार और दुःपक्वाहार अर्थात् सचित्त पदार्थ का भक्षण करना, सचित्त पदार्थ से सम्बन्धित पदार्थ का भक्षण करना, सचित्त से मिले हुए पदार्थ का भक्षण करना, रात में बनाये हुए अन्न या कामोत्तेजक पदार्थ का सेवन करना और आधे पके हुए या ज्यादा पके हुए पदार्थ का भक्षण करना—ये भोगोपभोगपरिमाण व्रत के 5 अतिचार हैं।

सचित्तनिक्षेपापिधानपरव्यपदेशमात्सर्यकालातिक्रमाः॥ 36॥

सचित्तनिक्षेप, सचित्तापिधान, परव्यपदेश, मात्सर्य और कालातिक्रम—ये अतिथि–संविभाग के 5 अतिचार हैं। जैसे किसी अतिथि के घर आने पर

उसे सचित्त पत्र में (केले आदि के पत्ते में) भोजन परोसना, सचित्त वस्तु से ढँका हुआ भोजन परोसना, दूसरे दाता के द्वारा अपना द्रव्य दिलाना, दान करते समय पात्र आदि में आदरभाव का न होना तथा कोई अतिथि आया हो तो उसे खाना तो खिला रहे हैं, पर मन में कुंठित हो रहे हैं कि ये कब जाएँगे—ये अतिथिसंविभाग व्रत के पाँच अतिचार हैं।

जीवितमरणाशंसामित्रानुरागसुखानुबन्धनिदानानि ॥ 37 ॥

ये सल्लेखना व्रत के अतिचार हैं। मन में ऐसी आकांक्षा करना कि मैं अभी न मर जाऊँ, दो-चार दिन और जी लूँ। ऐसी इच्छा हो तो सल्लेखना व्रत में दोष लगता है। और 'अब मर ही जाऊँ, जल्दी मरता क्यों नहीं, पता नहीं कब यह शरीर छूटेगा'—इस प्रकार मरने की इच्छा करना भी गलत है। मरने और जीने दोनों की इच्छा करना गलत है। मित्रानुराग—अरे मेरे दोस्त छूट रहे हैं, कोई उनको बुला देता, मैं मिल लेता, इससे भी सल्लेखना व्रत में दोष लगता है। सुखानुबन्धनिदानानि—यानि अब मरने वाला ही हूँ, मरकर स्वर्ग में ही जाऊँगा ना, कहीं नरकादि में तो नहीं चला जाऊँगा। ऐसे कुछ सोचना, चिन्ता करना आदि भी दोष का कारण है।

अनुग्रहार्थं स्वस्यातिसर्गो दानम् ॥ 38 ॥

शुभास्रव करना हो अथवा अशुभास्रव से बचना हो तो दान भी करो। और दान कैसे करो—इसके भी दो प्रमुख नियम हैं। सारे ही व्रतों के लिए इन दोनों नियमों को जरूर याद रखना चाहिए—

1. जितनी शक्ति हो उतना ही करो। और यदि ना कर पाओ तो ना करो, मगर उसे बुरा मत कहो, उसके प्रति श्रद्धा तो अवश्य रखो।

2. उसे पालते हुए कोई माया, मिथ्या, निदान—इनमें से कोई शल्य मत रखो। कोई मायाचारवश धर्मक्रिया मत पालो। स्वेच्छा से, निष्कपट मन से, पवित्र मन से जितना पले उतना पालो।

दूसरे का भला करने के लिए जो अपनी वस्तु का त्याग करना—इसे दान कहते हैं। दान तो सभी करते हैं, लेकिन किसी का दान कम अच्छा और किसी का ज्यादा अच्छा होता है—यह कैटगरीज क्यों बनती हैं—

विधिद्रव्यदातृपात्रविशेषात्तद्विशेषः ॥ 39 ॥

आपने दान किस विधि से दिया, क्या दिया, किसको दिया—इनसे बड़ा फर्क पड़ जाता है। देखो, जीवन में दान जरूर करना चाहिए। थोड़ा ही सही। 'पद्मनन्दी-पंचविंशतिका' में लिखा है—अरे मनुष्यों, दुनिया में कितने दु:ख हैं, देखते नहीं हो? तुम्हें पुण्य के उदय से लक्ष्मी मिली है, दान करो। अरे, कौवे को जली खुरचन मिलती है तो वह भी बाँटकर खाता है, तुम इस लक्ष्मी को अकेले खाकर मरोगे क्या? कुछ थोड़ी-बहुत बाँट भी दो जरूर। पांडवपुराण में वर्णन आता है कि पांडव वन में जा रहे थे तो युधिष्ठिर थोड़े उदास थे। अर्जुन ने पूछा कि 'भैया, आप उदास क्यों हो?' युधिष्ठिर ने कहा—'न मुझे राज्य छूटने का दु:ख है, और न वन में जाने का दु:ख है, मुझे तो यह चिन्ता चढ़ी है कि मैं रोज बिना दान किये जी नहीं सकता, अब वन में जा रहा हूँ तो दान रोज कर पाऊँगा या नहीं? पात्र मिलेगा, द्रव्य मिलेगा, कुछ विधि बनेगी या नहीं—यही चिन्ता सता रही है।' जरा सोचो, वन जाने की चिन्ता नहीं है, मगर वहाँ दान दे पाएँगे कि नहीं—इसकी चिन्ता सता रही है! इसलिए जीवन में जो दान नहीं करता, और थोड़ा-सा भी व्रत नहीं पालता, उसका श्रावक होना बेकार है, निष्फल है। इसलिए थोड़ा तो व्रत पालना ही चाहिए। रात्रिभोजन नहीं छूटता तो कम से कम इतना करो कि रात दस बजे के बाद कुछ नहीं लूँगा, कुछ तो करो। जो बने, जितना बने, उतना तो व्रत, दान, तप जरूर करो, यही इसका अभिप्राय है।

इति तत्त्वार्थाधिगमे मोक्षशास्त्रे सप्तमोऽध्यायः।

आठवाँ अध्याय

प्रध्वस्तघातिकर्माण: केवलज्ञानभास्करा:।
कुर्वंतु जगतां शान्तिं वृषभाद्या जिनेश्वरा:॥

अर्थ–जिन्होंने समस्त घातिकर्मों का नाश कर दिया है और जिनके जीवन में केवलज्ञानरूपी सूर्य का उदय हो गया है अर्थात् जो पूर्ण वीतराग एवं सर्वज्ञ हो गये हैं, वे वृषभदेवादि चौबीस तीर्थंकर जगत के सभी जीवों को सच्ची शान्ति प्रदान करें। उन्हें मैं भक्तिपूर्वक प्रणाम करता हूँ।

यह 'तत्त्वार्थसूत्र' नाम का ग्रन्थराज है। इसकी रचना आज से लगभग दो हजार साल पहले आचार्य उमास्वामी मुनिराज ने की है। इस ग्रन्थ का नाम 'तत्त्वार्थसूत्र' इसलिए है, क्योंकि इसमें तत्त्वार्थों का वर्णन सूत्रशैली में किया गया है। इस शास्त्र का दूसरा नाम 'मोक्षशास्त्र' है, क्योंकि इसका पहला शब्द 'मोक्ष' है। यह ग्रन्थ सम्पूर्ण द्वादशांग के अनेकानेक ग्रन्थों का बीज-ग्रन्थ माना जाता है, क्योंकि इसमें प्राय: सभी ग्रन्थों के बीज भरे हुए हैं, जो धीरे-धीरे विस्तार करके अनेक ग्रन्थों के रूप में हमारे सामने आये हैं। इस ग्रन्थ को जैन-साहित्य में विशेष स्थान मिला हुआ है। जो स्थान ईसाइयों में बाइबल का है, मुसलमानों में कुरान का है, हिन्दू लोग अपनी गीता को सर्वोपरि समझते हैं, उसी प्रकार जैन-साहित्य में तत्त्वार्थसूत्र को सर्वोपरि माना जाता है।

तत्त्वार्थसूत्र पर सभी लोग श्रद्धा रखते हैं। यह एक ऐसा ग्रन्थ है जिसके नाम पर पूरी जैन समाज, दिगम्बर और श्वेताम्बर जैसे मुख्य-सम्प्रदाय भी

एक हैं। इस ग्रन्थ ने ही मानों आज तक हमें दो अलग-अलग धर्म, सम्प्रदायों के रूप में नहीं उभरने दिया। मानो इसने ही हमको रोका हुआ है कि टूटकर क्या करोगे? 'सम्यग्दर्शनज्ञानचारित्राणि मोक्षमार्गः' तुम्हारा भी सन्देश है और हमारा भी है। वही सात तत्त्व प्रयोजनभूत तुम मान रहे हो और उसे ही हम भी मान रहे हैं। मूल मुद्दे में कोई अन्तर नहीं है। इस ग्रन्थ पर इसीलिए दिगम्बर और श्वेताम्बर के सभी आचार्यों ने मिलकर बहुत टीकाएँ लिखी हैं, जिनको यदि गिना जाये तो गिनना भी नामुमकिन है। पिछले दो हजार वर्षों से लेकर आज तक इस पर हजारों-हजारों टीकाएँ लिखी गयी हैं। अनेकानेक टीकाएँ तो लुप्त हो गयी हैं, अनेकानेक टीकायें अल्प-प्रसिद्ध हैं, अनेकानेक टीकाएँ कहीं अप्रकाशित हैं, ग्रन्थ-भंडारों में पड़ी हुई किसी प्रकाशक का इंतजार कर रही हैं। और फिर भी कुछ टीकाएँ सूरज-चाँद की भाँति तब से लेकर आज तक सभी का पथ आलोकित कर रही हैं। उन प्रमुख टीकाओं को हमें अवश्य याद रखना चाहिए। इनमें से पहली टीका आचार्य पूज्यपाद ने लिखी है। उसका नाम है—सर्वार्थसिद्धि। बहुत अच्छी टीका है। भारतीय ज्ञानपीठ, नई दिल्ली से हिन्दी-अनुवाद के साथ छपी है। दूसरी टीका आचार्य अकलंकदेव की 'तत्त्वार्थराजवर्तिक' है। वह भी भारतीय ज्ञानपीठ नई दिल्ली से छपी है और दो भागों में छपी है। यह भी हिन्दी-अनुवाद सहित है। पंडित महेन्द्रकुमारजी न्यायाचार्य ने उसका बहुत अच्छा सम्पादन किया है। तीसरी टीका 'तत्त्वार्थश्लोकवार्तिक' है, जो आज से तेरह सौ साल पहले आचार्य विद्यानन्दी ने लिखी है और वह अनुवाद के साथ मोटे-मोटे सात भागों में सोलापुर (महाराष्ट्र) से छपी है।

इस प्रकार ये तीन टीकाएँ तो बहुत प्रसिद्ध हैं ही, इसके अलावा अँग्रेजी में, जापानी में, रूसी भाषा में...आदि विदेशी भाषाओं में भी अनेक टीकाएँ छपी हैं। हिन्दी में भी पंडित फूलचन्द्र शास्त्री का तत्त्वार्थसूत्र, गणेशप्रसाद वर्णी संस्थान, बनारस से छपा है। सरल, सुबोध सबको पढ़ने-समझने लायक ग्रन्थ है। एलाचार्य श्रुतसागरजी ने भी 'तत्त्वार्थसूत्र' की बड़ी अच्छी, 300-350 पृष्ठ की प्रश्नोत्तरी लिखी है। बहुत अच्छी टीका एक वह भी है। एक टीका अमेरिका से छपी है, पंडित कैलाशचन्द्र जी शास्त्री ने उसे लिखा है। कहाँ तक

बताएँ! अन्य सभी स्थानीय भाषाओं में भी, मराठी, कन्नड़, ब्रजभाषा में, राजस्थानी भाषा में भी इसकी टीकाएँ लिखी गयी हैं। पं. दौलतरामजी ने राजस्थानी भाषा में तत्त्वार्थसूत्र की टीका लिखी है। एक टीका पंडित सदासुखदासजी ने भी लिखी है।

कहने का मतलब यह है कि जिनको भी जैन तत्त्वज्ञान प्राप्त करना होता है वे सबसे पहले इस ग्रन्थ का स्वाध्याय करते हैं। और यही सोचकर बहुत लोगों ने इस पर टीका लिखी कि इसको जरूर समझो। तत्त्वार्थसूत्र के नाम से डरो मत। यह बहुत प्यारा, बहुत सरल, बहुत अद्भुत और बिलकुल बेसिक, एकदम प्राथमिक, एकदम बुनियादी ग्रन्थ है। अनादि काल से जिन्होंने कभी शास्त्रों की बातें सुननी ही नहीं चाही, कभी मन ही नहीं लगा, और कभी ऐसा भी कुछ लोगों के साथ हुआ कि उन्होंने यदि सीखना, पढ़ना भी चाहा तो उनको कोई योग भी ऐसा मिला कि उन्होंने सबसे पहले या तो कोई अत्यधिक कठिन ग्रन्थ उठा लिया कि पढ़ने भी बैठे तो बिचारे उनके कुछ पल्ले ही नहीं पड़ा। जिससे फिर दुबारा उनको हाथ लगाने की हिम्मत ही नहीं हुई। या फिर उनको कोई समझाने वाला ही अच्छा नहीं मिला।

हमसे बहुत लोग कहते हैं कि साहब, संस्कृत बहुत कठिन है, हमारी समझ में नहीं आती है। हम कहते हैं कि तुम हमें एक महीना आधा-आधा घंटे दे दो फिर देखो कि तुमको धाराप्रवाह लिखना, पढ़ना और बोलना नहीं आ जाये तो हमसे कहना। एक तो समझने और समझाने का भी फर्क पड़ जाता है। आपको कौन-सी किताब सबसे पहले हाथ लग गयी या फिर समझाने वाला भी कई दफा ऐसा मिल जाता है कि उसकी खुद की कंसेप्ट ही क्लीयर नहीं है, अथवा समझाना नहीं आता है। वह ठीक से वाक्य भी नहीं बना पाता है। क्या समझाना चाहिए और क्या समझाने लगता है। विषयान्तर हो जाता है। 'कहीं की ईंट कहीं का रोड़ा'—ऐसा भी हिसाब कई बार बैठ जाने के कारण ऐसी दुर्घटना कइयों के साथ हो गयी है कि उन बिचारों ने यदि कभी स्वाध्याय का विचार किया भी है तो वे हतोत्साही हो गये हैं। उनके हृदय में उत्साह का फूल खिला भी है तो ऐसे संयोगों से उस पर तुषारापात हो गया है। और वे वहीं के वहीं ठप्प हो गये हैं। मगर ऐसे हिम्मत हारने से तो पार पड़ेगी

नहीं। शहाबुद्दीन गौरी 16 बार हार गया था, अगर 17वीं बार यह सोचकर कि 16 बार तो मैं हारा हुआ हूँ और फिर प्रयत्न नहीं करता तो कैसे जीतता? जिन्दगी तो प्रयत्नों का ही नाम है। जिन्दगी तो पुरुषार्थों का ही नाम है। जिन्होंने प्रयत्न छोड़ दिया वे जीवित नहीं हैं, बल्कि चलते-फिरते शव हैं—ऐसा आचार्यों ने कहा है। इसलिए पुरुषार्थ तो हमें करना ही होगा।

अरे भाई! हम डॉक्टर के पास जाते हैं, अगर उसकी दवाई कारगर साबित नहीं होती तो क्या हम इलाज करवाना छोड़ देते हैं या दूसरे डॉक्टर के पास चले जाते हैं? हम डॉक्टर बदल देते हैं, दवाई बदल देते हैं, तरीका काम करने का बदल देते हैं। व्यापार में भी एक बार नहीं जमते हैं तो दुबारा कोशिश करते हैं। ऐसे ही स्वाध्याय में भी यदि एक बार में नहीं जम पाये तो इसका मतलब यह नहीं कि हम प्रयत्न ही नहीं करेंगे। हमें फिर से प्रयत्न करना होगा। और यदि अच्छे से प्रयत्न करेंगे तो यह चीज अच्छे से समझ में आ जाएगी। कठिन बिलकुल नहीं है। हमें मन लगाने की देर है। यह विषय तो समझ में आने के लिए तैयार ही बैठा है। हमारे पूर्वज बहुत मन लगाकर, बड़ी करुणा के साथ इस विषय को सरल कर चुके हैं। हमें इसे समझने की कोशिश भर करना है।

हम सात अध्यायों का स्वाध्याय कर चुके हैं, अब हमें 8वें अध्याय का स्वाध्याय करना है। विषयसूची भी याद रहना चाहिए। प्रथम चार अध्यायों में जीव तत्त्व का वर्णन हुआ। पाँचवें अध्याय में अजीव तत्त्व का वर्णन हुआ। छठे और सातवें अध्यायों में आस्रव तत्त्व का वर्णन पूर्ण हुआ। अब यह आठवाँ अध्याय है। इस अध्याय में जिस तत्त्व का वर्णन होगा, उस तत्त्व का नाम बन्ध तत्त्व है। यह बहुत महत्त्वपूर्ण है। बन्ध को समझाने के लिए मैं आचार्य समन्तभद्र स्वामी का एक दृष्टान्त देना चाहता हूँ।

कर्म की दो स्थितियाँ होती हैं—एक उदय और एक बन्ध। एक स्थिति होती है कर्म का आना यानी बँधना और एक स्थिति होती है कर्म का उदय होना। समन्तभद्राचार्य ने इस विषय में एक बहुत अच्छा दृष्टान्त दिया है। आप याद करो उस प्रसंग को जब कमठ पार्श्वनाथ पर पत्थर बरसा रहा था। आप उस दृश्य पर अपना ध्यान केन्द्रित कीजिए। आचार्य समंतभद्र कह रहे हैं कि

इस समय पार्श्वनाथ के पाप का उदय चल रहा है और कमठ के पुण्य का उदय चल रहा है। पार्श्वनाथ के पाप का उदय है—यह तो समझ में आ रहा है, मगर कमठ के पुण्य का उदय चल रहा है—यह क्या? इतने बड़े तीर्थंकर पार्श्वनाथ, इतने बड़े पुण्य के धारक, ऐसे महान व्यक्तित्व पर वह उपसर्ग कर रहा है और उसे उसकी प्रतिक्रिया नहीं मिल रही है—यह कोई मामूली पुण्य का उदय नहीं है। जरा सोचो कि हमसे कोई झगड़ा करे, हमें परेशान करे तो हम भी बदले में कुछ-न-कुछ तो करेंगे ही, और नहीं तो मन से ही बददुआ देंगे। जरा सोचो कि वह पार्श्वनाथ पर उपसर्ग कर रहा था, पर प्रतिक्रिया नहीं मिल रही थी। अगर पार्श्वनाथ चाहते तो उसकी हिम्मत थी कि उन पर उपसर्ग कर पाता? वह कहाँ भाग जाता, उसका कोई अता-पता तीन लोक में चलता क्या? वे तो इतने पुण्यशाली थे कि उनके मन में एक हल्का-सा विकल्प भी उसे दंडित करने के लिए आ जाता तो पर्याप्त था, किन्तु नहीं आया, यह उस कमठ का बहुत बड़ा पुण्य ही तो था! किन्तु अब आगे की बात सुनो। यह तो आपने देखी उदय की बात, मगर कहानी दरअसल उदय की नहीं होनी चाहिए। अगर अपनी आत्मा का कल्याण करना है तो उदय की ओर देखना छोड़ो और बन्ध की ओर देखना शुरू करो तो तुम्हें पता चलेगा कि इनके तो कर्मों की निर्जरा हो रही है और उसके घोर कर्मों का बन्ध हो रहा है। हर आदमी रात और दिन यह तो चाहता है कि अच्छे कर्म का उदय रहे हमारी जिन्दगी में। पुण्य के उदय की बात तो सभी करते हैं, परन्तु बन्ध की परवाह कोई नहीं करता। अरे, हम क्या कर रहे हैं और कौन-सा कर्म बाँध रहे हैं—इसकी परवाह नहीं करते।

इसीलिए आचार्यों का बन्ध के बारे में सबसे बड़ा सन्देश यह है कि आप इस बन्ध पर ही सबसे ज्यादा ध्यान दो, उदय पर ध्यान न दो और देखो कि इस बन्ध के समय कुछ सुधार आदि करो तो यहाँ तुम्हारी चल सकती है। किन्तु जब उदय में आये तो? खेत में जब बीज बोना हो तो उस दिन आप आजाद हो कि तुम्हें बाजरा बोना है कि गेहूँ। चना बोओ या मक्का। उस दिन बोते समय आपकी च्वाईस चलेगी। मगर जब बो दिये और छह महीने के बाद फसल काटने का टाईम आया तो आप कहें कि मैं बाजरा नहीं काटूँगा,

तो ऐसे थोड़े ही चलेगा। ऐसे ही जब कर्म बाँधने का वक्त आता है, यदि उस वक्त हम सावधानी रखें तो बहुत बड़ा काम बन सकता है। लेकिन जब उदय आ जाये तब सिर्फ भोगना ही, उन्हें शान्तिपूर्वक सह लेना ही एकमात्र उपाय है। उसके अलावा कोई दूसरा उपाय तीर्थकरों के पास भी नहीं था। इसीलिए जब उनके कर्म का उदय आया तो उन्होंने भी शान्तिपूर्वक सहा ही, और कोई तरीका नहीं था। इसलिए यह बन्ध का अध्याय इस दृष्टि से बहुत महत्त्वपूर्ण है। और जो बारीक चर्चाएँ हैं वे तो करणानुयोग की हैं। पर बन्ध की यह एक-दो कॉमन फिलासफी जो ज्यादा जरूरी है, उसे हमें अवश्य ही समझना है।

मिथ्यादर्शनाविरतिप्रमादकषाययोगाः बन्धहेतवः ॥ 1॥

मिथ्यादर्शन, अविरति, प्रमाद, कषाय और योग—ये पाँच बन्ध के हेतु हैं, कारण हैं। कर्म का आना इतना खतरनाक नहीं है जितना कि उनको वेलकम करके अपने यहाँ जगह दे देना, उनके लिए दरवाजा खोल देना और उन्हें किराये पर कमरा दे देना, उनको अपने यहाँ ही बिठा लेना, इसका नाम है बन्ध, सबसे खतरनाक पोजीशन यह है। और इसका कारण क्या है? मिथ्यादर्शन आदि। एक उदाहरण आचार्यों ने शास्त्रों में दिया कि रेत आती है, पर चिपकती कब है? जब चिकनाई लगी हो। घड़े पर चिकनाई लगी है तो उससे रेत आकर चिपक जाएगी। रेत उड़ने का कारण तो हवा है, परन्तु चिपकने का कारण चिकनाई है। इसी प्रकार हमारे मन-वचन-काय से जो स्पंदन, हलन-चलन होता है, कर्म-परमाणु तो उसी से धकाधक अन्दर आ जाते हैं। किन्तु यदि हमारे अन्दर मिथ्यादर्शन, अविरति, प्रमाद, कषाय और योग हैं तो ये चिपकेंगे। इसका नाम है—चिकनाई। और यदि चिकनाई नहीं है तो जैसे हवा लाई थी वैसे ही हवा उन्हें उड़ाकर भी ले जाएगी। कर्मबन्ध के निम्नलिखित 5 कारण हैं—

1. मिथ्यादर्शन : विपरीत मान्यता का नाम मिथ्यादर्शन है। देव-गुरु शास्त्र के बारे में अन्यथा श्रद्धान रखना, सात तत्त्व के बारे में अन्यथा श्रद्धान रखना मिथ्यादर्शन है।

2. अविरति : पाँच पापों में प्रवृत्ति करना। हिंसा, झूठ, चोरी, कुशील

और परिग्रहसंचय के परिणाम बने रहना, इसका नाम अविरति है।

3. प्रमाद : प्रमाद माने आलस्य। लेकिन यहाँ प्रमाद की बड़ी बारीक परिभाषा की है। कौन है प्रमादी? आलसी किसे कहना? उत्तर दिया कि जो अपनी आत्मा में नहीं जाते हैं, शुद्धोपयोग में नहीं जाते हैं, वे प्रमादी हैं। अरे, उठकर काम नहीं करो तो आलसी ही तो कहा जाएगा? तो धर्म के क्षेत्र में भी जो इस शुभाशुभ भाव से उठकर अपना शुद्धोपयोग न करे वह प्रमादी है।

4. कषाय : क्रोध, मान, माया, लोभ—ये मुख्य कषाय हैं। हास्य, रति, अरति, शोक, भय, जुगुप्सा, स्त्रीवेद, पुरुषवेद, नपुंसकवेद—ये नौ नोकषाय हैं।

5. योग : मन, वचन और काय—ये योग हैं।

इस प्रकार ये पाँच बन्ध के कारण हैं। इन सबके अलग-अलग अनेक भेद-प्रभेद भी हैं।

सकषायत्वाज्जीवः कर्मणो योग्यान् पुद्गलानादत्ते स बन्धः॥ 2॥

देखो, कितनी बड़ी बन्ध की परिभाषा! जब यह जीव न सिर्फ हलन-चलन ही करे, बल्कि कषाय-सहित हो जाये और उन कर्मपुद्गलों को ग्रहण कर ले, अपने साथ एकमेक कर दे तो उसका नाम बन्ध है। देखो आस्रव और बन्ध में फर्क समझना है। जैसे नाव में आदमी बैठा है वह जीव तत्त्व है। अपना सामान रखा है वह अजीव तत्त्व है। और नाव में छेद होने से पानी नाव के अन्दर आ रहा था वह आस्रव है। और पानी आकर जमा हो रहा था, संचित हो रहा था—यह बन्ध है। और फिर उस छेद में डॉट लगाकर उस छेद को बन्द कर देना, यह है संवर। और फिर नाव में जमे हुए पानी को निकाल-निकालकर खाली करना यह है निर्जरा और पूरा खाली होकर उस पार पहुँच जाना, इसका नाम है मोक्ष।

ऐसे ही आत्मा जीव तत्त्व है, ये शरीर आदि पुद्गल अजीव तत्त्व हैं। और फिर मन-वचन-काय का हलन-चलन होने से कर्मों का आना आस्रव तत्त्व है। और मिथ्यादर्शन, अविरति, कषाय आदि चिकनाई से वे कर्म आकर बन्ध जाते हैं—ये बन्ध तत्त्व है। कषाय करना बन्द कर दिया, मन-वचन-काय की चंचलता रोक दी, सामायिक में जम गये तो नये कर्मों का

आना रुक गया—ये संवर तत्त्व है। और फिर ऐसा तप किया कि पुराने कर्म खिरते चले गये, ये निर्जरा हो गयी। और यदि सारे कर्म खिर जायें तो, अनन्त चतुष्टय प्रकट हो जाये, सिद्ध दशा प्रकट हो जाये तो यह मोक्षतत्त्व हो गया।

इस प्रकार यह स्पष्ट हुआ कि कषाययुक्त जीव जब कर्म-पुद्गलों को ग्रहण करके अपने साथ एकमेक बना लेता है तो उसका नाम है बन्ध।

प्रकृतिस्थित्यनुभवप्रदेशास्तद्विधयः॥ 3॥

ध्यान रहे, इस अध्याय के सारे सूत्र इसी आधारशिला पर रखे गये हैं। बन्ध के चार भाग किये गये हैं—प्रकृतिबन्ध, प्रदेशबन्ध, स्थितिबन्ध और अनुभागबन्ध। ये चार प्रकार के बन्ध हैं। प्रकृति माने कि वो जो कर्म-परमाणु आये थे वे किस प्रकृति के थे? प्रकृति माने नेचर। जो कर्मपरमाणु आते हैं उनके भी अलग-अलग नेचर होते हैं। एक कर्मपरमाणु का नेचर होता है कि वह आपका ज्ञान ढंक देगा। एक दूसरे कर्मपरमाणु का नेचर होता है कि वह आपको अनुकूल सामग्री दिलाएगा। और एक कर्मपरमाणु की प्रकृति होती है कि वह नरकगति दिलाएगा। और फिर किस प्रकृति के कितने कर्मपरमाणु आये—इसका नाम है प्रदेशबन्ध। प्रकृति माने क्वालिटी और प्रदेश माने क्वाँटिटी। कौन आया-ये प्रकृति बन्ध है। कितने आये—ये प्रदेश बन्ध है। और कितने दिन रुकेंगे? 2 महीने रुकेंगे, 4 महीने रुकेंगे, दो जन्म तक रुकेंगे, हजार साल रुकेंगे या दो सेकंड रुकेंगे..., इसका नाम स्थितिबन्ध है। और फिर अनुभागबन्ध का मतलब है कि वह कर्मपरमाणु कितना शक्तिशाली (पावरफुल) है। यहाँ मैं चारों प्रकार के बन्ध को एक उदाहरण देकर सरलता के साथ समझाता हूँ।

एक दुकानदार के पास दुकान पर ग्राहक आया, वह है प्रकृति। कितने ग्राहक आये, वह है प्रदेशबन्ध, और कितनी देर दुकान पर रुकेंगे, सौदेबाजी में कितना टाईम लगेगा उनको—यह स्थितिबन्ध है। और कितना फायदा या नुकसान करके जाएँगे—ये है अनुभागबन्ध। कभी-कभी आदमी कम हैं और फायदा ज्यादा होता है। एक ही ग्राहक आता है और हजार रुपये का सौदा ले जाता है। और कभी दस ग्राहक आये और सिर्फ सौ रुपये का माल ले गये। दस ग्राहक आये, मगर बचत पाँच रुपये की भी नहीं हुई। और कभी एक ही

ग्राहक आया और बचत हो गयी हजार रुपये की। यानी प्रदेश ज्यादा होंगे तो इसका मतलब यह नहीं कि अनुभाग भी ज्यादा ही हो, कम भी हो सकता है और कभी प्रदेश कम होने पर भी अनुभाग ज्यादा हो सकता है।

मूल प्रकृतिबन्ध कितने हैं—

आद्यो ज्ञानदर्शनावरणवेदनीयमोहनीयायुर्नामगोत्रान्तरायाः ॥ 4 ॥

ये आठ कर्मों के नाम हैं। ये प्रकृति है। जैसे एक कर्मपरमाणु की प्रकृति है ज्ञानावरण, यानी वह ज्ञान को ढंकेगा। एक की प्रकृति है दर्शनावरण, यानी वह दर्शन को ढंकेगा। एक की प्रकृति है—वेदनीय, यानी वह अनुकूल-प्रतिकूल सामग्री देगा। मोहनीय मोहित करेगा, आयुकर्म आयु देगा, गोत्रकर्म गोत्र देगा। जो आत्मा को मोहभाव के होने में अर्थात् राग-द्वेष और मिथ्यात्व भावरूप परिणमन कराने में निमित्त है वह मोहनीय कर्म है। जो आत्मा को नर-नारक आदि पर्यायों के धारण कराने में निमित्त है, वह आयुकर्म है। जो जीव को गति, जाति, शरीरादि विविध अवस्थाओं के होने में निमित्त है, वह नामकर्म है। जो आत्मा को ऊँच और नीच भाव होने में निमित्त है, वह गोत्रकर्म है। जो आत्मा के दानादि में प्रवृत्त न होने देने में निमित्त है, वह अन्तराय कर्म है।

पंचनवद्वयष्टाविंशतिचतुर्द्विचत्वारिंशद्द्विपंचभेदा यथाक्रमम् ॥ 5 ॥

ज्ञानवरण के पाँच, दर्शनावरण के नौ, वेदनीय के दो, मोहनीय कर्म के अट्ठाईस, आयु के चार, नाम के बयालीस, गोत्र कर्म के दो और अन्तराय कर्म के पाँच—इस तरह से और इनमें उपभेद भी शामिल कर दो तो कर्मों की कुल प्रकृति-संख्या 148 है।

मतिश्रुतावधिमनःपर्ययकेवलानाम् ॥ 6 ॥

मतिज्ञानावरण, श्रुतज्ञानावरण, अवधिज्ञानावरण, मनःपर्ययज्ञानावरण और केवलज्ञानावरण—ये ज्ञानावरण की पाँच प्रकृतियाँ हैं।

चक्षुरचक्षुरवधिकेवलानां निद्रानिद्रानिद्राप्रचलाप्रचलाप्रचलास्त्यानगृद्धयश्च ॥ 7 ॥

ये दर्शनावरण कर्म की नौ प्रकृतियाँ हैं—चक्षुदर्शनावरण, अचक्षुदर्शनावरण, अवधिदर्शनावरण, केवलदर्शनावरण, निद्रा, निद्रानिद्रा, प्रचला, प्रचलाप्रचला

और स्त्यानगृद्धि। स्त्यानगृद्धि यानी नींद के बीच में उठकर कुछ काम कर आये और फिर सो जाये और जब सुबह उठे तो बोले, कब उठा था मैं? तो वह है स्त्यानगृद्धिदर्शनावरण।

सदसद्वेद्ये॥ 8॥

वेदनीय कर्म के दो भेद हैं—साता वेदनीय और असाता वेदनीय। दोनों में ज्यादा फर्क नहीं है। फर्क इतना ही है कि एक अनुकूलता दिलाता है और एक प्रतिकूलता।

जयपुर के राजदरबार में एक दीवान अमरचन्दजी थे। वे जरूरतमन्दों की खूब मदद करते थे। बड़े हेल्पिंग नेचर के इंसान थे। कोई-न-कोई उनसे मिलने आ जाता था। एक बार कोई गरीब जरूरतमन्द आदमी सहायता के लिए राजदरबार में ही उनसे मिलने पहुँच गया। अन्दर राजा की कोई जरूरी मीटिंग चल रही थी सो खबर पहुँच गयी कि कोई मिलने आया है। सभी सभासद जानते थे कि ये दीवान साहब गरीबों की बहुत मदद करते हैं, इसलिए कोई वैसा ही जरूरतमन्द व्यक्ति इनसे मिलने आया होगा। जब दीवान साहब उस व्यक्ति से मिलकर आये तो किसी ने मजाकिया लहजे में पूछ लिया कि 'दीवान साहब, आपके कौन से रिश्तेदार मिलने आये थे?' उन्होंने भी उसी अन्दाज में जवाब दिया—'मेरे साढूभाई मिलने आये थे।' उसने तो मजाक किया था, व्यंग किया था, मगर दीवान साहब ने तो ऐसा जवाब दे दिया तो किसी ने पूछा कि 'साहब, आप ऐसा कैसे कह रहे हैं! भला वह आदमी आपके साढू भाई थे?' वे बोले, 'हाँ।' 'वह कैसे?'

वे बोले—'एक वेदनीय नाम का बाप है। उसकी दो बेटियाँ हैं। एक का नाम साता है और दूसरी का नाम असाता है। साता की शादी मेरे साथ हुई है और असाता की शादी उसके साथ हुई है। इसलिए हम दोनों साढूभाई हैं।'

कहने का मतलब पाप का फल असाता है और पुण्य का फल साता है, मगर जिनवाणी कहती है-

'पुण्य-पाप फल मांहि हरष-विलखो मत भाई।'

पुण्य कर्म के उदय से साता आ गयी, अनुकूलता मिल गयी तो इसका घमण्ड करना गलत बात है। और पाप कर्म के उदय से असाता प्राप्त हो तो

दुखी होना, घबराना भी गलत बात है।

दर्शनचारित्रमोहनीयाकषायकषायवेदनीयाख्यास्त्रिद्विनवषोडशभेदाः सम्यक्त्वमिथ्यात्वतदुभयान्यकषायकषायौ हास्यरत्यरतिशोकभयजुगुप्सास्त्रीपुंनपुंसकवेदा अनन्तानुबन्ध्यप्रत्याख्यानप्रत्याख्यानसंज्वलनविकल्पाश्चैकशः क्रोधमानमायालोभाः ॥ 9 ॥

मोहनीय कर्म के 28 भेद हैं। आपको यदि ज्यादा समझ में न आये तो दो को तो अवश्य समझ लो—एक दर्शनमोहनीय और एक चारित्रमोहनीय। जो हमारे श्रद्धान का गड़बड़घोटाला करे वह दर्शनमोहनीय है और जो समीचीन श्रद्धान के अनुकूल चारित्र के होने में बाधक है वह चारित्रमोहनीय है। भगवान को कर्ता-धर्ता मानना दर्शनमोहनीय है।

नारकतैर्यग्योनमानुषदैवानि ॥ 10 ॥

आयुकर्म के ये चार भेद हैं—नरकायु, तिर्यंचायु, मनुष्यायु और देवायु।

गतिजातिशरीरांगोपांगनिर्माणबन्धनसंघातसंस्थानसंहननस्पर्शरसगन्धवर्णानुपूर्व्यगुरुलघूपघातपरघातातपोद्योच्छ्वासविहायोगतयः प्रत्येकशरीर त्रससुभगसुस्वरशुभसूक्ष्मपर्याप्तिस्थिरादेययशःकीर्ति सेतराणि तीर्थकरत्वं च॥ 11॥

नाम कर्म की कुल मिलाकर 42 प्रकृतियाँ होती हैं, उनका ये नामोल्लेख है, जिनकी चर्चा करने का हमारे पास अभी अवकाश नहीं है।

उच्चैर्नीचैश्च ॥ 12 ॥

गोत्रकर्म की दो प्रकृतियाँ हैं—उच्चगोत्र और नीचगोत्र।

दानलाभभोगोपभोगवीर्याणाम् ॥ 13 ॥

अन्तराय कर्म की पाँच प्रकृतियाँ हैं—दानांतराय, लाभांतराय, भोगांतराय, उपभोगांतराय, वीर्यांतराय।

किसी ने प्रश्न पूछा कि साहब, कोई यदि किसी के भोगों में भी अन्तराय करे तो क्या उसे अन्तराय कर्म का बन्ध होगा? कोई शास्त्र पढ़ रहा हो, तब आप अन्तराय करो तब तो बन्ध होगा ही, परन्तु कोई टी. वी. देख रहा है और तब आप उसे रोको, बाधक बनो तो भी क्या बन्ध होता है?

हमने कहा कि हाँ, तब भी होता है। भोगांतराय कर्म का बन्ध होता है।

वहाँ ध्यान देने की बात है कि इसीलिए हमारे आचार्यों में उपदेश देने की परम्परा है, आदेश देने की परम्परा नहीं है। जरा समझना—आदेश देने से पाप बन्ध हो जाएगा, उपदेश में तो हम उसको ऐसा नहीं कह रहे हैं कि तुम टीवी बन्द कर दो। बल्कि उसे समझा रहे हैं कि इसे देखने में तुम्हारा अहित है। इस मार्ग पर मत चलो, इसे बन्द करके पढ़ाई करोगे तो तुम्हारा हित होगा। इस तरह यदि हम उसे प्यार से समझाते हैं और वह समझ जाये तो उसे सन्मार्ग पर लगाया—इसका पुण्यबन्ध होता है। देखो, पापकार्यों से हटाने के लिए आचार्यों ने भी कहा कि भोजन छोड़ो, एकाशन करो, परन्तु इस प्रकार वे हमें उपदेश ही देते हैं, आदेश नहीं देते हैं। हमारे हित का रास्ता दिखाते हैं। उनके बताये मार्ग पर चलना कि नहीं चलना—ये हमारे ऊपर निर्भर है। हमें किसी को दान देते हुए भी नहीं रोकना चाहिए, घोर दानांतराय कर्म का बन्ध होता है। किसी को लाभ हो रहा है और आप रोक दो तो लाभांतराय कर्म का बन्ध होता है। इसी प्रकार भोग-उपभोग आदि सब में रुकावट पैदा करने से भी कर्मबन्ध होता है।

इसप्रकार हमने प्रकृतिबन्ध को समझा, अब स्थितिबन्ध को समझाते हैं—

आदितस्तिसृणामन्तरायस्य च त्रिंशत्सागरोपमकोटीकोट्यः परा स्थितिः ॥ 14 ॥

शुरु के तीन यानी ज्ञानावरण, दर्शनावरण, वेदनीय और अन्तराय की उत्कृष्ट स्थिति क्या है? तीस कोड़ाकोड़ी सागर। अब ये सागर इतनी लंबी समय की अवधि है कि उसका बखान करना ही कठिन है। बहुत विशाल अवधि है। एक कर्म की इतनी लम्बी स्थिति बनती है। सोचो यदि लापरवाही से ज्ञानावरण बांध लो, किसी के ज्ञान में बाधक बनो, तो कभी-कभी ऐसा कोई खतरनाक ज्ञानावरण बँध जाता है कि तब तीस कोड़ाकोड़ी सागर तक ज्ञानलाभ नहीं होगा। इसलिए बड़ी सावधानी रखनी चाहिए। कर्म को बाँधते समय बाँध तो लेते हैं, मगर वह इतना अधिक समय लेता है कि उसका वर्णन करना मुश्किल है। जैसे वट का बीज तो बो दिया, मगर वह कितना स्क्वायर फिट जगह लेगा और उस जगह को भी वह कितने सालों के लिए इंगेज करेगा—बताना कठिन है। ऐसे ही हम कर्म को बाँध तो लेते हैं, मगर बाद में

जीवन भर बहुत लम्बे समय तक तकलीफ उठानी पड़ती है।

सप्ततिर्मोहनीयस्य॥ 15॥

मोहनीय कर्म की उत्कृष्ट स्थिति सबसे ज्यादा है, इसकी उत्कृष्ट स्थिति 70 कोड़ाकोड़ी सागर तक है। इसीलिए सभी आचार्यों ने कहा है कि अपने बुरे परिणामों से डरो। संसार में डरने लायक कोई चीज है तो वह अपने बुरे परिणाम ही हैं, इससे ज्यादा डरने लायक और कुछ नहीं है।

विंशतिर्नामगोत्रयो: ॥ 16 ॥

नाम और गोत्र कर्म की उत्कृष्ट स्थिति 20 कोड़ाकोड़ी सागर है।

त्रयस्त्रिंशत्सागरोपमाण्यायुषः॥ 17॥

आयु कर्म की उत्कृष्ट स्थिति 33 सागर है।

अपरा द्वादशमुहूर्ता वेदनीयस्य॥ 18॥

और वेदनीय कर्म की जघन्य स्थिति 12 मुहूर्त है।

नामगोत्रयोरष्टौ॥ 19॥

नाम और गोत्र कर्म की जघन्य स्थिति 8 मुहूर्त है।

शेषाणामन्तर्मुहूर्ता॥ 20॥

बाकी सब कर्मों की जघन्य स्थिति अन्तर्मुहूर्त है।

विपाकोनुभवः॥ 21॥

कर्म का पक जाना, इसी का नाम अनुभव है। इसी का नाम अनुभाग बन्ध है। वह कर्म बँध जाता है, फिर पकता है और फिर जब उदय में आता है तब उसका हमें टेस्ट कराता है, अनुभव कराता है। यह अनुभाग बन्ध है।

प्रकृतिबन्ध, प्रदेशबन्ध, स्थितिबन्ध और अनुभागबन्ध—इस प्रकार यहाँ आचार्य चारों बन्धों को समझा रहे हैं। ये बन्ध तत्त्व का अध्याय है, इसलिए पहले बन्ध का लक्षण बताया, फिर बन्ध के चार भेद बताये और फिर एक-एक बन्ध का खुलासा किया।

अनुभव या अनुभाग बन्ध कैसा है—

स यथानाम॥ 22॥

अनुभाग बन्ध कर्मों के नाम के अनुसार ही है। जैसे ज्ञानावरण कर्म का फल ज्ञान के अभाव का अनुभव कराएगा। ये है ज्ञानावरण का रस। ऐसे ही

दर्शनावरण का रस होता है। मोहनीय कर्म का रस पागल बनाएगा, झूमता रहेगा जीव नशे में। इसी प्रकार सबका समझ लेना।

ततश्च निर्जरा ॥ 23 ॥

इसके बाद जब वह कर्म उदय में आएगा तो फिर क्या होगा ? निर्जरा होने लगेगी। बशर्ते तुम उसे समताभाव से भोगो। जैसे दुकान पर पहले का कुछ कर्जा बाकी था, उसे चुकाने गये। तो पहले का कर्जा तो चुकाया, मगर उसी समय और माल उधारी में खरीद लाये, तो फिर से कर्जा चढ़ गया। यदि पहले का कर्जा चुका देते और फिर से माल उधार नहीं खरीदते तब तो कर्जा चुकता हो जाता।

एक बड़ी अच्छी बात बताता हूँ। ये जो पाँच कारण हैं—मिथ्यादर्शन, अविरति, प्रमाद, कषाय और योग—ये पाँचों बराबर नहीं हैं, अपितु इनमें बड़ा अन्तर है। इनमें मिथ्यादर्शन सबसे ज्यादा पावरफुल है। उससे कम पावरफुल अविरति, उससे कम पावरफुल प्रमाद, उससे कम पावरफुल कषाय और उससे कम पावरफुल योग है। उसे हम इस दृष्टांत से समझ सकते हैं।

मान लो हमने किसी से 99999 रुपये उधार लिये। उसने अपने अकाउंट में पाँच बार नौ का अंक (99999) लिख लिया। अब हम उसके पास 9 रुपये लेकर गये और बोले कि 'भइया, ये 9 रुपये ले लो और उन पाँच 9 के अंकों में से एक 9 का अंक मिटा दो, मैं किश्तों में जमा करूँगा।' उसने कहा कि ठीक है भाई, आप किश्तों में जमा कर सकते हो, ये सुविधा तो मैं दे सकता हूँ, मगर पहली बार का 9 मिटाने के लिए आपको 90 हजार रुपये देने पड़ेंगे, तभी मैं मिटाऊँगा एक 9 उनमें से। और दूसरा 9 मिटाने के लिए 9 हजार रुपये देने होंगे, तीसरा नौ मिटाने के नौ सौ रुपये, चौथा नौ मिटाने के लिए 90 रुपये और पाँचवाँ नौ मिटाने के लिए सिर्फ 9 ही रुपये ले लूँगा। ऐसे ही मिथ्यादर्शन है 90 हजार के समान, अविरति है 9 हजार के समान....ऐसे सबको समझना और सर्वप्रथम मिथ्यादर्शन के नाश का उद्यम करना।

नामप्रत्ययाः सर्वतो योगविशेषात्सूक्ष्मैकक्षेत्रावगाहस्थिताः सर्वात्म-प्रदेशेष्वनन्तानन्तप्रदेशाः ॥ 24 ॥

ये जो कर्म आते हैं, ये आकर आत्मा के साथ बहुत अच्छी तरह से मिक्स हो जाते हैं। ऐसा घालमेल हो जाता है, जैसे गुड़ पर धूल आकर चिपक जाती है। यदि एक किलो गुड़ हो, और बरसात का मौसम हो तो यह गुड़ थोड़ा गीला ही रहता है, और उस पर यदि 5 या 10 ग्राम रेत (धूल) उड़कर आ गयी, उस गुड़ में चिपक गयी, और वह एक दिन, दो दिन ऐसे ही चिपकी रह गयी तो वह धूल भी गुड़ ही बन जाएगी यानी उसे गुड़ से अलग कर पाना बहुत मुश्किल होगा। ऐसे ही जो कर्म आते हैं वे आत्मा के साथ ऐसे एकमेक होकर चिपक जाते हैं कि क्या बतायें, मगर आत्मा आत्मा है और कर्म कर्म है, वे भिन्न-भिन्न हैं।

सद्वेद्यशुभायुर्नामगोत्राणि पुण्यम्॥ 25॥

साता वेदनीय, शुभ आयु, शुभ नाम और शुभ गोत्र—ये पुण्य प्रकृतियाँ हैं। सातवें अध्याय में शुभास्रव पुण्य के कारण बताये हैं, उन्हें करोगे तो साता वेदनीय बँधेगी, शुभ आयु बँधेगी, शुभ नाम, शुभ गोत्र बँधेंगे।

अतोन्यत् पापम्॥ 26॥

पुण्य-प्रकृतियों के अतिरिक्त बाकी की जो कर्म-प्रकृतियाँ हैं वे सब पाप-प्रकृतियाँ हैं।

इति तत्त्वार्थाधिगमे मोक्षशास्त्रे अष्टमोऽध्यायः।

''जं सक्कदि तं किज्जइ, जं च ण सक्कदि तहेव सद्दहणं।
सद्दहमाणो जीवो, पावदि अजरामरं ठाणं॥''
अर्थ—जो शक्य हो वह करो और जो शक्य न हो उसकी श्रद्धा करो। श्रद्धावान जीव अजर-अमर स्थान को प्राप्त करता है।

नौवाँ अध्याय

**"जीवमजीवं दव्वं जिणवरवसहेण जेण णिद्दिट्ठं।
देविंदविंदवंदं वंदे तं सव्वदा सिरसा॥ "**

अर्थ–विश्व में दो भिन्न-भिन्न पदार्थ हैं। एक का नाम जीव और दूसरे का नाम अजीव है। जीव जीव था, जीव है और जीव ही रहेगा। अजीव अजीव था, अजीव है और अजीव ही रहेगा। जीव और अजीव का जिन्होंने हमको भेदविज्ञान कराया, उन प्रथम तीर्थंकर ऋषभदेव को मैं भक्तिपूर्वक नमस्कार करता हूँ।

यह तत्त्वार्थसूत्र नाम का अजर-अमर ग्रन्थराज है। इसकी रचना आज से दो हजार वर्ष पहले परमपूज्य आचार्य श्री उमास्वामी मुनिराज ने की है। इसमें जीव के समस्त दुखों को मिटाकर सच्चा सुख प्राप्त करने की प्रयोजनभूत कला सिखाई गयी है। यह एक ही ग्रन्थ समस्त ग्रन्थों का मानो सारभूत है। जो जीव भक्तिपूर्वक मन लगाकर विवेकपूर्वक इस ग्रन्थ को समझ लेते हैं, उन्हें कोई और ग्रन्थ पढ़ने की कोई आवश्यकता ही नहीं है। इस ग्रन्थ में आत्मा के हित का उपाय बड़े ही सुन्दर तरीके से समझाया गया है। इसलिए इस ग्रन्थ में बहुत मन लगाना चाहिए। बड़े ही करुण थे उमास्वामी महाराज। उनका बहुत ही उपकार है हम सब पर कि उन्होंने यह ग्रन्थ लिखा। इसमें उन्होंने छोटे-छोटे 357 सूत्र लिखे हैं। इनके विषय में हम बार-बार जितना सोचते हैं उतना ही लाभ होता है। वे 357 सूत्र लिखकर अजर-अमर हो गये। जब तक सृष्टि

रहेगी तब तक तत्त्वार्थसूत्र लुप्त नहीं हो सकता। तत्त्वार्थसूत्र सभी सम्प्रदायों में चलता है, सभी भाषाओं में है। हजारों, लाखों नहीं, करोड़ों की तादाद में आज इसकी प्रतियाँ मौजूद हैं। इसलिए कहीं कुछ भी हो जाय, मगर तत्त्वार्थसूत्र नष्ट नहीं हो सकता। जब तक सृष्टि रहेगी तब तक तत्त्वार्थसूत्र रहेगा। ऐसा महान कार्य आचार्य उमास्वामी ने कर दिया है।

इस ग्रन्थ को हम सब महत्त्व देकर जरूर से जरूर समझें। इसीलिए हमारे बुजुर्गों ने एक परम्परा चला दी कि दशलक्षण में, जब सब आते हैं, जो कभी नहीं आते हैं वे भी आते हैं, तो उनके भी कान में ये तत्त्वार्थसूत्र पड़ना चाहिए। उनको भी सुनने दो, उनको भी समझने दो। जिसकी भली होनहार होगी वह सुधरे बिना नहीं रहेगा। उसे जरूर रास्ता मिलेगा। इसलिए इस ग्रन्थ को हल्के से नहीं लेना चाहिए।

मैं ये बातें रोज भूमिका के तौर पर इसलिए कहता हूँ कि कोई इस ग्रन्थ को हल्के तौर पर न ले। इधर-उधर की किस्से-कहानी की बातें, मनोरंजन करना, अटपटा, चटपटा हँसाना—ऐसा तो बहुत सभाओं में होता है। दुनिया में अनेकों कवि-सम्मेलनों में ही चले जाना, हँसना, ठहाके लगाना। मगर तत्त्वज्ञान की बात, जिनवाणी की बात इतने बढ़िया पर्व के दिनों में सुनने का अवसर मिला है तो मन लगाकर समझो। यह बहुत अच्छा अवसर आया है जो इस ग्रन्थ को सुनने-समझने का मौका मिला है। आप कोशिश तो करो, सच्ची कोशिश करो। आप अपने-आप ग्रन्थ हाथ में ले लो। उसका हिंदी अर्थ पढ़ने की कोशिश करो और बिना संकोच के एक बार नहीं, हजार बार प्रश्न पूछो, खूब पूछो, मगर इस तत्त्वार्थसूत्र को मुझे समझना ही है—यह व्रत ले लो।

आप लोग दशलक्षण में बहुत प्रकार के व्रत लेते हैं। जैसे एक बार खाऊँगा, दो बार खाऊँगा, यह करूँगा, वह करूँगा—ऐसे बहुत से संकल्प लेते हैं। मैं कहता हूँ कि आपके सारे व्रत तो पलेंगे ही, पर एक व्रत यह भी लो कि इस दशलक्षण में मैं तत्त्वार्थसूत्र समझकर ही रहूँगा। एक दिन में दस-पाँच बार उस अध्याय को अर्थ के साथ पढ़ जाओ, अर्थ के साथ-साथ विशेषार्थ भी कहीं-कहीं दिये हुए हैं, उनको भी पढ़ जाओ। आप उन्हें समझो। एक डायरी रखो। इधर-उधर निशान मत लगाओ, डायरी पर नोट करो। आपके

प्रश्नों का ढेर लगना चाहिए। और फिर उन प्रश्नों को पूछो। इस चीज को मुझे समझना ही है—अगर ऐसा संकल्प होगा तो जरूर से जरूर यह ग्रन्थ हमारी समझ में आ जाएगा। दो-तीन बार कोशिश करनी पड़ सकती है, लेकिन उससे मत घबराना। देखो, पहली बार में तो कुछ भी समझ में नहीं आता। दुनिया में कोई पहली बार अखबार लेकर पढ़ने बैठता है या कोई जिन्दगी में पहली बार टेलीविजन देखने बैठता है तो उसमें भी उसके पल्ले कुछ नहीं पड़ता है। हर चीज को समझने में थोड़ा-सा समय तो लगता है। पर यह ग्रन्थ यदि समझ में आ गया तो निहाल हो जाएँगे। मनुष्य जन्म सफल हो जाएगा और हमें एक बहुत बड़ी उपलब्धि जीवन में प्राप्त हो जाएगी। इसलिए मैं आपसे यह आग्रह कर रहा हूँ।

अब नौवाँ अध्याय प्रारम्भ होता है। इस नौवें अध्याय में संवर और निर्जरा तत्त्व का वर्णन है। संवर किसे कहते हैं—

आस्रवनिरोधः संवरः ॥ 1 ॥

आस्रव का रुक जाना संवर है। आस्रव माने आत्मा में कर्मों का आना और इस आस्रव का निरोध हो जाना, रुक जाना, इसको कहते हैं संवर। वही नाववाला उदाहरण कि छेद बन्द हो जाये, पानी आना रुक जाये तो उसका नाम संवर है। आस्रव का रुकना संवर कहलाता है।

स गुप्तिसमितिधर्मानुप्रेक्षापरीषहजयचारित्रैः ॥ 2 ॥

वह संवर कैसे होता है महाराज, आपने संवर का लक्षण तो बता दिया कि आस्रव का रुकना संवर है, मगर हम यह जानने के लिए लालायित हैं कि संवर होता कैसे है? कर्मों का आना तो 24 घंटे लगा हुआ है, इसलिए अब हमें यह जानना है कि कर्मों का आना रुके कैसे? कर्मों का आना बन्द कैसे हो? तो कहते हैं—गुप्ति, समिति, धर्म, अनुप्रेक्षा, परीषहजय और चारित्र—इनका पालन करो, जीवन में इन्हें उतारो तो संवर होता है।

गुप्ति : तीन प्रकार की गुप्तियाँ हैं—मनोगुप्ति, वचनगुप्ति और कायगुप्ति। मन का व्यापार रोकना मनोगुप्ति है। वचन का व्यापार रोक देना वचनगुप्ति है और काय का व्यापार रोक देना कायगुप्ति है। इन गुप्तियों के द्वारा जब आप मन-वचन-काय का व्यापार रोकते हैं तो कर्मों का आना भी रुक जाता है।

देखो, सीधी-सी बात हो गयी। मन-वचन-काय के हिलने से कर्म आते थे और उन्हें रोक दिया तो संवर हो गया।

समिति : पाँच समितियाँ हैं—1. ईर्या समिति, 2. भाषा समिति, 3. एषणा समिति, 4. आदान-निक्षेपण समिति और 5. व्युत्सर्ग समिति।

गुप्ति और समिति में क्या फर्क है? गुप्ति मन-वचन-काय के व्यापार को रोक देना है और समिति रोकना नहीं है, गलत व्यापार रोक देना और उसको थोड़ा सही दिशा में मोड़ देना है। जैसे व्रत के दो तरीके हैं—एक तो बिलकुल कुछ नहीं खाना और दूसरा एकासन करना। इसी प्रकार गुप्ति माने मन-वचन-काय को बिलकुल रोक देना और समिति माने मन से कहना कि बुरा चिन्तन मत करो, सिर्फ अच्छा चिन्तन करो। वह मान नहीं रहा है, कह रहा है कि कुछ न कुछ तो सोचूँगा ही, तो कहते हैं कि ठीक है सोचना ही है तो अच्छा सोचो। वाणी बोली कि मैं बिना बोले तो नहीं रह सकती। अच्छा चलो, बुरा मत बोलो, अच्छा बोलो। यह समिति है।

धर्म : दशलक्षण धर्म के बारे में आप जानते ही हैं। उत्तम क्षमा, उत्तम मार्दव आदि। इन दशलक्षण धर्मों का पालन करें तो भी संवर होता है।

अनुप्रेक्षा : अनुप्रेक्षा माने बारह भावना। अनित्य, अशरण, संसार, एकत्व, अन्यत्व, अशुचि, आस्रव, संवर, निर्जरा, लोक, बोधिदुर्लभ, धर्म—ये जो बारह भावनायें हैं, इनका पुनः पुनः चिन्तन करने से भी संवर होता है।

परीषहजय : परीषह 22 होते हैं। उन परिषहों को जीतना परीषहजय कहलाता है। दो चीजें होती हैं—एक उपसर्ग और एक परीषह। प्रतिकूल स्थितियाँ दो प्रकार की बनती हैं, एक उपसर्गरूप और दूसरी परीषहरूप। क्या फर्क है उपसर्ग और परीषह में? कोई प्रतिकूलता देता है, तब वह उपसर्ग कहलाता है। और जब कोई देता नहीं है, मुनिराज स्वयं ही प्रकृति के धर्म को सहन करते हैं तो उसका नाम होता है परीषह। कोई अग्नि जलाकर किसी को तपाये तो वह उपसर्ग हो गया। और मई-जून में ऐसे ही उतनी तेज गर्मी पड़े तो उसका नाम परीषह हो गया। परीषह स्वाभाविक अवस्था है, प्राकृतिक अवस्था है और उपसर्ग कृत्रिम अवस्था है। वैसे यहाँ 22 परिषहों में परिषह और उपसर्ग दोनों को सम्मिलित कर लिया है।

चारित्र : पाँच प्रकार का चारित्र होता है जिसकी चर्चा फिर कभी करेंगे। कहने का अर्थ है कि संवर कैसे होता है? गुप्ति, समिति, धर्म, अनुप्रेक्षा, परीषहजय और चारित्र से। इनको समझ लो। कर्मों को रोकना है तो अब आज उसका तरीका बताया जा रहा है। अब तक बीमारी बतायी और अब दवाई बता रहे हैं। लोग मन्दिर जाते हैं और भगवान को खूब सुनाते हैं—भगवन्, मैं बहुत दुखी हूँ, मैंने चार गति में खूब दुख उठाये, आदि। इस तरह से खूब अपने दुख की बात सुनाते हैं, परन्तु फिर जब भगवान् कहते हैं कि अब मेरी बात सुनो तो हम कहते हैं कि नहीं, मुझे सुनने का समय नहीं है, मैं जा रहा हूँ। जिनवाणी, स्वाध्याय भगवान् की सुनाई बात है। हमें उसे सुनने में कम दिलचस्पी होती है, जबकि उसमें अधिक दिलचस्पी होनी चाहिए।

तपसा निर्जरा च॥ 3॥

गुप्ति, समिति, धर्म, अनुप्रेक्षा, परीषहजय, चारित्र—इनसे संवर होता है। तीसरा सूत्र कह रहा है कि उसमें तप भी जोड़ लो। प्रश्न है कि तप भी उसी सूत्र में जोड़ लेते, अलग क्यों लिखा? आचार्यदेव यह कहना चाहते हैं कि तप एक ऐसी चीज है जिससे दो काम होते हैं। तप से संवर भी होता है और निर्जरा भी। गुप्ति, समिति, धर्म, अनुप्रेक्षा, परीषहजय और चारित्र सिर्फ संवर करते हैं, मगर तप संवर भी करता है और निर्जरा भी करता है। संवर और निर्जरा एक-दूसरे से बहुत जुड़े हुए हैं, इसीलिए इन दोनों तत्त्वों को एक साथ लिया है। तप के बारे में भी जानना बहुत जरूरी है कि तप क्या है, उसे कैसे कर सकते हैं? यदि करेंगे तो संवर और निर्जरा दोनों हो सकेंगी।

सम्यग्योगनिग्रहो गुप्तिः॥ 4॥

सम्यक् प्रकार से योगों का निग्रह करना गुप्ति है। योग क्या है? मन-वचन-काय का 'सम्यक्' प्रकार से निग्रह करना। यह 'सम्यक्' बहुत जोरदार है। किसी ने जबरदस्ती पकड़कर, कमरे में बन्द करके, हाथ-पैर बाँध दिए तो क्या हो गयी कायगुप्ति? या फिर मुँह पर पट्टी बाँध दे तो वह वचनगुप्ति हो गयी क्या? नहीं, ऐसे नहीं होगा। वह तो स्वेच्छा से होना चाहिए। मैं स्वेच्छा से नहीं बोलूँगा—ऐसे उत्तम भावपूर्वक जब वचन रुकता है तो उसका नाम है वचनगुप्ति।

समिति किसे कहते हैं?

ईर्याभाषैषणादाननिक्षेपोत्सर्गाः समितयः ॥ 5 ॥

पाँच प्रकार की समितियाँ होती हैं—

1. **ईर्या समिति :** यानी चार हाथ जमीन देखकर चलना। इन पाँचों समितियों का पालन मुनि महाराज तो करते ही हैं, लेकिन गृहस्थों को भी आंशिक रूप से पालन करना ही चाहिए। ऐसे नहीं कह सकते कि हम थोड़े ही मुनि महाराज हैं? हमें थोड़े ही देख-भालकर चलना है? हम क्यों ईर्या समिति का पालन करें? इसप्रकार ईर्या समिति माने देख-भालकर चलना।

2. **भाषा समिति :** तोल-मोलकर बोलना, सोच-समझकर बोलना। हित-मित-प्रिय वचन बोलना। क्या बोलना, कितना बोलना, कहाँ बोलना, यह सब भाषा समिति है। ये जबान चलाना कोई आसान काम नहीं है, दुनिया में गाड़ी चलाना, सायकिल चलाना, ट्रक चलाना, हवाई जहाज चलाना आसान है, मगर यह जबान चलाना बहुत कठिन काम है। इसी जबान ने बड़े-बड़े 'महाभारत' करा रखे हैं। बताया था न कि अगर अहिंसा व्रत पालना है तो जबान पर लगाम लगाना भी सीखो।

3. **एषणा समिति :** क्या खाना, कब खाना, कितना खाना—ये सब एषणा समिति है।

4. **आदान-निक्षेपण समिति :** कोई भी चीज देख-भालकर लेना या रखना—इसका नाम आदान-निक्षेपण समिति है।

5. **व्युत्सर्ग समिति :** मल-मूत्र का त्याग करना है तो उसे भी देख-भालकर करना—इसका नाम व्युत्सर्ग समिति है। ऐसे नहीं कि आप तो बाथरूम करने बैठे और वहाँ चींटियों के बिल पर बाढ़ आ गयी। ऐसे नहीं करना चाहिए। हम सबको इसके लिए भी विवेक रखना चाहिये। ये व्युत्सर्ग समिति है।

उत्तमक्षमामार्दवार्जवसत्यशौचसंयमतपस्त्यागाकिंचन्यब्रह्मचर्याणि धर्मः ॥ 6 ॥

इन दशलक्षण धर्म का वर्णन तो आप लोग आचार्यश्री (विद्यानन्दजी)

के मुख से प्रातः काल सुन ही रहे हैं।

अनित्याशरणसंसारैकत्वान्यत्वाशुच्यास्त्रवसंवरनिर्जरालोकबोधि-दुर्लभधर्मस्वाख्याततत्त्वानुचिन्तनमनुप्रेक्षाः ॥ 7 ॥

हर सूत्र का एक क्रम है। ऐसे ही नहीं कोई आ रहा है। आचार्य कहते हैं कि आस्त्रव का रोकना संवर है। और वह संवर, गुप्ति, समिति, धर्म, अनुप्रेक्षा, परिषहजय, तप और चारित्र से होता है। वहाँ पहले गुप्ति बतायी, फिर दूसरे सूत्र में समिति बतायी, फिर धर्म बताये और अब अनुप्रेक्षा बता रहे हैं। ये 12 अनुप्रेक्षायें हैं। इनके नाम हैं—अनित्य, अशरण, संसार, एकत्व, अन्यत्व, आस्त्रव, संवर, निर्जरा, लोक, बोधिदुर्लभ और धर्म। ये बारह भावनायें आप रोज ही पढ़ते हैं—

राजा राणा छत्रपति, हाथिन के असवार।
मरना सबको एक दिन, अपनी-अपनी बार॥

हमें इन बारह भावनाओं का प्रतिदिन चिन्तन करना है। देखो, हमारे यहाँ ये बारह भावनाएँ रोजाना का आत्मा का भोजन है। हम जब 5-7 साल के थे तभी से पिताजी हमें सुबह 4.30 बजे उठा देते थे और बारह भावनायें बुलवाते थे। तभी से ये मुझे कंठस्थ हैं। कहने का मतलब ये बारह भावनाएँ हमारी रोजाना की चीज है और इसी से हम जीवित हैं।

मार्गाच्यवननिर्जरार्थं परिषोढव्याः परीषहाः ॥ 8 ॥

धर्म के रास्ते से मैं कभी डिग ना जाऊँ, धर्म के रास्ते पर मैं मजबूती से बना रहूँ, यदि ऐसा आप चाहते हैं तो इसके लिए थोड़ा परीषहजय अवश्य करना चाहिए। कब क्या परिस्थिति बने सर्दी, गर्मी, भूख-प्यास आदि की। हमारे वाईस चांसलर एक बहुत ही अच्छी व्याख्या करते हैं। वे कहते हैं कि एक शब्द हम लोग बोलते हैं—'रहन-सहन'। तो यह 'रहन-सहन' क्या है? 'रहन-सहन' का गूढ़ अर्थ यह है कि इस जिन्दगी में, इस दुनिया में वही रह सकता है जो सह सकता है। जिसको सहना आता है वही रह सकता है, और जिसको सहना नहीं आता, तो वह कितना ही बड़ा करोड़पति हो, कितना ही बड़ा यशस्वी हो, हजारों क्या लाखों नौकर-चाकर हों, वह रह नहीं सकता, क्योंकि उसे भी कहीं-न-कहीं, कुछ-न-कुछ कम्प्रोमाईज करना ही पड़ता है।

कितना अच्छा शब्द है 'रहन-सहन'। यानी जो सह सकता है, वही रह सकता है। कहीं-न-कहीं तो सहना ही पड़ता है। कोई सोचे कि मेरे पास तो बहुत पैसा है, मैं नहीं सह सकता, तो ऐसा नहीं चलेगा, सहन तो करना ही पड़ता है। इसीलिए आचार्य कहते हैं कि परीषह जरूर सहन करना चाहिए, तभी वह धर्म के मार्ग पर मजबूती से टिका रह सकता है।

अब परिषहों के नाम आचार्य देव गिना रहे हैं। परीषह 22 प्रकार के होते हैं—

क्षुत्पिपासाशीतोष्णदंशमशकनाग्न्यारतिस्त्रीचर्यानिषद्याशय्याऽऽक्रोश-वधयाचनाऽलाभरोगतृणस्पर्शमलसत्कारपुरस्कारप्रज्ञाऽज्ञानादर्शनानि ॥ 9 ॥

क्षुत् माने क्षुधा, यानी भूख। भूख के कारण भी लोग कितने आकुल व्याकुल होते हैं। इसलिए भूख सहन करने का अभ्यास करो, प्यास सहन करने का अभ्यास करो, उसके बिना आदमी तरक्की नहीं कर सकता है। लौकिक जीवन में भी हमें इनको बर्दास्त करना ही पड़ता है। दुकान, व्यापार में भी कोई काम करना हो तो भूख-प्यास सहन करनी पड़ती है, तभी कोई काम हो पाता है। ऐसे नहीं होता कि जरा-सी भूख लगी और काम छोड़कर खाने बैठ जाओ या सो जाओ। एक और विशेष बात है कि जितना इनसे डर-डरकर भागो उतना ही ये हम पर हावी होते जाते हैं। सर्दी से जितना ही डरोगे उतना ही ये और डराएगी। कितना नाजुक बनोगे बताओ? ये जानवर कितने कंबल ओढ़ते हैं बताओ? इसलिए आचार्य कहते हैं कि शीत-उष्ण यानी प्रकृति के सम्पर्क में भी रहना सीखना चाहिए। परीषहजय से स्वावलंबन बढ़ता है। ऐसे ही मच्छर आदि काट रहे हैं तो थोड़ा बहुत सहन करो। नग्नता, अरति, स्त्री, चर्या, निषद्या, शय्या, आक्रोश आदि को भी सहन करें। यदि कोई गुस्सा कर रहा है, बुरे वचन कह रहा है तो उसे भी सहन करना चाहिए।

"खोद-खाद धरती सहे, काट-कूट वनराय।
कुटिल वचन साधु सहे, और से सहा न जाय॥"

जरा-सी बात सहन कर लेना बहुत बड़ी बात है। आचार्य विद्यानन्दजी महाराज कहा करते हैं कि "अरे भैया, रोज चार रोटी पचा लेते हो, क्या किसी के दो शब्द भी नहीं पचा सकते? किसी ने कुछ कह दिया तो एक

गिलास पानी पी जाओ चूरन की तरह, हजम हो जाएगा। क्या चिन्ता करते हो, क्या सोचकर मन खराब करना? इसलिए कहते हैं कि आक्रोश को भी सह लेना चाहिए। गुस्सा तो छोड़ो, यदि कोई मार-पीट भी दे तो भी सहन कर लेना चाहिए। देखो भाई, सज्जनों की सलाह तो यही है। उमास्वामी महाराज की सलाह पर चलना हो तो यही सलाह है। याचना—मुनिराज याचक वृत्तिवाले होते हैं। आहार माँगने गये छह महीने तक, पर फिर भी आहार नहीं मिला। रोग—रोग भी कुछ हो जाये तो सहन करने की शक्ति होनी चाहिए। रोग, तृणस्पर्श, मल, प्रज्ञा और अज्ञान भी सहन करना आना चाहिए। किसी-किसी को सफाई करने की इतनी बीमारी हो जाती है कि रात-दिन वह कुछ-न-कुछ साफ-सफाई ही करते रहता है। हमेशा हाथ ही पोंछते रहता है। हमेशा हाथ-पैर ही रगड़-रगड़कर साफ करता रहता है। अरे भैया, इन्हें कब तक रगड़ोगे? चलना तो जमीन पर ही है ना! थोड़ी सावधानी रखना ठीक है, पर अतिरेक नहीं होना चाहिए। दोनों बातें होनी चाहिए। बैलेंस में जीवन चलना चाहिए। सत्कार-पुरस्कार—इनको भी सहन करना आना चाहिए। दुनिया तारीफ करे तो फूलकर कुप्पा हो गये कि हम जैसा कोई है ही नहीं, और किसी ने निन्दा कर दी तो रो-रोकर मर गये—ऐसा नहीं होना चाहिए।

सूक्ष्मसाम्परायछद्मस्थवीतरागयोश्चतुर्दश ॥ 10 ॥

ये जो 22 परीषह हैं, ये टोटल परीषहों के नाम गिनाये हैं। सबको सब सहन करने पड़ते हों—ऐसा कोई जरूरी नहीं है। जैसा मौका लगे, जो जीवन में सामने पड़े, जिससे मुकाबला हो जाये, उसी को सहन करना चाहिए। जो सूक्ष्म सांपराय माने दसवाँ गुणस्थान, छद्मस्थ वीतराग माने ग्यारहवाँ, बारहवाँ गुणस्थान, उनमें ज्यादा से ज्यादा 14 ही परीषह होते हैं। 22 में से आठ परीषह दसवें-ग्यारहवें गुणस्थान में होते ही नहीं हैं।

एकादश जिने ॥ 11 ॥

तेरहवें गुणस्थान में 11 से ज्यादा परीषह नहीं हो सकते।

बादरसाम्पराये सर्वे ॥ 12 ॥

छठें-सातवें गुणस्थान में या उसके नीचे सभी सहने पड़ सकते हैं।

ज्ञानावरणे प्रज्ञाज्ञाने ॥ 13 ॥

देखो, एक परीषह का नाम है—प्रज्ञा और एक परीषह का नाम है—अज्ञान। दोनों परीषह हैं। प्रज्ञा माने किसी-किसी की बुद्धि इतनी विलक्षण होती है कि उसे बहुत याद हो जाता है, वह बहुत बुद्धिमान होता है, प्रकाण्ड पण्डित होता है। उसे हजारों, लाखों श्लोक याद हो जाते हैं। दुनिया में सबसे ज्यादा बुद्धिमान हो सकता है, किन्तु कहते हैं कि यह भी एक परीषह है, इसे सहन कर लो, नहीं तो अहंकार हो जाएगा। इसी प्रकार अज्ञान भी एक परीषह है। किसी-किसी को हजार बार करने पर भी छह द्रव्य के नाम याद नहीं होते। तो आचार्य कहते हैं कि यह भी परीषह है, इसे तुम सहन करो, घबराओ नहीं। कोई ज्ञानावरण कर्म का उदय है, जिससे याद नहीं हो रहा है। बुद्धि तेज हो तो भी परीषह है और बुद्धि मन्द हो तो भी परीषह है। यह सब ज्ञानावरण का खेल है। आत्मा का खेल नहीं है। जो पोजीशन है उसे स्वीकार करो, घबराओ मत। देखो, अहंकार भी बुरा और दीनता भी बुरी।

दर्शनमोहान्तराययोरदर्शनालाभौ ॥ 14 ॥

अदर्शन और अलाभ नामक परीषह दर्शनमोहनीय और अन्तराय कर्म के उदय से होते हैं।

चारित्रमोहे नाग्न्यारतिस्त्रीनिषद्याक्रोशयाचनासत्कारपुरस्कारा: ॥ 15 ॥

नग्नता, अरति, स्त्री, निषद्या, आक्रोश, याचना और सत्कार-पुरस्कार—ये परीषह चारित्रमोहनीय के उदय से होते हैं।

वेदनीये शेषा: ॥ 16 ॥

बाकी के परिषह वेदनीय कर्म के उदय से होते हैं।

एकादयो भाज्या युगपदेकस्मिन्नैकोनविंशति: ॥ 17 ॥

22 परीषहों में से ज्यादा से ज्यादा एक साथ एक जीव में 19 परीषह हो सकते हैं। 22 के 22 परीषह एक साथ एक जीव के नहीं हो सकते हैं। क्यों? क्योंकि 22 में से एक परीषह है शीत और एक है उष्ण। यदि सर्दी होगी तो गर्मी नहीं होगी, गर्मी होगी तो सर्दी नहीं होगी, अत: एक तो यह परीषह कम हो गया। तीन परीषहों के नाम हैं—चर्या, निषद्या, शय्या। चलते वक्त होती है, उसका नाम है चर्या, बैठते वक्त होती है उसका नाम है निषद्या, और सोते वक्त हो उसका नाम शय्या। तो यदि चल रहे हों तो चलने वाला परीषह तो हो

जाएगा, मगर बैठनेवाला नहीं होगा। और बैठे हैं तो बैठनेवाला तो हो जाएगा मगर चलनेवाला नहीं होगा। इस तरह इन तीन में से एक ही होगा, तो दो यहाँ कम हो जाएँगे। इस प्रकार तीन में से 2 तो कम होंगे ही होंगे। इसलिए कहते हैं कि उस जीव के एक साथ ज्यादा से ज्यादा 19 परीषह हो सकते हैं, इससे ज्यादा नहीं।

सामायिकच्छेदोपस्थापनापरिहारविशुद्धिसूक्ष्मसाम्परराययथा-ख्यातमिति चारित्रम् ॥ 18 ॥

यह चारित्र है। चारित्र पाँच प्रकार का है—1. सामायिक 2. छेदोपस्थापना, 3. परिहारविशुद्धि, 4. सूक्ष्मसाम्पराय, 5. यथाख्यात। पहले से दूसरा, दूसरे से तीसरा, तीसरे से चौथा और चौथे से पाँचवाँ महान् है। सबसे बड़ा चारित्र यथाख्यात है। सबसे छोटा चारित्र सामायिक है। आर्त-रौद्र ध्यान को छोड़कर आत्मा-परमात्मा का ध्यान करना—इसका नाम सामायिक है। कोई दोष लग जाये तो मुनि महाराज दीक्षा तक थोड़े दिन के लिए छेद देते हैं, उसका नाम छेदोपस्थापना है। परिहारविशुद्धि उच्च कोटि के मुनिराजों को होती है। और सूक्ष्मसांपराय दसवें-ग्यारहवें गुणस्थान में होता है। यथाख्यात अरिहंत, सिद्ध भगवान के होता है। जैसा आत्मा है वैसा ही आचरण हो जाये तो उसका नाम है यथाख्यात।

अब वर्णन आया तप का—

अनशनावमौदर्यवृत्तिपरिसंख्यानरसपरित्यागविविक्तशय्यासन-कायक्लेशा बाह्यं तपः ॥ 19 ॥

तप की परिभाषा हमें हमेशा याद रखना चाहिए—इच्छानिरोधस्तपः। छोटी-सी परिभाषा है, पर याद रखनी चाहिए। इच्छानिरोध यानी क्या? इच्छा का दमन या इच्छा को मारना—इसका नाम तप नहीं है, अपितु इच्छा का पैदा ही नहीं होना है। निरोध माने पैदा ही नहीं होना। यहाँ ध्यान देना होगा कि इच्छा पैदा हो गयी और फिर उसे तुम मारने, कुचलने में लग रहे हो, उसे दमन करने में लग रहे हो तो वह सच्चा तप नहीं है। बड़ा अच्छा शब्द है—निरोध। जैसे खाना खाने की इच्छा हो गयी, मगर फिर कहेंगे कि अरे, मैं तो खा नहीं सकता, आज तो अनन्त चतुर्दशी है ना! किन्तु यह इच्छा पैदा ही न हो तो

उसका नाम है तप।

तप दो प्रकार के होते हैं—1. बाह्य तप, 2. अन्तरंग तप। महाराजजी उदाहरण देते हैं कि जैसे रोटी को अन्तरंग और बहिरंग दोनों ताप चाहिए होता है। उसके लिए उसे दोनों तरफ से सेंकते हैं, तब रोटी अच्छी तरह से फूलती है और स्वादिष्ट बनती है। यदि उसे एक ही तरफ से सेकेंगे तो क्या होगा? वह एक तरफ से जल जाएगी और दूसरी तरफ से कच्ची रहेगी। ऐसे ही तप भी अन्तरंग और बहिरंग दोनों का ही प्रयोग करो तो आत्मा शुद्ध होगा।

बाह्य तप के भेद इस प्रकार हैं—1. अनशन—भोजन नहीं करना, 2. अवमौदर्य—भोजन थोड़ा ही लेना एक बार। 3. वृत्तिपरिसंख्यान—उसमें भी यह तय कर लेना कि मैं कितने आयटम लूँगा 4. रसपरित्याग—और भी तय कर लेना कि आयटम तो चार ही लूँगा, मगर मीठा नहीं लूँगा, घी नहीं लूँगा। रस छोड़कर लेना उसे रसपरित्याग कहते हैं। 5. विविक्तशय्यासन—अकेले में उठना, बैठना। कितने ही लोगों को अकेलापन खाने को दौड़ता है। किन्तु मैं कहता हूँ कि यदि आपको खाली समय मिला है तो उसे अपना भाग्य समझो, उसका सदुपयोग करो, तत्त्वचिन्तन करो, स्वाध्याय करो, आत्मनिरीक्षण करो। 6. कायक्लेश—काय में किसी तरह का क्लेश हो जाये तो भी धर्मध्यान से न डिगना कायक्लेश तप है। ये बाह्य तप हैं।

अन्तरंग तप कौन से हैं—

प्रायश्चित्तविनयवैयावृत्त्यस्वाध्यायव्युत्सर्गध्यानान्युत्तरम्॥ 20॥

प्रायश्चित्त, विनय, वैय्यावृत्य, स्वाध्याय, व्युत्सर्ग और ध्यान—ये बारह तप पूरे हो गये। इनमें पहले नम्बर का अनशन है और 12वें नम्बर का ध्यान है। पहले से दूसरा, दूसरे से तीसरा और तीसरे से चौथा तप बड़ा है। अर्थात् सबसे बड़ा तप है बारहवाँ ध्यान और सबसे छोटा तप है अनशन। उपवास करना छोटा तप और ध्यान करना बड़ा तप। भरत चक्रवर्ती ने ध्यान अन्तर्मुहूर्त किया तो उन्हें केवलज्ञान की प्राप्ति हो गयी। अनशन छह महीने करो तो भी केवलज्ञान की गारंटी नहीं और ध्यान अन्तर्मुहूर्त भी कर लो तो केवलज्ञान की गारंटी है। इसलिए रोज थोड़ी देर ध्यान करने का अभ्यास अवश्य करना चाहिए। हम मन्दिर आते हैं। मन्दिर में भगवान की ध्यानमुद्रा है। वह हमको

यही शिक्षा देती है कि रोज थोड़ी देर ध्यान में बैठो, भेदविज्ञान करने की कुछ तो कोशिश करो। बैठोगे नहीं, सोचोगे नहीं तो बात कैसे बनेगी? शुरू तो करो। रोज पाँच-दस मिनट ही सही, ध्यान जरूर करना चाहिए। ध्यान स्वास्थ्य की दृष्टि से भी फायदेमन्द है और यह भेदविज्ञान की दृष्टि से हो जाये तो उसका कहना ही क्या! क्योंकि ध्यान का असली काम तो वही है।

नवचतुर्दशपंचद्विभेदा यथाक्रमं प्राग्ध्यानात्॥ 21॥

ध्यान से पहले की बात बता रहे हैं, क्योंकि वह कह रहे हैं कि हम ध्यान की बात थोड़ा विस्तार से करेंगे। प्रायश्चित्त 9 प्रकार का होता है। विनय 4 प्रकार का, वैयावृत्य 10 प्रकार का, स्वाध्याय 5 प्रकार का और व्युत्सर्ग 2 प्रकार का होता है।

आलोचनाप्रतिक्रमणतदुभयविवेकव्युत्सर्गतपश्छेदपरिहारोपस्थापनाः॥ 22॥

थोड़ा-थोड़ा बता दे रहा हूँ। यह एक तरह का सिंहावलोकन है। आलोचना, प्रतिक्रमण, तदुभय, विवेक, व्युत्सर्ग, तप, छेद, परिहार और उपस्थापना—ये 9 प्रकार का प्रायश्चित्त है। आलोचना किसे कहते हैं? अपना दोष स्वीकार करना, आलोचना है। उसे छोड़ देने की कोशिश करना, प्रतिक्रमण है। दोष हो जाना स्वाभाविक है, मगर दोष को स्वीकार तो करो, ऐसा नहीं कि हो गया तो क्या हो गया? जैसे हम कहें कि दूध में चींटी आ गयी, तो इस पर उलटा जवाब दे देना कि चींटी ही आई है ना, हाथी तो नहीं आया। तो ये क्या हुआ कि दोष स्वीकार न करना। आलोचना माने दोष को स्वीकार करना और दोष को सुधारना। 'मिच्छा मे दुक्कडं' मेरा दोष मिथ्या हो—ऐसा निवेदन करना प्रतिक्रमण प्रायश्चित्त है। तदुभय प्रायश्चित्त किसे कहते हैं? गुरु की आज्ञा से शिष्य प्रतिक्रमण करता है और उसके द्वारा जो आलोचनापूर्वक प्रतिक्रमण किया जाता है वह तदुभय प्रायश्चित्त कहलाता है। विवेक प्रायश्चित्त किसे कहते हैं? जिन वस्तुओं से कषाय उत्पन्न हो उन सब वस्तुओं का त्याग कर देना विवेक प्रायश्चित्त कहलाता है। व्युत्सर्ग प्रायश्चित्त किसे कहते हैं? नियतकाल तक शरीर, वचन और मन का त्याग करना व्युत्सर्ग प्रायश्चित्त कहलाता है। तप किसे कहते हैं? उपवास आदि छह प्रकार का बाह्य तप, तप

प्रायश्चित्त है। छेद प्रायश्चित्त किसे कहते हैं? किसी बड़े दोष के लगने पर कुछ समय के लिए दीक्षा का छेद करना छेद प्रायश्चित्त है। परिहार प्रायश्चित्त किसे कहते हैं? किसी बड़े भारी दोष के लगने पर कुछ समय के लिए संघ से अलग करना परिहार प्रायश्चित्त है। उपस्थापना प्रायश्चित्त किसे कहते हैं? महाव्रतों का मूलच्छेद करके पुनः दीक्षा देना उपस्थापना प्रायश्चित्त है।

ज्ञानदर्शनचारित्रोपचाराः ॥ 23 ॥

ज्ञान की विनय, दर्शन की विनय, चारित्र की विनय और उपचार की विनय। उपचार माने ज्ञान जिसके पास हो यानी ज्ञानी की विनय, दर्शन जिसके पास हो यानी सम्यग्दृष्टि की विनय, चारित्र जिसके पास हो यानी सम्यक्चारित्रवान् की विनय। विनय के बिना विद्या नहीं मिलती। जीवन में विनय बहुत जरूरी है। नम्रता जहाँ नहीं है, वहाँ कुछ भी नहीं है। बड़े लोगों के पास तो नम्रता होती है, मगर जिसके पास नम्रता नहीं होती है उसी के पास अहंकार होता है।

आचार्योपाध्यायतपस्विशैक्षग्लानगणकुलसंघसाधुमनोज्ञानाम् ॥ 24 ॥

ये वैय्यावृत्य के भेद हैं। किसकी वैयावृत्ति? आचार्य की, उपाध्याय की, तपस्वी की, शैक्ष माने जो बहुत ज्ञानी साधु होते हैं, जो शिक्षा में बहुत होशियार होते हैं, उनको शैक्ष कहते हैं, उनकी वैयावृत्ति के। ग्लान माने कोई मुनि महाराज बीमार हों, रोगी हों तो उनकी वैयावृत्ति। गण यानी स्थविरों की सन्तति, उनकी वैय्यावृत्य, कुल यानी दीक्षा देनेवाले आचार्य की परम्परा, उनकी वैय्यावृत्य, संघ यानी मुनि, आर्यिका, श्रावक, श्राविका—इन चारों वर्णों का समुदाय, उनकी वैयावृत्य, साधु यानी जो चिरकाल का दीक्षित हो, उनकी वैय्यावृत्य, मनोज्ञ यानी वक्तृत्व आदि गुणों से शोभित और लोकसम्मत मुनि, उनकी वैयावृत्य।

वाचनापृच्छनानुप्रेक्षाम्नायधर्मोपदेशाः ॥ 25 ॥

ये स्वाध्याय के पाँच भेद हैं। वाचना यानी कुछ पढ़ना। समझ में नहीं आया तो पृच्छना यानी पूछना, और पूछने पर जो उत्तर मिला, उस पर चिन्तन करो, उसका नाम अनुप्रेक्षा है। फिर आम्नाय यानी पढ़े हुए पाठ को याद करो, कंठस्थ करो, और फिर दूसरे को सिखाओ। पहले खुद सीखो, फिर दूसरे

को सिखाओ। क्रम से चलना चाहिए।

बाह्याभ्यन्तरोपध्योः ॥ 26 ॥

व्युत्सर्ग तप दो प्रकार का होता है—बाह्य उपधि व्युत्सर्ग और अन्तरंग उपधि व्युत्सर्ग। बाह्य उपधि व्युत्सर्ग यानी आत्मा से भिन्न धनधान्यादि बाह्य पदार्थों का त्याग और आभ्यन्तर उपधि व्युत्सर्ग यानी क्रोधादिरूप आत्म भावों का त्याग।

उत्तमसंहननस्यैकाग्रचिन्तानिरोधो ध्यानमान्तर्मुहूर्तात्॥ 27 ॥

अब ध्यान का वर्णन कर रहे हैं कि ध्यान किसे कहते हैं। जब कोई उत्तम संहनन वाला अन्तर्मुहूर्त तक अपने चित्त को एकाग्र कर लेवे तो उसका नाम है ध्यान।

आर्तरौद्रधर्म्यशुक्लानि॥ 28॥

ध्यान चार प्रकार के हैं—आर्त, रौद्र, धर्म्य और शुक्ल।

परे मोक्षहेतू॥ 29 ॥

इनमें से परे यानी अन्त के दो ध्यान—धर्मध्यान और शुक्लध्यान मोक्ष के कारण हैं।

आर्तममनोज्ञस्य सम्प्रयोगे तद्विप्रयोगाय स्मृतिसमन्वाहारः ॥ 30॥

अनिष्ट पदार्थ का संयोग होने पर उसके वियोग के लिए बार-बार चिन्ता करना, यह अनिष्टसंयोगज नामक पहला आर्तध्यान है।

विपरीतं मनोज्ञस्य॥ 31॥

इष्टपदार्थ का वियोग होने पर उसके संयोग के लिए सतत चिन्ता करना 'इष्टवियोगज' नाम का दूसरा आर्तध्यान है।

वेदनायाश्च॥ 32॥

वेदना होने पर उसे दूर करने के लिए सतत चिंतित रहना—यह तीसरा आर्तध्यान है।

निदानं च॥ 33॥

आगामी भोगों की प्राप्ति के लिए चिन्ता करते रहना—यह निदान नाम का चौथा आर्तध्यान है।

इन चारों सूत्रों का अर्थ यह है कि आर्तध्यान चार तरह का होता है।

समझने की बात है। हमारे रात-दिन यही ध्यान अधिक होता रहता है। यह संसार का कारण है। आर्तध्यान 4 तरह का होता है। इष्टवियोगज—कोई हमारा प्रिय हमसे बिछुड़ गया, उसके बारे में सोचते रहना, यह इष्टवियोगज है और यदि कोई अनिष्ट मिल गया तो इससे कब पीछा छूटे—ऐसे चिन्ता करते रहना इसका नाम है अनिष्टसंयोगज। पीडाचिन्तन—किसी तरह की पीड़ा हो जाये तो हाय राम, हाय राम, यह पीड़ा कब दूर होगी—बस यही चिन्ता करते रहना पीड़ा-चिन्तन है। और चौथा है निदान यानी अगले जन्म में क्या मिलेगा? पूजा करता हूँ, स्वाध्याय करता हूँ तो उसका फल क्या मिलेगा? यानी कुछ पाने की इच्छा करना निदान है। ये चार प्रकार का आर्तध्यान है। और आर्तध्यान ही ज्यादातर लोग करते हैं। यह संसार का कारण है।

तदविरतदेशविरतप्रमत्तसंयतानाम् ॥ 34 ॥

यह आर्तध्यान अविरत, देशविरत और प्रमत्तसंयत जीवों को होता है।

हिंसानृतस्तेयविषयसरंक्षणेभ्यो रौद्रमविरतदेशविरतयोः ॥ 35 ॥

हिंसा, असत्य, चोरी और विषय-संरक्षण के लिए सतत चिन्ता करना रौद्रध्यान है। यह अविरत और देशविरत गुणस्थानवर्ती जीवों के होता है।

रौद्र ध्यान किसे कहते हैं? पाप करना और उसमें आनन्द मानना। आर्त ध्यान और रौद्र ध्यान में क्या फर्क है? कोई इष्ट वियोग हो गया, उसके बारे में चिन्ता करते बैठना, वह आर्तध्यान है। और रौद्रध्यान क्या है? हिंसा करना और आनन्द मानना—यह रौद्रध्यान है। यह रौद्रध्यान नरकगति का कारण है। झूठ बोलना और राजी होना कि मैंने उसे उल्लू बनाया। चोरी करना और आनन्द मानना, परिग्रह संग्रह करना और आनन्द मानना—ये सब रौद्रध्यान हैं। अरे भाई, कम से कम गलत को गलत तो मानो।

अब धर्मध्यान का निरूपण कहते हैं—

आज्ञापायविपाकसंस्थानविचयाय धर्म्यम् ॥ 36 ॥

जिनेंद्र भगवान की आज्ञा का चिन्तन करना आज्ञाविचय धर्मध्यान है। जिनवाणी की बातों को सोचते रहना, यह धर्मध्यान है। अपायविचय—इन जन्म-मरण के दुखों से, रागद्वेष से कब मुक्त होऊँगा, मेरे में मान बहुत है, कब छूटेगा—ऐसा चिन्तन करना, यह भी धर्मध्यान है। मेरे अन्दर यह कमी

है, कब छूट जाये ये मेरी आदत—ऐसा सोचना धर्मध्यान है। विपाकविचय—कर्म का उदय आया है, कोई बात नहीं, मैंने ऐसा ही कर रखा था, अब उसे मुझे शान्तिपूर्वक सहन करना है। यह भी धर्मध्यान है। संस्थानविचय—इस लोक का क्या आकार-प्रकार है? इसे किसी ने बनाया अथवा किया-धरा नहीं है, यह अनादि-अनन्त है, स्वयं परिणमनशील है—ऐसा चिन्तन करना संस्थानविचय धर्मध्यान है।

शुक्ले चाद्ये पूर्वविदः ॥ 37 ॥

परे केवलिनः ॥ 38 ॥

शुक्लध्यान के पहले दो भेद पूर्वज्ञानधारी श्रुतकेवली के होते हैं। शेष के दो शुक्लध्यान क्रम से सयोग केवली और अयोग केवली के होते हैं।

पृथक्त्वैकत्ववितर्कसूक्ष्मक्रियाप्रतिपातिव्युपरतक्रियानिवर्तीनि ॥ 39 ॥

शुक्ल ध्यान बहुत उच्चकोटि का होता है। वह साधारण व्यक्ति को नहीं होता। वह तो कोई पूर्वों के, द्वादशांग के पाठी हों, उनको होता है। और भी, उच्चकोटि का शुक्ल ध्यान तो अरिहंत भगवान् के ही पाया जाता है।

त्र्येकयोगकाययोगायोगानाम् ॥ 40 ॥

एकाश्रये सवितर्कवीचारे पूर्वे ॥ 41 ॥

अवीचारं द्वितीयम् ॥ 42 ॥

वितर्कः श्रुतम् ॥ 43 ॥

वीचारोऽर्थव्यंजनयोगसंक्रांतिः ॥ 44 ॥

इन सूत्रों में यह कहा है कि जो उत्कृष्ट ध्यान है, वह सामान्य व्यक्ति के नहीं होता है, बहुत उच्चकोटि के आगम के पाठी मुनि महाराज होते हैं श्रुतकेवली, उनके होता है। और जो और भी उच्चकोटि का शुक्लध्यान होता है वह तो अरिहंत भगवान के योगनिरोध होने पर होता है। आप हम 'धन तेरस' बोलते हैं, मगर वह 'धन तेरस' नहीं है। हम सबको, जैसे सावन के अन्धे को 24 घंटे हरा ही हरा दिखता है वैसे ही हम पैसे वालों को 24 घंटे धन ही धन दिखता है। भगवान ने कहा 'ध्यान तेरस' और हमने सुना 'धन-तेरस'। इसलिए उस दिन सबको थोड़ी देर ध्यान अवश्य करना चाहिए। उन्होंने कहा, जरूर ध्यान करो। किसी ने कहा कि हम कैसे करें? हम तो

गोरखधन्धे में फँसे हैं। तो कहते हैं कि ध्यान की पात्रता तो प्रकट करो। तो हम बोले—हाँ, पात्र तो ला सकते हैं और बाजार जाकर उस दिन कुछ स्टील आदि के बर्तन खरीद लाये। सच्चाई बता रहा हूँ आपको। ज्ञान न होने से बड़ी मुश्किल हो जाती है। ध्यान तेरस किस दिन आती है? दीपावली से दो दिन पहले भगवान महावीर ने योगनिरोध किया था। रोज प्रवचन होता था, वह उस दिन रुक गया, और शुक्लध्यान शुरू हो गया। शुक्लध्यान में वे उस दिन स्थित हुए, इसलिए वह बड़ा अच्छा दिन था, वह ध्यान का दिन था। बोले, आज भगवान का प्रवचन नहीं होगा, वे शुक्लध्यान में पहुँच गये, अब तुम लोग भी थोड़ा ध्यान में बैठो। बहुत प्रवचन सुन लिया, प्रवचन में बहुत बैठ लिये, अब थोड़ी देर प्रवचनों को अपने में बिठाओ। यानी थोड़ी देर ध्यान करो। तो कोई कहने लगा कि हम गोरखधंधे में फँसे प्राणी कैसे ध्यान करें? उत्तर दिया कि धीरे-धीरे करो, ध्यान की पात्रता तो प्रकट करो। अच्छा पात्र? तो उनकी समझ में आया कि पात्र माने बर्तन भी होता है। एक ही शब्द के बहुत से अर्थ होते हैं तो जिसके जैसे समझ में आये उसे वह उस अर्थ में पकड़ लेता है।

सम्यग्दृष्टिश्रावकविरतानन्तवियोजकदर्शनमोहक्षपकोपशान्तमोहक्षपकक्षीणमोहजिनाः क्रमशोऽसंख्येयगुणनिर्जराः ॥ 45 ॥

इनके क्रम से असंख्यात कर्मों की निर्जरा होती है। तुम सम्यदृष्टि बन जाओ, असंख्यात गुणी निर्जरा होने लगेगी। उससे भी ऊपर पहुँच जाओ, श्रावक बन जाओ, सम्यदृष्टि से भी असंख्यात गुणी निर्जरा हो जाएगी। मुनि महाराज बन जाओ, दर्शनमोह का उपशमक बन जाओ, क्षपक बन जाओ, क्षीणमोह बन जाओ, 12वें गुणस्थान, 13वें गुणस्थान के अरिहंत बन जाओ, तो इनके क्रम से उत्तरोत्तर अधिक कर्मों की निर्जरा होने लगेगी। जैसे संसार अवस्था में धड़ाधड़ कर्म आते हैं, वैसे ही इन अवस्थाओं में धड़ाधड़ कर्म खिरते हैं।

दिगम्बर मुनि कितने प्रकार के होते हैं?

पुलाकबकुशकुशीलनिर्ग्रन्थस्नातका निर्ग्रन्थाः ॥ 46 ॥

बाह्य-अन्तरंग दोनों प्रकार का जिनके परिग्रह नहीं है उनको निर्ग्रंथ

कहते हैं। वे पाँच प्रकार के होते हैं—पुलाक, बकुश, कुशील, निर्ग्रंथ, स्नातक। एक का नाम है पुलाक। पुलाक कहते हैं कि चावल के ऊपर जो बारीक लाल छिलका लगा होता है उसका नाम संस्कृत में पुलाक है। तो जो मुनि महाराज मूलगुणों का पालन अच्छे से करते हैं, यानी वे ऊपरी आवरण तो हटा चुके हैं, लेकिन उत्तर गुणों में जिनके दोष लगता है लाल छिलके की तरह, उनका नाम है पुलाक। बकुश—जिनके और कम दोष लगता है उनको बकुश कहते हैं। कुशील—और कम दोष लगता है, अन्तरंग में परिणामों में ही थोड़ा दोष लगता है। यहाँ कुशील का अर्थ गन्दा शब्द नहीं है। और निर्ग्रंथ—यानी और भी उच्चकोटि के मुनिराज, जिनके मन में जरा भी शल्य दूर दूर तक कभी नहीं होती, वे निर्ग्रंथ हैं, और स्नातक—अरिहंत भगवान केवली को स्नातक कहते हैं। अरिहंत भगवान भी एक तरह से मुनि महाराज ही हैं। उनको स्नातक कहा है। इस तरह से पाँच तरह के मुनि होते हैं। इनमें मूल रूप में कोई फर्क नहीं होता है, लेकिन—

संयमश्रुतप्रतिसेवनातीर्थलिंगलेश्योपपादस्थानविकल्पतःसाध्याः ॥ 47 ॥

उनमें थोड़ा संयम कम-ज्यादा होता है, श्रुत माने ज्ञान थोड़ा कम-ज्यादा होता है। प्रतिसेवना—कभी कोई धर्म की आराधना कम-ज्यादा होती है। तीर्थ—उनका समय अलग-अलग होता है। लिंग—कोई मुनि महाराज होते हैं वे पीछी-कमंडलु ही नहीं रखते हैं। किसी में किसी लेश्या का फर्क होता है। कोई अगले जन्म का फर्क होता है। जैसे जो स्नातक मुनि महाराज होते हैं उनका अगला जन्म ही नहीं होता, वे मोक्ष ही जाते हैं। इस प्रकार से ये पाँच प्रकार के मुनि महाराज असंख्यात गुणी निर्जरा करते रहते हैं।

हम सब भी अपने जीवन में माया, मिथ्या, निदान—तीनों शल्यों को छोड़कर अपनी शक्ति के अनुसार थोड़ा बहुत गुप्ति, समिति, धर्म, अनुप्रेक्षा, परीषहजय, चारित्र और तप को धारण करें, संवर और निर्जरा प्रकट करें—इसी भावना के साथ यह अध्याय पूरा होता है।

इति तत्त्वार्थाधिगमे मोक्षशास्त्रे नवमोऽध्यायः।

दसवाँ अध्याय

''मोक्षमार्गस्य नेतारं, भेत्तारं कर्मभूभृताम्।
ज्ञातारं विश्वतत्त्वानां, वंदे तद्गुणलब्धये॥ ''

अर्थ–जो मोक्षमार्ग के नेता हैं, कर्मरूपी पर्वतों के भेत्ता हैं और जगत के सम्पूर्ण तत्त्वों के ज्ञाता हैं, उनको मैं वीतरागता, सर्वज्ञता और हितोपदेशिता गुणों की प्राप्ति के लिए सविनय प्रणाम करता हूँ।

यह तत्त्वार्थसूत्र नाम का ग्रन्थ है। इसकी रचना आज से दो हजार वर्ष पहले परमपूज्य आचार्य श्री उमास्वामी मुनिराज ने की है, इस ग्रन्थ में जीव के दुःखों को मिटाने के लिए और उसे सच्चा सुख प्राप्त कराने के लिए प्रयोजनभूत सात तत्त्वों का बहुत सरल-संक्षिप्त एवं बहुत ही रुचिकर शैली में वर्णन किया गया है। लोगों के पास विस्तृत समय नहीं होता, इसलिए सूत्र शैली काम में ली। हम इसके नौ अध्यायों का स्वाध्याय पूर्ण कर चुके हैं। अब आज अंतिम दसवें अध्याय का स्वाध्याय करेंगे।

इसकी विषयसूची की हम बराबर चर्चा कर रहे हैं। जो इसकी विषयसूची है, उसके अनुसार आज मोक्ष तत्त्व का वर्णन होना है। जीव तत्त्व का वर्णन हम शुरु के चार अध्यायों में सुन चुके, पाँचवें अध्याय में हमने अजीव क्या है, उसे समझा। छठे-सातवें अध्याय में आस्रव तत्त्व क्या है, उसे समझा। आठवें अध्याय में बन्ध और उसके भेद-प्रभेद को समझा, नौवें अध्याय में संवर व निर्जरा तत्त्वों का क्या स्वरूप है—यह समझा। आज दसवें अध्याय में

मोक्ष तत्त्व का स्वरूप समझेंगे। यह दसवाँ अध्याय छोटा जरूर है, लेकिन बहुत ही गूढ़-गम्भीर है। मोक्ष सातों तत्त्वों में सर्वाधिक महत्त्वपूर्ण तत्त्व है। सात तत्त्वों को सिर्फ इसीलिए तो जानना है कि हम मोक्ष चाहते हैं। यदि हमारे ध्यान में मोक्ष का स्वरूप ही स्पष्ट नहीं होगा तो हम तत्त्वज्ञान की कुछ भी बात कैसे सुनेंगे, कैसे समझेंगे, क्या करेंगे? पचासों धार्मिक क्रियायें करते हुए भी जीवन में धर्म नहीं उतर पा रहा है, उसका एक सबसे बड़ा कारण यह है कि हमारी समझ में अभी तक मोक्ष का स्वरूप ही स्पष्ट नहीं हुआ है। हम देखादेखी मोक्ष को अच्छा कह रहे हैं, पर दिल से मोक्ष के प्रति हमारे अन्दर लालसा ही पैदा नहीं हुई है। मोक्ष को हम सब बढ़िया कह रहे हैं। भगवान मोक्ष गये हैं, सारी दुनिया उनको पूजती है, तो हमको भी मोक्ष अच्छा लग रहा है, पर असल में मोक्ष का स्वरूप हमारी समझ में नहीं आया है। अतः हमको बहुत निष्पक्ष होकर यह समझना जरूरी है कि हमारा असली लक्ष्य क्या है? हम चाहते क्या हैं? हमें जाना कहाँ है? वहाँ जाकर क्या होगा?

बचपन में हम एक खेल खेलते थे। खेलते-खेलते कभी कोई छोटी-मोटी बेईमानी कर जाते थे, तब अगला कहता कि 'तुमने बेईमानी की है।' हम कहते कि 'नहीं, हमने बेईमानी नहीं की है।' तो वह कहता कि 'फिर खाओ अपने पिताजी की कसम।' तो हम कह देते थे—'हाँ, पिताजी की कसम, हमने बेईमानी नहीं की है।' उस समय तो वह मान जाता कि इसने पिताजी की कसम खाई है तो शायद बेईमानी नहीं की होगी, मगर जब खेल खत्म हो जाता तब हम उसे चिढ़ाते कि 'उस वक्त हमने तुमको धोखा दिया। हमने सचमुच बेईमानी की थी और तुमको पता ही नहीं चला। हमने तुमको उल्लू बना दिया।' तो वह कहता कि 'अरे, तुमने सचमुच बेईमानी की थी तो फिर पिताजी की कसम कैसे खाई?' तो हम कहते कि 'हाँ, पिताजी की कसम तो खाई थी, मगर अंटी मार रखी थी।' यानी अंटी मार लो तो फिर कोई कसम-वसम कुछ नहीं चढ़ती है।

मैं यह बात इसलिए सुना रहा हूँ कि कहीं हम भी भगवान के पास आकर जो कुछ भी कह रहे हैं, उसे अंटी मारकर तो नहीं कह रहे हैं कि हे भगवान, हमें कुछ धन-दौलत नहीं चाहिए, घर-बार, संसार कुछ नहीं चाहिए,

हमें तो मोक्ष फल की ही प्राप्ति करनी है, हम तो मोक्ष ही जाना चाहते हैं? हमें इसे अपने दिल से भी सच्चे-सच्चे पूछना है।

एक व्यक्ति मन्दिर में पूजा करने जाता था। मन्दिर के नीचे ही एक औषधालय चलता था। वह वैद्यजी के पास गया और बोला कि 'वैद्यजी, कोई चूरन वगैरह लिख दीजिए, मुझे आजकल भूख नहीं लगती, हाजमा ठीक नहीं रहता।' वैद्य जी बोले—'भूख नहीं लगती तो तुम्हें तकलीफ क्या है? मत लगने दो।' वे बोले—'नहीं, वैद्यजी, भूख तो लगनी चाहिए।' तब वैद्यजी बोले—'तुम तो रोज भगवान के सामने बोलते हो क्षुधारोगविनाशनाय नैवेद्यम्। तुम रोज भगवान से कहते हो कि मेरा क्षुधारोग नष्ट हो, तो हो गया क्षुधारोग नष्ट। भगवान ने आपकी बात सुन ली, अब तो तुम बेफिक्र हो जाओ। तुम्हें क्या तकलीफ है? भूख नहीं लग रही है, इससे क्या कोई कष्ट है तुम्हें?' अब आप बताइए कि जब खाने का ही मन है तो फिर ऐसा भगवान से बोले ही क्यों? कहने का मतलब यह है कि मैं आज सारा दिन इसी अध्याय का गहराई से अध्ययन करता रहा। इसके अध्ययन से मुझे बहुत आनन्द आया। जैनदर्शन तो बहुत वैज्ञानिक दर्शन है। ऐसे नहीं कि जो कुछ कहा, उसे अन्धश्रद्धा से मान लो। कोई भी चीज तभी सही होगी जब हमारी खुद समझ में आएगी। उसको खुद अपने पर अच्छे से अप्लाई करेंगे, तभी वह धर्म धर्म बनेगा।

हम सब रात-दिन मोक्ष की बात करते हैं। मोक्ष में जाना चाहते हैं, पर हमें जानना भी चाहिए कि क्या है वह मोक्ष? क्या होता है वहाँ पर? न खाना है, न पीना है, न बढ़िया-बढ़िया कपड़े पहनना है। न ही किसी बढ़िया गाड़ी में घूमना है। हमें सोचना चाहिए कि वहाँ पर कैसा सुख है? किसी से बातचीत, मनोरंजन, टेलीविजन, लैपटॉप वगैरह होता है क्या? यानी वहाँ मोक्ष में करते क्या हैं? और वह भी दो, चार, दस, बीस दिन या दस-बीस-पचास साल, हजार दो हजार साल भी नहीं, बल्कि अनन्त काल तक। वहाँ एक बार चले गये तो चले गये, फिर वहाँ से वापस कभी नहीं आना है। ऐसा नहीं कि वहाँ मन नहीं लग रहा है। यहाँ तो यदि हमारा मन नहीं लगता है तो टिकट कटाकर कन्याकुमारी चले गये और दो चार दिन घूम-टहलकर वापस दिल्ली आ

गये। वहाँ ऐसी सुविधा भी नहीं है कि एक बार मोक्ष चले गये और फिर कहें कि हमारा मन नहीं लग रहा है तो वहाँ से वापस आने की कोई व्यवस्था नहीं है। इसलिए यह बड़ा यक्ष प्रश्न है, बड़ा कठिन प्रश्न है और यहीं हमारे दिल का चोर पकड़ में आ सकता है। अगर हम सबको सचमुच धर्म करना है, सचमुच तत्त्वज्ञान करना है तो मैं आपको वह नाजुक मुद्दा बता रहा हूँ। यह वह सैंसेटिव पाईंट है जहाँ हम मात खाते हैं। यहाँ आकर हमारी मुसीबत आती है कि हम मोक्ष की बातें तो लच्छेदार कर सकते हैं, मगर मोक्ष को दिल से चाहते कितना हैं? अभी हम कहें कि दशलक्षण के बाद सब सिंगापुर जाएँगे, आप सब लोग अपना नाम लिखा दो यहाँ। तो फटाफट सब लोग अपना नाम लिखा देंगे। और यदि हम कहें कि दशलक्षण के बाद हम सब मोक्ष जाएँगे, आप अपने दुकान-मकान सब छोड़-छाड़कर आ जाना, तो कितने लोग अपना नाम लिखाएँगे?

ध्यान रखना मैं जो चर्चा कर रहा हूँ, वह सूत्र भले ही नहीं पढ़ रहा हूँ अभी, लेकिन दसवें अध्याय की ही चर्चा कर रहा हूँ। दसवाँ अध्याय चल रहा है। और यह मैं आपकी रग पर हाथ रख रहा हूँ कि आप इसे ठीक से टटोलें, इससे बचने की कोशिश न करें। इसे संभाले, इसे समझायें स्वयं को अच्छी तरह।

कल आया था कि आलोचना-प्रतिक्रमण। इसका मतलब है दोष को स्वीकार करना, यह सबसे पहला काम है और जरूरी है। जब तक हम अपना दोष नहीं स्वीकारेंगे तब तक एल केजी से यू केजी में भी नहीं चढ़ सकते। आगे की बात तो दूर ही है। इसलिए पहला काम है सच्चाई समझना। इसके लिए कई दृष्टांत हमारे आचार्यों ने दिये हैं। एक दृष्टान्त आचार्य विद्यानन्द मुनिराज भी देते हैं। आपको सुनकर हँसी आएगी, मगर मैं कहना चाहता हूँ। उसे सुनकर आप हँस लेना, पर उसे हँसी में मत उड़ा देना। एक खास बात उसमें छुपी हुई है, उसे अवश्य समझना।

एक छोटा-सा बहुत बदबूदार गन्दे पानी का गड्ढा था। उसमें एक सूअर लोट रहा था। ऊपर से एक देवता अपने विमान से गुजर रहा था। वह किसी समवशरण से दिव्यध्वनि सुनकर आ रहा था कि सब जीव एक समान

हैं। जब उसने उस सूअर को देखा तो सोचा कि ये क्या इस गन्दे पानी में लोटपोट रहा है। सब जीव समान हैं, ये भी तो एक जीव है, जो मैं हूँ सो ये है। यह सोचकर उसे उस पर करुणा आ गयी। विमान से उतरकर उसके पास आ गये और बोले—ये क्या कर रहे हो, मेरे विमान में पीछे सीट खाली है, आओ बैठ जाओ, मैं तुमको स्वर्ग में देवलोक में लेकर चलता हूँ। वहाँ नन्दनवन में अच्छे से रहना, यहाँ कहाँ कीचड़ में पड़े हुए हो?' वह बोला—'अच्छा अभी चलता हूँ, बहुत वर्णन सुना है, मगर एक बार जरा लोट लूँ क्या?' देवता बोले—'ठीक है, एक लोट लगा लो।' फिर सूअर बोला कि 'एक बार और लोट लगा लूँ दूसरी तरफ से भी।' 'ठीक है बाबा, लगा ले।' इस तरह वह कभी इस तरफ से लोट लगाता और कभी उस तरफ से लोट लगाता...इस तरह वह दसों बार लोट लगाते रहा। अन्त में उस देवता ने कहा कि "भइया, एक बात बताओ कि तुम्हें चलना भी है कि नहीं? अगर तुम्हें नहीं ही चलना है तो कम से कम मेरा समय तो खराब मत करो। मना कर दो कि नहीं जाना है। और अगर चलना है तो बता दो कि कितने लोट-पलोट लगाने हैं, और उतने लगा लो और फिर चलो मेरे साथ। बात क्लीयर करो कि चलना है कि नहीं।" अब जब इतना सही सवाल पूछ लिया तब सूअर ने कहा कि चलना तो है मुझे, लेकिन मुझको एक बात पूछनी थी कि तुम जहाँ मुझे ले चल रहे हो वहाँ ऐसा गड्ढा मिलेगा या नहीं?' देवता बोले, 'वहाँ तो ऐसा नहीं है।' तब सूअर बोला, 'फिर तुम जाओ, मुझे नहीं जाना।'

ऐसी ही दशा तो कहीं हमारी नहीं है? हम मोक्ष की बातें तो बहुत करते हैं, पर जब जाने का मौका मिलता है तो लेकिन, किन्तु, परन्तु करने लग जाते हैं। हमें लगता है कि और लोग मोक्ष जायें। महावीर भगवान मोक्ष जायें, जम्बूस्वामी मोक्ष जायें, लेकिन हम तो यहीं बढ़िया से हैं। क्यों? क्योंकि हम वहाँ जा तो सकते हैं, लेकिन वहाँ पर पत्नी, बच्चे....यानी हमारी फैमिली है कि नहीं है? वहाँ पर टी. वी. सीडी प्लेयर वगैरह हैं कि नहीं? वहाँ पर दुकान वगैरह चलती है कि नहीं? अगर नहीं चलती है तो वहाँ जाकर करेंगे क्या? सिर्फ बोर होंगे। ऐसा कहीं-न-कहीं हमारे हृदय में चोर छुपा हुआ है।

हमें मोक्ष का जो निराकुल सुख है, सम्पूर्ण आकुलताओं से रहित जो

एक अतीन्द्रिय सुख है, जिसमें ना कोई राग है, न द्वेष है, न क्रोध है, न मान है, किसी प्रकार की विषय-कषाय की कोई प्रवृत्ति नहीं है, अनन्त शान्ति जहाँ निवास करती है, वह सुख हमारी समझ में नहीं आ रहा है। यह एक असली बहुत बड़ा मुद्दा है। और जब तक अपने दिल से यह गाँठ नहीं खुलेगी, तब तक हमें मोक्ष का सही-सही स्वरूप समझ में नहीं आएगा। जब हमें ये लगेगा कि इस दुनिया के जिस सुख को हम सुख समझ रहे हैं वह सुख नहीं है, अपितु आकुलता से भरा हुआ अपरम्पार दुख है, जो इस भव में भी तकलीफ देता है और परभव में भी तकलीफ देता है तभी हम मोक्ष हेतु सच्चा पुरुषार्थ कर पाएँगे। जिस दिन उस सुअर को यह समझ में आएगा कि जिस गड्ढे को मैं अमृत समझ रहा हूँ, वह तो अपवित्र है, मलिन है, गन्दा है, तब तक वह वहाँ से विरक्त नहीं होगा। ऐसे ही पाँच इन्द्रिय के भोगों में ही हमें सुख लग रहा है। जब हमें ये समझ में आएगा कि ये तो आकुलतारूप है। ये सुखरूप नहीं है। पाँच इन्द्रियों के विषयों के प्रवृत्ति करना—ये तो आकुलता है। अगर ऐसा हमारी समझ में आये, हमको वीतरागता का स्वरूप पकड़ में आये तो ही हमारा मन मोक्ष की ओर लालायित हो सकता है। और तभी हम सच्ची तरह से देवदर्शन कर पाएँगे। तभी हम सच्चे तरीके से धर्म, कर्म, उपवास आदि भी कर पाएँगे, जब हमारी समझ में मोक्ष का सही-सही स्वरूप समझ में आयेगा। स्वतन्त्रता का जो सुख है, पराधीनता से रहित जो सुख है, स्वाधीनता का जो सुख है, वह जब हमारी समझ में आएगा, तब हमें यह दसवाँ अध्याय अच्छी तरह समझ में आएगा और तब हमारी सारी धर्म क्रियायें दिन-दूनी-रात-चौगुनी पल्लवित-पुष्पित होने लगेगी। उसके बिना शताब्दियाँ बीत जाती हैं, मगर मामला सुलझता नहीं है। तो इसीलिए यह दसवाँ अध्याय आज हमें मोक्ष का स्वरूप समझाने आया है।

मोहक्षयाज्ज्ञानदर्शनावरणान्तरायक्षयाच्च केवलम्॥ 1॥

सम्पूर्ण मोह कर्म का क्षय हो जाने पर केवलज्ञान उत्पन्न होता है। मोहनीय कर्म दो प्रकार का है—1. दर्शनमोहनीय और 2. चारित्रमोहनीय दर्शनमोहनीय माने तत्त्वों का, वस्तुओं का विपरीत श्रद्धान। और चारित्र मोहनीय माने क्रोध, मान, माया, लोभ आदि कषाय होना। जब ये मोह नष्ट

हो जाता है, तब ज्ञानावरण और दर्शनावरण भी क्षय हो जाते हैं। देखो, पहले मोह क्षय होता है और मोह क्षय होने पर आत्मा पहले वीतराग होता है। यह विषय भी समझना बहुत जरूरी है। इस संसार में अनन्त आत्मायें हैं। आत्मा एक नहीं है। आत्मा एक है—ऐसा इस अपेक्षा से कह देते हैं कि एक जैसे हैं। एक जैसे को भी एक कहने की पद्धति है। जैसे हम कहते हैं कि—"हम सब एक हैं।" तो इसका मतलब है कि हम सब एक जैसे हैं। दुनिया में जो ऐसा कहते हैं कि भगवान एक है, उसका मतलब भगवान एक नहीं है, बल्कि भगवान सब एक जैसे हैं। एक जैसे को शॉर्ट में बोल दिया कि एक है। सब जीव एक समान हैं और सब जीव स्वतन्त्र हैं। कोई किसी के सुख-दुख का कर्ता-भोक्ता नहीं है। कोई कहता है कि एक ही आत्मा है और ये सब उसके अंश हैं। परन्तु अंश नहीं हैं। हम किसी एक आत्मा के टुकड़े नहीं हैं। हम स्वतन्त्र द्रव्य हैं पूरे के पूरे। अगर हम अंश होते, हम सब किसी एक के अंश होते तो मुझे दुख हो तो आपको भी होना चाहिए। मुझे सुख हो तो आपको भी सुख होना चाहिए। ऐसा क्यों होता है कि मुझे दुख हो रहा है तो आपको सुख हो रहा है, एक को शोक हो रहा है, एक को हर्ष हो रहा है। एक को रति हो रही है, एक को अरति हो रही है, एक को स्त्रीवेद हो रहा है, एक को पुरुषवेद हो रहा है, एक को क्रोध, एक को मान, एक को माया हो रही है। सबको अलग-अलग भाव होते हैं—इससे सिद्ध होता है कि हर आत्मा अलग-अलग, स्वतन्त्र-स्वतन्त्र है। आत्मा की स्वतन्त्रता समझनी आवश्यक है।

कोई भी आत्मा जब अपने कषायों को छोड़ देता है, राग-द्वेष को छोड़ देता है तब उसका सारा दुख खत्म हो जाता है। दुख इस आदमी का अपना लादा हुआ है। दुनिया में दुख का कोई कारण नहीं है। दुनिया में कुछ करेंगे तब हम सुखी होंगे—ऐसी बात नहीं है। हमने जबरदस्ती का हेडेक (सिरदर्द) ले रखा है। दुनिया में जो व्यवस्था चल रही है, वह बिलकुल स्वतन्त्र व्यवस्था चल रही है। जैसी चलनी चाहिए, वैसी ही चल रही है। हमारे किसी रोल की उसमें जरूरत नहीं है। यह समझ में आये तो ज्ञाता-द्रष्टा रहते ही शान्ति हो जाती है। इसने बोझा लादा है। वस्तुस्वरूप के विपरीत परिणमन करने की हमारी जो इच्छा है यही हमारे असली दुख का कारण बन रही है। एक छोटा-

सा दृष्टांत देना चाहता हूँ।

एक गाँव था। उस गाँव में हर तरह की समृद्धि थी। वहाँ पर आधि-व्याधि की भी कोई तकलीफ नहीं थी। सब तरह से सब लोग सम्पन्न थे। हमने सोचा कि चलो उस गाँव को देख आयें। हम वहाँ गये और एक आदमी से मिले कि भाईसाहब, हमने सुना है कि आप लोग तो बहुत सुखी हैं। तब वह कहने लगा कि, 'हम क्या बतायें, हम पचास साल से एक प्रोजेक्ट बनाकर बैठे हुए हैं। उसके लिए एक संगठन बनाये हुए हैं। हम सबने लाखों रुपया उसमें डोनेट कर रखा है। हमने पूछा कि क्या प्रोजेक्ट है? तुम्हारा क्या लक्ष्य है? क्या काम करना चाह रहे हो? किसलिए ट्रस्ट बना रखा है? उसने कहा कि साहब, हम यह चाहते हैं कि सूरज पूरब में क्यों निकलता है? पश्चिम में निकलने लग जाये। अब आप जरा सोचो। पचास साल हो गये ट्रस्ट बनाकर बैठे हैं और क्या चाहते हैं कि सूरज पूरब के बजाय पश्चिम से उगने लगे।

हम दूसरे व्यक्ति से मिले। उसने भी एक संस्था खड़ी कर रखी थी। उसने कहा कि साहब, हम रातों जगते हैं। हमारे कार्यकर्ता बड़ा पसीना बहाते हैं। हमने पूछा कि आपका क्या प्रोजेक्ट/लक्ष्य है? वे बोले कि हमारा यह लक्ष्य है कि कौआ काला क्यों होता है? हमने टनों दूध खर्च कर दिया, खूब धोया एक-एक कौअे को, मगर वे आज तक सफेद नहीं हुए। हमने कहा कि वाह भाई वाह! तुम्हारे पास भी अपना अजीब प्रोजेक्ट है। फिर तीसरे से पूछा कि तुम्हारा क्या प्रोजेक्ट है? वे बोले—साहब, हम यह चाहते हैं कि यह नीम कड़वा क्यों होता है? यह मीठा हो जाये। कहने का मतलब सब अपार सुख-सुविधाओं से सम्पन्न थे, मगर फिर भी हर आदमी परेशान मिला, क्योंकि वे वस्तुस्वरूप के विरुद्ध कोई काम खड़ा करना चाहते थे। और यही उनके दुख के कारण बने हुए थे।

इसीलिए मोक्ष का स्वरूप समझना सबसे जरूरी है। सारे दु:ख का कारण है मोह। उसी से यह जीव पागल बना हुआ है। अपने को भूल गया है—'मैं भ्रम्यो अपनपो बिसरि आप'। इसके दुख का कोई इलाज ही नहीं है। क्यों? क्योंकि कोई दुख ही नहीं है। दुख है भ्रम से क्रियेट किया हुआ। सोचो

मैं आप सबके घर पर आकर बेल बजाऊँ, और पूछूँ कि 'आपके घर में वीरसागर है क्या ?' मैं दस दिन तक खोजता फिरूँ, पर वीरसागर मुझे कब मिलेगा बताओ। ऐसे ही ये आत्मा सुख-शान्ति का भण्डार है। सुख-शान्ति बाहरी पुद्गलों में नहीं है। आदमी यह सोचता है कि मैं खीर पीता हूँ तो सुख मिलता है। अरे, खीर में बदाम डाली है, इलायची डाली है, काजू डाला है, चीनी डाली है, दूध डाला है, मगर बनानेवाले से यह तो पूछो कि इसमें सुख का कोई पावडर डाला है क्या ? यदि नहीं डाला, तो ये सुख आता कहाँ से है ? स्पष्ट है कि ये सिर्फ हमारी मान्यता में एक भ्रम है, उसमें से निकलकर आता है।

आज मैं यहाँ मोक्ष के स्वरूप को समझाने की पूरी कोशिश कर रहा हूँ। बहुत जरूरी है इसे समझना। यह बहुत ही खासमखास मुद्दा है। जब तक यह नहीं सुलझेगा, आप समझकर रखना कि धर्म के क्षेत्र में एक भी कदम आगे बढ़नेवाला नहीं है। इसलिए इसे समझना बहुत जरूरी है। आप एकसूत्री कार्यक्रम रखो कि मुझे सही-सही मोक्ष का स्वरूप समझना है। भले ही महीने-छह महीने, साल लग जाये, लेकिन जब यह समझ में आ जाएगा, तभी सारी समस्यायें सुलझेंगी। तभी सारा जिनागम समझ में आएगा।

एक बड़ा अच्छा दृष्टांत शास्त्रों में आता है। कुत्ता सूखी हड्ढी चबाता है। हड्ढी चबाते समय उसे बड़ा मजा आता है। इस उदाहरण से आप सिद्धान्त समझना, सिर्फ उदाहरण सुनकर मत रह जाना। अब बताओ कि उस हड्डी में से उस कुत्ते को मजा कहाँ से आ रहा है ? वह तो सूखी हड्डी है, उसमें तो कुछ भी नहीं है, इसको स्वाद कहाँ से आ रहा है। असल में होता यह है कि जब कुत्ता हड्ढी चबाता है, तब उसका मसूड़ा छिलता है, उसमें से उसका खुद का ही खून निकलता है और वह अपना ही खून पीता है और समझता है कि मुझे हड्ढी में से मजा आ रहा है।

इसी प्रकार जिस वक्त हम खीर पीते हैं, यानी किसी भी इन्द्रिय का विषय भोगते हैं, उस समय हमें उस विषय में से सुख नहीं आता है, वह तो जड़ अचेतन पदार्थ है, उसमें सुख नाम का गुण ही नहीं है तो पर्याय में कहाँ से आएगा ? तो फिर सुख आता कहाँ से है ? हमारे अन्दर मान्यता नाम का एक

मसूड़ा है आत्मा में, यह छिलता है तो हमें आनन्द आता है। हम तो पहले से ही मानकर बैठे हैं कि खीर बहुत अच्छी होती है। बस इसी से मजा आ रहा है। वह हमें अपने भावों का ही टेस्ट आ रहा है। किसी अन्य का टेस्ट नहीं आ रहा है। अपने भावों का ही यह जीव स्वाद ले रहा है। सोचो यदि कभी हमें खीर खाने के भाव न हों यानी कभी किसी टेंशन में हों, या कोई और बात हो, जिसमें हम चिंतित और गमगीन होकर बैठे हैं और उस समय कोई कहे कि लो खीर पी लो। तो बताओ अब कैसी लगेगी वह खीर? बड़ी अच्छी लगती थी न खीर, अब क्यों नहीं लग रही है? बाप मर जाये और कोई कहे कि लो गुलाबजामुन खा लो, तो क्या गुलाबजामुन खाया जाएगा? अब गुलाबजामुन में मजा क्यों नहीं आ रहा है? अगर गुलाबजामुन में मजा होता तो अब भी आना चाहिए था, क्योंकि वह तो वैसा ही है। अगर गुलाबजामुन में मजा होता तो पहला गुलाबजामुन जितना अच्छा लगता है, दूसरा कम अच्छा क्यों लगने लग जाता है, तीसरे का भी क्या हो जाता है, चौथा तो खाया ही नहीं जाता है। ये क्या मुसीबत है? इसीलिए सिद्ध होता है कि सुख गुलाबजामुन में नहीं है।

यह बात हमें अच्छी तरह से समझनी पड़ेगी कि विषयों में सुख नहीं है। हमने अपनी मान्यता में कुछ भाव जोड़ रखे हैं और वही भाव हमारे स्वाद में, अनुभव में आते रहते हैं। और जिस दिन हम इन मोहजन्य सभी भावों का त्याग कर देंगे उस दिन हमको जो असली वीतराग शान्ति प्राप्त होगी, उसका कोई अद्‌भुत ही स्वरूप होगा। और वह तर्क से, युक्ति से हमें आज भी समझ में आ सकता है। हमें उसे जरूर समझना चाहिए।

सबसे पहले मोह क्षय होगा, उसके बाद ज्ञानावरण, दर्शनावरण और अन्तराय क्षय होंगे। माने चार घातिया कर्म क्षय होंगे और केवलज्ञान प्रगट होगा।

बन्धहेत्वभावनिर्जराभ्यां कृत्स्नकर्मविप्रमोक्षो मोक्षः ॥ 2 ॥

बन्ध के हेतु मिथ्यादर्शन, अविरति, प्रमाद, कषाय, योग—इन सबका अभाव होता है। कुछ लोग ऐसा कहते हैं कि मोक्ष में आत्मा ही नष्ट हो जाता है। अरे, आत्मा नहीं नष्ट होता, आत्मा की बीमारी नष्ट हो जाती है, आत्मा का विकार नष्ट हो जाता है। ऐसे डॉक्टर के पास कौन जाना पसन्द करेगा जो

मर्ज के बजाय मरीज को ही खत्म कर दे? हम डॉक्टर के पास इसलिए जाते हैं कि मर्ज खत्म कर दे और मरीज को बचा दे। और यदि डॉक्टर कहे कि आप चिन्ता मत करो मैं मर्ज ओर मरीज दोनों को खत्म कर देता हूँ। तो बताओ ऐसे डॉक्टर के पास कौन जाएगा? तो भला ऐसे मोक्ष को कौन चाहेगा कि जिसमें आत्मा ही नष्ट हो जाये? आत्मा तो अनादि-अनन्त है। वह नष्ट नहीं होता, इसलिए अभाव किसका होता है? बन्ध के हेतुओं का, मिथ्यादर्शन का, अविरति का, प्रमाद का, कषाय का, इनका अभाव होता है। आत्मा की बीमारी ठीक होती है, आत्मा स्वस्थ हो जाता है। आत्मा तो बचता है, उसकी खराबी ठीक हो जाती है। इसका नाम मोक्ष है।

सम्पूर्ण कर्मों का अलग हो जाना, नष्ट हो जाना—इसका नाम मोक्ष है। कर्म भी नष्ट नहीं होते। अरे द्रव्य भी कहीं नष्ट होते हैं? वे तो अलग हो जाते हैं। जो पुद्गल-परमाणु हैं वे भी द्रव्य हैं। वे नष्ट नहीं होते हैं। तो होता क्या है? आत्मा से वे परमाणु अलग हो जाते हैं। जो एक साथ मिक्स्चर हो रहा था, वह अलग-अलग हो गया। आज वैज्ञानिक भी सिद्ध कर चुके कि कोई भी चीज सर्वथा नष्ट नहीं की जा सकती। तो आत्मा कैसे नष्ट किया जा सकता है?

औपशमिकादिभव्यत्वानां च॥ 3॥

आत्मा के जो भाव बताये थे—औपशमिक, औदयिक, क्षायोपशमिक और भव्यत्व आदि, वे भी नष्ट हो जाते हैं। आत्मा का स्वभाव थोड़े ही नष्ट होता है। आत्मा के विकारी भाव नष्ट होते हैं।

अन्यत्र केवलसम्यक्त्वज्ञानदर्शनसिद्धत्वेभ्यः॥ 4॥

जैसे समझें कि इस हॉल में से अँधेरा जाएगा तो क्या प्रकट होगा? प्रकाश प्रकट होगा। ऐसे ही जब आत्मा में से मोह जाएगा, अज्ञान जाएगा तो क्या प्रकट होगा? वीतरागता, सर्वज्ञता, ये अपने आप प्रकट होंगे। क्योंकि जैसे सूरज के आगे बादल आ गये। तो बादल सूरज को ढक लेता है। अब बादल हट जायें तो क्या होगा, सूरज फिर से दिखाई देने लगेगा। सूरज तो है ही, उसे कोई नया आना नहीं है। ऐसा नहीं है कि पहले बादलों को हटायें, फिर सूरज को पकड़कर लाना पड़ेगा। आत्मा में से जब दोष जाते हैं, मोह

जाता है तो अपने आप वीतरागता सर्वज्ञता आदि प्रकट हो जाते हैं।

तदनन्तरमूर्ध्वं गच्छत्यालोकान्तात्॥ 5॥

जब केवलज्ञान हो गया, वीतरागता प्रकट हो गयी, सब मोह आदि अन्धकार भाग गये, फिर क्या होगा महाराज? फिर आत्मा ऊपर उठता है। कहाँ तक? लोक के अन्तिम भाग तक।

पूर्वप्रयोगादसंगत्वाद् बन्धच्छेदात्तथागतिपरिणामाच्च॥ 6॥

आत्मा क्यों जाता है ऊपर? क्योंकि इसने पहले ऊपर जाने का बहुत अभ्यास किया है। और एक सीधी-सी बात है कि यह हल्का हो गया। जो चीज हल्की होगी, वह ऊपर की ओर उठती है। तराजू का कौन-सा पलड़ा ऊपर होगा? जो हल्का होगा। आत्मा में जो बोझा था, कीचड़ लिपटा हुआ था, वह निकल गया तो आत्मा हल्का हो गया, इसलिए आत्मा ऊपर की ओर उठता है।

एक बार मैं आचार्य विद्यानन्दजी महाराज के साथ सुबह-सुबह विहार कर रहा था। वे फटाफट तेज चल रहे थे। किसी ने कहा कि महाराजजी, आप तो बहुत तेज चल रहे हो, हमसे चला नहीं जा रहा है। तब महाराजजी ने कहा कि अरे, तुम्हारे माथे पर बहुत सारे बोझ हैं, हम तो निर्भार हैं, इसलिए तेज चल सकते हैं। इसी प्रकार यहाँ कह रहे हैं कि आत्मा असंग हो गया, निर्भार हो गया, इसलिए ऊपर उठ जाता है। बन्ध छूट गये, इसलिए भी ऊपर जाता है। जिस तोते का पिंजरा हट गया, वह तोता तो उड़ेगा ही। बन्ध छूट गया तो ऊपर ही उठेगा। और क्या बतायें, आत्मा का स्वभाव ही ऊपर उठना है। सबके स्वभाव भी अपने-अपने हैं। जैसे वायु का स्वभाव है तिर्यक् गमन। अग्नि का स्वभाव है ऊर्ध्वगमन। ऐसे ही आत्मा का स्वभाव ऊर्ध्वगमन है।

आविद्धकुलालचक्रवद्व्यपगतलेपालाम्बुवदेरण्डबीजवदग्निशिखा-वच्च॥ 7॥

देखो यहाँ चार दृष्टांत दिये। जैसे कुम्हार का चाक होता है कि कुम्हार डंडे से अपने चाक को तेजी से घुमाकर डंडा निकाल लेता है, फिर नहीं घुमाता, मगर फिर भी वह चाक चलते रहता है। ऐसे ही आत्मा जो ऊपर जाने का अभ्यास करता है, उसे जैसे ही केवलज्ञान हुआ वह ऊपर चला जाता है।

दूसरा दृष्टांत दिया कि जैसे एक तुंबीफल होता है, बहुत कड़वा होता है, मगर वह हल्का होता है, उसे पानी में डालो तो वह तैरते रहता है, डूबता नहीं है, मगर यदि उस तुम्बी फल में कीचड़ लपेटकर सुखा दिया जाये और फिर उसे पानी में डालो तो वह पानी में डूब जाएगा। मगर डूबने के बाद जैसे-जैसे उसकी मिट्टी धुलेगी तो वह ऊपर आ जाएगा। ऐसे ही आत्मा के ऊपर जब तक कषाय लिपटा हुआ है तब तक वह नरक, निगोद, चार गति में डूबा पड़ा है। जब इसके ऊपर से राग-द्वेष निकल जाएगा तो यह ऊपर की ओर उठ जाएगा।

एरण्डी एक छोटा-सा बीज होता है। उसके ऊपर कवर होता है और जब वह पक जाता है तब वह फट करके फूट जाता है। उसका कवर चटकता है जोर से। और वह जो एरण्डी उस कवर में होती है, चटककर ऊपर उड़ती है। वह अलग टाइप का फल होता है।

आग की शिखा के समान भी यह आत्मा ऊर्ध्वगमन करता है।

धर्मास्तिकायाभावात्॥ 8॥

आत्मा और आगे क्यों नहीं जाता? क्योंकि आगे धर्मास्तिकाय नहीं पाया जाता, धर्म द्रव्य नहीं है।

क्षेत्र-काल-गति-लिंग-तीर्थ-चारित्र-प्रत्येकबुद्ध-बोधित-ज्ञानावगाहनान्तरसंख्याल्पबहुत्वतः साध्याः॥ 9॥

सब सिद्ध, सब मुक्त जीव एक से होते हैं। उनमें कोई फर्क नहीं होता। उनके सुख में कोई फर्क नहीं होता। महावीर भगवान् सात हाथ के थे, आदिनाथ पाँच सौ धनुष के थे। आदिनाथ भगवान इतने बड़े राज्य के मालिक थे, महावीर भगवान ने तो राज्य किया ही नहीं। भरत चक्रवर्ती के पास 96 हजार रानियाँ थीं और महावीर स्वामी के पास एक भी नहीं थी, मगर सबका सुख वहाँ पर एक जैसा है। कोई फर्क नहीं है। ऐसे नहीं कि भरत बहुत बड़ा चक्रवर्ती था, तो वहाँ पर ज्यादा सुखी होगा। भरत और बाहुबली दोनों ही वहाँ पर हैं, कौन ज्यादा सुखी है? दोनों बराबर है। हम ये जो भेद करते हैं कि पारसनाथ बड़े हैं कि चन्द्रप्रभ बड़े हैं, चन्द्रप्रभ में भी तिजारावाले बड़े हैं। अरे भइया, जब सिद्ध हो गये, वीतराग हो गये तो सब बराबर हैं। मूर्ति और मन्दिर

तो आलम्बन मात्र हैं। हम मूर्ति के दर्शन नहीं करते हैं। हम मूर्ति के बहाने मूर्तिमान को याद करते हैं। अकेले प्रतिमादर्शन का लाभ देवदर्शन नहीं। प्रतिमा में परमात्मा के दर्शन करो और उस परमात्मा से निजात्मा की तुलना करो—यही सच्चा देवदर्शन है। इसलिए ये सब बातें ठीक से समझनी चाहिए। छोटी-छोटी संकीर्णता हमको छोड़नी चाहिए। सिद्ध सब एक से हैं। लेकिन कोई भेद करके शास्त्रों में, क्षेत्र की अपेक्षा, काल की अपेक्षा, गति, लिंग, तीर्थ, प्रत्येक बुद्ध की अपेक्षा से तरह-तरह से भेद किये हैं। ये सब भेद भूतपूर्व नय की अपेक्षा से हैं। पुरानी पोस्ट से हैं, वर्तमान में सब एक से हैं। उनका पुनः अवतार नहीं होता, वे पुनः जन्म-मरण नहीं करते। वे भगवान जगत के कोई कर्ता-धर्ता नहीं हैं, मात्र ज्ञाता-द्रष्टा हैं—ऐसा उनका सही स्वरूप समझने से ही हम धर्म मार्ग पर आगे बढ़ सकते हैं।

अक्षरमात्रपदस्वरहीनं व्यंजनसंधिविवर्जितरेफम्।
साधुभिरत्राहं क्षन्तव्यः को न विमुह्यति शास्त्रसमुद्रे॥

मैंने कोई अक्षर, पद, मात्रा से दूषित, गलत कुछ भी कहा हो तो मुझे जिनवाणी माता, साधुपुरुष क्षमा करें।

मैं इस श्रुतज्ञान को सिर झुकाकर नमस्कार करता हूँ, क्योंकि यह कोई मेरा, तेरा, किसी एक आदमी का नहीं है, यह अरिहंत भगवान का कहा हुआ है, गणधरों के द्वारा गूँथा हुआ है।

इस तरह से पिछले ग्यारह दिनों में मैंने आप सबके सामने तत्त्वार्थसूत्र का स्वाध्याय करने की कोशिश की। मैं जिनेंद्र देव की साक्षी से कहता हूँ कि इसके पीछे मेरा बहुत पवित्र अभिप्राय था। यह जिनवाणी आपकी समझ में आये, सरल हो, ज्यादा से ज्यादा लोगों की समझ में आये, मैंने इसी इरादे से अपनी मति और शक्ति के अनुसार व्याख्या की है। अगर इसमें कहीं पर कोई जाने-अनजाने में चूक हुई हो, तो मैं भी जिनवाणी माता से, परमपूज्य उमास्वामी महाराज से, अगर उनके अभिप्राय के खिलाफ कोई अक्षर-मात्रा मेरे मुख से इन ग्यारह दिनों में निकल गयी हो तो हाथ जोड़कर मन-वचन-काय से उनसे क्षमा माँगता हूँ।

इन ग्यारह घंटों के दौरान मैंने आप सबके साथ स्वाध्याय किया। और

कदाचित् किसी के भी मन को मेरे किसी अभिप्राय से किंचित् मात्र भी ठेस पहुँची हो, बुरा लगा हो तो मैं आप सबसे हाथ जोड़कर क्षमा माँगता हूँ। और एक ही बात कहना चाहता हूँ कि जो कहानी सुनाई थी कि गुणग्राही बनना। किसी के भी कभी जीवन में दोष नहीं ग्रहण करना। पंचम काल के हम-आप प्राणी हैं। दोषों से कोई भी रहित नहीं है। सभी में कोई न कोई कमियाँ भरी हुई हैं। हममें भी जो कमियाँ हैं, आप उन कमियों को मत देखना, उनको मत ग्रहण करना, जो अच्छी बात जिनवाणी की रखी है, आप उसी को ग्रहण करना और स्वाध्याय में बड़ी मजबूती से लग जाना। मेरा सहयोग भविष्य में भी आप सबके साथ बना रहेगा। आप जब चाहें तब खूब स्वाध्याय करिये और यदि आप कभी कोई प्रश्न पूछेंगे, तो मैं उसका समाधान करूँगा। आप मेरा टेलीफोन नम्बर भी रख सकते हैं। टेलीफोन पर भी यदि प्रश्न करेंगे, तो मैं बताऊँगा। आप स्वाध्याय करें और मोक्षमार्ग पर आगे बढ़ें, मैं इसी मंगल कामना के साथ मेरी बात आज पूरी करता हूँ।

इति तत्त्वार्थाधिगमे मोक्षशास्त्रे दशमोऽध्यायः।

वर्षसप्तशते चैव सप्तत्या च विस्मृतौ।
उमास्वामिमुनिः जातः कुन्दकुन्दस्तथैव च॥

—विद्वज्जनबोधक

अर्थ—वीरनिर्वाण संवत् 770 में उमास्वामी मुनि हुए, तथा उसी समय कुन्दकुन्दाचार्य भी हुए। नन्दिसंघ की पट्टावलि में बताया है कि उमास्वामी 40 वर्ष 8 महीने आचार्य पद पर प्रतिष्ठित रहे। उनकी आयु 84 वर्ष की थी और विक्रम संवत् 142 में उनके पट्ट पर लोहाचार्य द्वितीय प्रतिष्ठित हुए। प्रो. हार्नले, डॉ. पिटर्सन और डॉ. सतीशचन्द्र ने इस पट्टावलि के आधार पर उमास्वामी को ईसा की प्रथम शताब्दी का माना है।

‘तत्त्वार्थसूत्र’ की कतिपय प्रमुख टीकाएँ

1. गन्धहस्तिमहाभाष्य—आचार्य समन्तभद्र—अनुपलब्ध
2. सर्वार्थसिद्धि—आचार्य पूज्यपाद—भारतीय ज्ञानपीठ, नयी दिल्ली
3. तत्त्वोर्थवार्तिक—आचार्य अकलंक-भारतीय ज्ञानपीठ, नयी दिल्ली
4. तत्त्वार्थश्लोकवार्तिक—आचार्य विद्यानन्द—निर्णयसागर प्रेस, मुम्बई
5. तत्त्वार्थवृत्ति—भट्टारक श्रुतसागर—भारतीय ज्ञानपीठ, नई दिल्ली
6. तत्त्वार्थसूत्रवृत्तिपदं—आचार्य प्रभाचन्द्र-भारतीय ज्ञानपीठ, सर्वार्थसिद्धि के परिशिष्ट में
7. तत्त्वार्थसूत्र सुखबोधावृत्ति—भास्करनन्दी—
8. तत्त्वप्रकाशिका--योगीन्दु
9. तत्त्वार्थवृत्ति—अभयनन्दी/ योगदेव
10. तत्त्वार्थरत्नमाला—शिवकोटि
11. तत्त्वार्थटीका—विबुधसेन
12. तत्त्वार्थसूत्र टब्बाटीका—पंडित दौलतराम कासलीवाल—अप्रकाशित
13. तत्त्वार्थसूत्र वचनिका—पं.चेतनदास—दीप प्रिंटर्स, रोहिणी, नयी दिल्ली
14. सर्वार्थसिद्धि वचनिका—पं. जयचन्द छाबडा—अ.भा. दि. जै. वि. परिषद्, जयपुर
15. अर्थप्रकाशिका—पं. सदासुखदास—मूलचन्द कापडिया, सूरत
16. स्वन्त्रता के सूत्र—आचार्य कनकनन्दी—धर्म विज्ञान शोध संस्थान, बड़ौत
17. तत्त्वार्थसूत्र-विवेचन—आर्यिका स्याद्वादमति—भा. अने. वि. परिषद, दिल्ली
18. तत्त्वार्थसूत्र—आचार्य श्रुतसागर—श्रुत विद्या प्रकाशन, दिल्ली
19. तत्त्वार्थसूत्र—पंडित फूलचन्द्र शास्त्री-गणेश वर्णी संस्थान, वाराणसी
20. तत्त्वार्थसूत्र सार्थ—कामताप्रसाद जैन—अखिल जैन मिशन, अलीगंज
21. तत्त्वार्थमणि-प्रदीप—डॉ. हुकमचन्द भारिल्ल, टोडरमल स्मारक भवन, जयपुर
22. तत्त्वार्थसूत्र प्रश्नोत्तरी—ब्र. राजेश, अकलंक विद्यापीठ, अहमदाबाद
23. तत्त्वार्थसूत्र सार्थ—ब्र. राजेश, अकलंक विद्यापीठ, अहमदाबाद
24. मोक्षशास्त्र सटीक—पं. मोहनलाल शास्त्री—सरल ग्रन्थ भंडार, जबलपुर
25. मोक्षशास्त्र—बनवारी लाल स्याद्वादी—सस्ता साहित्य भंडार, दिल्ली
26. मोक्षशास्त्र—पं. लालाराम—सेठ गणेशलाल, उदयपुर
27. मोक्षशास्त्र—पं. पन्नालाल बाकलीवाल—जैन ग्रन्थ रत्नाकर, मुम्बई
28. तत्त्वार्थसूत्र निकष—डॉ. राकेश जैन, जैन समाज, सतना
29. तत्त्वार्थदीपिका—क्षुल्लक ज्ञानभूषण, वीर सेवा मन्दिर, जयपुर
30. तत्त्वार्थसूत्र-प्रवचन—मनोहर वर्णी—सहजानन्द ग्रन्थमाला, मेरठ

31. तत्त्वार्थसूत्र—आचार्य मेरुभूषण—
32. तत्त्वार्थाधिगमभाष्य—पंडित खूबचन्द्र जी—परमश्रुत प्रभावक मंडल, मुम्बई
33. तत्त्वार्थभाष्य वृत्ति—सिद्धसेन—
34. तत्त्वार्थभाष्य लघु वृत्ति—हरिभद्र—ऋषभदेव केसरीमल, रतलाम
35. तत्त्वार्थभाष्य लघु वृत्ति—यशोभद्र—
36. तत्त्वार्थभाष्यव्याख्या—मलयगिरि—
37. तत्त्वार्थसूत्रटिप्पण—चिरन्तन मुनि—
38. तत्त्वार्थभाष्य लघुवृत्ति—वाचक यशोविजय—
39. तत्त्वार्थसूत्र टब्बाटिप्पण—गणी यशोविजय—
40. तत्त्वार्थसूत्रविवेचन—पंडित सुखलाल संघवी—पार्श्वनाथ विद्यापीठ, वाराणसी
41. तत्त्वार्थसूत्र जैनागम समन्वय—आत्मारामजी महाराज—आगम समिति, लुधियाना
42. तत्त्वार्थसूत्र मञ्जूषा—आर्यिका विज्ञानमति—उदासीन आश्रम, इन्दौर
43. तत्त्वार्थसूत्र सौरभ—मुनि सौरभसागर—वर्षायोग समिति, लखनऊ
44. तत्त्वार्थसूत्र—मुनि पुलकसागर—
45. तत्त्वार्थसूत्र देशना—आचार्य विशुद्धसागर, जैन संस्कृति संघ, सोलापुर
46. तत्त्वार्थसूत्र अनुत्तर जिज्ञासा—मुनि अमितसागर—नसियाँ, फिरोजाबाद
47. तत्त्वार्थसूत्र रेखाचित्र एवं तालिकाओं में—श्रीमती पूजा प्रकाश छाबड़ा, इन्दौर
48. तत्त्वार्थसूत्र टीका—रामजीभाई वकील—दि. जैन स्वाध्याय मन्दिर, सोनगढ़
49. तत्त्वार्थराजकौस्तुभ—पं. पन्नालाल दूनी वाले—दुलीचन्द पन्नालाल देवरी
50. तत्त्वार्थसूत्र—मुंशी नाथूराम लमेचू, कटनी
51. तत्त्वार्थदीपिका—बटेश्वर दयाल बकवेरिया—अटेर, ग्वालियर
52. तत्त्वार्थसूत्र—शान्तिराज शास्त्री—
53. तत्त्वार्थसूत्र—ब्र. भगवान सागर—
54. सर्वार्थसिद्धि-प्रश्नदीप—सचिन्द्र शास्त्री—कुन्दकुन्द आश्रम, कोटा
55. तत्त्वार्थसूत्र—पं. प्रदीप शास्त्री पीयूष—जैन साहित्य समिति गढ़ा, जबलपुर
56. तत्त्वार्थसूत्रप्रदीपिका—वीरसागर जैन—भारतीय ज्ञानपीठ, नयी दिल्ली
57. Tatvarthsutra–J.L. Jainy
58. Tatvarthsutra–Suzuka Ohira–L D Institute, Ahemdabad
59. Tatvarthsutra–Acharya Shrut Sagar–ISJS, Delhi
60. Key to realty–Dr. Shugan Jain–TS Sansthan, Hastinapur
61. Tattvarthsutra–Sukh Lal Sanghvi–LD Institute, Ahemdabad
62. Tattvarthsutra–Vijay Kumar Jain–Vikalp Printers, Dehradun

❑❑❑

श्रेष्ठ भारतीय साहित्य

भारतीय ज्ञानपीठ